COLLECTION POÉSIE

Paul Verlaine

Cellulairement

suivi de

Mes Prisons

*Texte établi d'après le manuscrit conservé
au musée des Lettres et Manuscrits*

ÉDITION DE PIERRE BRUNEL

Gallimard

Cet ouvrage a bénéficié du soutien
du *musée des lettres et manuscrits*.
Que son président, Monsieur Gérard Lhéritier,
soit ici remercié.

Pour toutes les illustrations :
Collection Privée/Musée des lettres et manuscrits, Paris.
© *ADAGP, Paris, 2013, pour le dessin de Pierre Bonnard.*

© *Éditions Gallimard, 2013.*

Ce volume achevait de s'imprimer quand m'est parvenue la nouvelle de la disparition, le 1er janvier 2013, de Michael Pakenham, auteur de l'indispensable édition du tome I de la *Correspondance générale* de Verlaine, si souvent citée dans le présent volume. Je souhaite qu'il soit dédié à la mémoire de ce grand érudit verlainien.

P. B.

NOTE LIMINAIRE

Quatre abréviations seront utilisées dans ce volume pour des renvois au cours des différentes présentations :

Corr. I : *Correspondance générale* de Verlaine, tome I, 1857-1885, Fayard, 2005.
OP : *Œuvres poétiques complètes* de Verlaine, Gallimard, « Bibliothèque de la Pléiade », édition de 1962 complétée en 1989, tirage de 2002.
Pr. : *Œuvres en prose complètes* de Verlaine, Gallimard, « Bibliothèque de la Pléiade », 1972, tirage de 2002.
AR : *Œuvres complètes* de Rimbaud, Gallimard, « Bibliothèque de la Pléiade », 2009.

D'UNE CELLULE L'AUTRE

Rassemblant, sans doute après sa sortie de prison, les poèmes qu'il avait écrits pendant son incarcération à Bruxelles (du 11 juillet au 24 octobre 1873) puis à Mons (du 25 octobre 1873 au 16 janvier 1875), Paul Verlaine avait prévu le titre Cellulairement. *C'est ainsi qu'il se présente sur le manuscrit réapparu en 2004, acheté par l'État et conservé au musée des Lettres et Manuscrits — manuscrit essentiel, publié dans le présent volume. Après en avoir envisagé la publication, Verlaine y a renoncé, comme il a renoncé à ce titre. Tous les poèmes, à l'exception d'un seul, ont été repris, mais dispersés, dans des recueils ultérieurs. « Démembré par la suite » — à la différence d'*Alcools *qu'Apollinaire a plutôt remembré autour de son expérience de la prison et de la série de poèmes « À la Santé » —,* Cellulairement *n'en est pas moins un « recueil essentiel », comme le reconnaissait tout récemment Arnaud Bernadet*[1].

---

1. Dans la « Présentation » de son édition des *Romances sans paroles*, Flammarion, GF, 2012, p. 237.

Une lacune doit être comblée, entre les Romances sans paroles, *publiées en mars 1874 quand Verlaine était en prison mais composées avant ce jour fatidique, le 10 juillet 1873, qu'on a pris l'habitude d'appeler « l'affaire de Bruxelles », et* Sagesse, *sorti des presses d'une maison d'édition catholique en décembre 1880 et mis en vente en janvier 1881. Le « volume » intitulé « Cellulairement par Paul Verlaine. — Bruxelles-Mons 1873-1875 » et ainsi présenté dans une lettre écrite en Angleterre et datée de Stickney, le 7 mai 1875, lettre adressée à Ernest Delahaye* (Corr. I, 398), *comble cette lacune et ce qui aurait pu être le vide des mois de prison.*

Cellulairement, *écrit encore Arnaud Bernadet, « substitue à l'émerveillement et à l'ironie du voyageur, découvrant "paysages belges" et "aquarelles anglaises" » — deux sections des* Romances sans paroles —, *« l'espace circulaire et aliénant de la prison, suite au drame avec Rimbaud » (p. 25). Mais rien n'était plus circulaire que « Chevaux de bois », évoquant en août 1872 les manèges populaires du champ de foire de Saint-Gilles, près de la gare du Midi, à Bruxelles :*

Tournez, tournez, bons chevaux de bois.

Si les prévenus « vont en rond », dans la cour de la prison qui leur est réservée, et si Verlaine les voit tourner, dans le troisième poème de Cellulairement *(« Autre »), le recueil tel qu'il l'a organisé au sortir de sa détention « va droit vers le sang du Christ » (épigraphe du « Final »). Au lieu de se refermer non sur le nom de Paphos comme les « bouquins » dans tel sonnet de Mallarmé, mais sur le mot* prison, *il s'ouvre sur une manière d'Assomption, sur « une joie extraordinaire » et l'espoir révélé par la voix du Seigneur.*

Mais on n'efface pas Cellulairement *si vite. Le passage du jour de l'arrestation au jour de la libération suppose bien des épreuves. Il a fallu bien des détours pour en venir à l'émotion devant le crucifix et au dialogue avec Jésus. Le « Final » est précédé de cinq poèmes qui, à tort ou à raison, passent pour « sataniques » et où repasse l'image d'un Rimbaud jamais nommé. En novembre 1873, Verlaine se présente comme un « triste reclus » (Corr. I, 355) et il avoue le 27 mars 1874, dans une autre lettre au même correspondant, Edmond Lepelletier, que « la vie en prison n'est pas faite pour vous exciter à un travail intellectuel quelconque » (365), même si les projets affluent. Et les premiers poèmes du recueil sont marqués par « la triste histoire » (« Berceuse ») et ses suites.*

> Il pleure dans mon cœur
> Comme il pleut sur la ville

Ce n'est pas pourtant entre les quatre murs d'une cellule, dans une prison, se retrouvant seul, que Paul Verlaine a composé cette « Ariette oubliée », mais peut-être à Londres, en octobre 1872. La série des ariettes, sur laquelle s'ouvre le recueil des Romances sans paroles, *se place sous le signe d'une ariette de*

Favart, communiquée au mois d'avril 1872 par Rimbaud en exil à Charleville. La première ariette a été publiée dans une nouvelle revue, La Renaissance littéraire et artistique, *le 18 mai 1872 — le mois du retour de Rimbaud à Paris. Celle qui deviendra la cinquième, mais la deuxième à paraître, dans la même revue, le 29 juin, évoque sans doute le piano de la maison des beaux-parents, rue Nicolet, à Montmartre, mais cette date se situe un peu plus d'une semaine avant la fugue à deux, le 7 juillet, des « vagabonds », « laeti et errabundi », « filant légers dans l'air subtil », en quête d'une manière de Soleil-dieu-le-père selon Rimbaud, ou plus simplement, pour Verlaine,*

> Des paysages, des cités
> Pos[ant] pour [leurs] yeux jamais las ;
> [...]
> Fleuves et monts, bronzes et marbres,
> Les couchants d'or, l'aube magique,
> L'Angleterre, mère des arbres,
> Fille des beffrois, la Belgique.
>
> (*Parallèlement, OP*, 522-525)

Il pleuvait à Bruxelles ou à Londres, en 1872, quand Verlaine a composé la troisième des « Ariettes oubliées » ou encore quand il a substitué à la première épigraphe prévue, empruntée à Longfellow ("It rains, and the wind is never weary"*, « Il pleut et le vent n'est jamais fatigué »), cette phrase peut-être tout simplement murmurée par Rimbaud : « Il pleut doucement sur la ville. »*

Curieusement, l'année suivante, alors qu'il se trouve à Bruxelles, en prison cette fois, et violemment séparé de Rimbaud, ce « Verlaine d'ardoise et de pluie », qu'évoquera subtilement Guy Goffette, contemple « le ciel » qui « par-dessus le toit » est « si bleu, si calme ». Sur l'exemplaire de la troisième édition de Sagesse *qu'il offrira en 1893 avec un ex-voto au comte Kessler, Verlaine inscrira en marge, de sa main : « Bruxelles, Petits-Carmes, à la pistole, 7bre 1873 » (OP, 1131). Et, dans* Mes Prisons, *série de souvenirs également publiée en 1893, expliquant « ce que c'est qu'être à la pistole » — « Moyennant finances, on peut faire venir sa nourriture et sa boisson (ô peu!) du dehors ; on jouit d'un lit sortable, d'une chaise au lieu d'un escabeau, et autres "douceurs" », même si « la captivité reste étroite » —, il nuancera la description avant de citer le poème de* Sagesse *:*

> Par-dessus le mur de devant ma fenêtre (j'avais une fenêtre, une vraie ! munie, par exemple, de longs et rapprochés barreaux), au fond de la si triste cour où s'ébattait, si j'ose ainsi parler, mon mortel ennui, je voyais, c'était en août, se balancer la cime aux feuilles voluptueusement frémissantes de quelque haut peuplier d'un square ou d'un boulevard voisin. En même temps m'arrivaient des rumeurs lointaines, adoucies, de fête (Bruxelles est la ville la plus bonhommement rieuse et rigoleuse que je sache).
>
> (*Pr.*, 336-337)

L'essentiel est absent de cette description tardive en prose : même pas « le soleil du schiste » qui, comme le suggère Guy Goffette (p. 13), « a vite fait de reprendre du mordant », mais le ciel bleu, la couleur de Verlaine, *avec « les yeux bleus » de son enfance, associés dans les premières pages des* Confessions *à ce prénom de Marie, ajouté à Paul, grâce auquel sa mère l'avait « voué à la Sainte Vierge ». Quand, en 1894, il regarde le portrait qu'on avait fait de lui à l'âge de quatre ans, il retrouve sa couleur dans le « petit bonnet à ruches surmonté d'un bourrelet blanc et* bleu *[souligné par lui] ». Et il est ému de penser que la Sainte Vierge « s'est souvenue de son filleul vers 1873-1874 », « époque », ajoute-t-il alors, « où j'écrivais* Sagesse *si sincèrement ! » (*Pr., 444*).*

La surprise est double. Vers 1873-1874, Verlaine ne composait pas encore Sagesse. *Le titre n'apparaît, comme titre de recueil, que dans une lettre adressée à Émile Blémont, le fondateur de* La Renaissance littéraire et artistique, *et écrite le 19 novembre 1875, alors que Verlaine, libéré depuis dix mois, se trouve en Angleterre, dans le Lincolnshire : c'est l'un des « 2 volumes [qu'il a] en train », dont il est question dans cette lettre, et dont le second, alors « en plan » et au « titre indécis », « sera sur la Vierge. Une espèce d'épopée, de récit tout d'une haleine, 4 à 5 000 vers, ou plus »* (Corr. I, 455). *À cette date, le recueil réunissant les poèmes de prison est sans doute achevé depuis plusieurs mois, même si sa mise en forme est postérieure à la libération.*

D'autre part — et c'est l'autre surprise —, « Le ciel est, par-dessus le toit » est absent du manuscrit de Cellulairement *conservé au musée des Lettres et Manuscrits. Ce poème, qu'Yves-Gérard Le Dantec, dans la première édition des* Œuvres poétiques complètes *de Verlaine publiée en 1938 dans la « Bibliothèque de la Pléiade » (p. 949), considérait comme un « lied » (le mot a été conservé par Jacques Borel dans la seconde édition,* OP, *1131), et qui est devenu avec la musique de Reynaldo Hahn une mélodie intitulée « D'une prison », devait-il initialement faire partie de* Cellulairement *? Est-ce une lacune du manuscrit principal endommagé — et d'ailleurs de tout manuscrit connu —, comme on l'a parfois supposé ? Olivier Bivort, qui pose à juste titre ces questions, pense que « cette hypothèse n'est pas nécessairement fondée » (éd. cit., 2010, pp. 71-72). Verlaine a pu volontairement tenir le ciel bleu de ce poème à l'écart de l'évocation plus grise de ses prisons et le réserver pour* Sagesse *où, dans un poème daté d'août 1875 et adressé à Blémont ce même 19 novembre suivant, il affirme — c'est le premier vers :*

> Je ne veux plus aimer que ma mère Marie

et termine par ces deux quatrains :

> Je ne veux plus penser qu'à ma mère Marie,
> Siège de la Sagesse et Source de pardons,
> Mère de France, aussi, de qui nous attendons,
> Inébranlablement, l'honneur de la patrie.
>
> Marie immaculée, amour essentiel,
> Logique de la Foi cordiale et vivace,
> En vous aimant qu'est-il de bon que je ne fasse,
> En vous aimant du seul amour, Porte du Ciel ?
>
> (*Corr. I*, 458-459 et *OP*, 266)

Sagesse, *avant d'apparaître dans la correspondance de Verlaine comme titre de recueil, est le titre d'un poème adressé à Blémont dans une lettre précédente datée de Stickney, le 27 septembre 1875 (Corr. I, 445-447). Il figurait dans le premier manuscrit de* Sagesse, *celui de la collection ayant appartenu à Édouard Champion, mais on ne le retrouve dans aucune des éditions de ce recueil (1881, 1889, 1893), et il faudra attendre* Amour, *en 1888, pour qu'il soit intégré (OP, 408-409) à ce qui est peut-être une manière d'aboutissement du second volume annoncé à Blémont. Au titre « Sagesse » a été simplement substitué « Écrit en 1875 » (comme dans les deux pré-originales, dans* Le Zig-Zag, *14 juin 1885, et dans le premier numéro de* La Vogue, *11 avril 1886). Mais c'est vers les années 1873-1874 qu'il faut se retourner, avec Verlaine dans sa mémoire, comme il le fait dans ces vers, et aussi dans le chapitre 10 de* Mes Prisons *(Pr., 342-343), car ce « meilleur des châteaux », où il a « naguère habité », n'est autre que la prison de Mons, « cellulaire aussi », comme celles de Bruxelles, mais « une chose jolie au possible ».*

Voici donc un Verlaine, non plus d'ardoise et de pluie, mais de brique et de soleil dans ces vers. Le voici encore dans le chapitre 10 de Mes Prisons, *et dans le chapitre 19, « Conclusion », où il raconte comment, se rendant en Hollande en novembre 1892, il a traversé « cette région française du Nord, si triste et si monotone » pour voir apparaître, à Mons, le château du poème, non de* Sagesse *(comme il l'écrivait dans le chapitre 10,*

Pr., 343) *mais d'*Amour *(il en donne en note la référence, Pr., 358). Le seul vers qu'il cite incomplètement :*

Château, château qui luis tout rouge et dors tout blanc

*et qu'il cite à nouveau quand, au retour, il repasse par Mons (Pr., 359), se trouve vers la fin du poème, tant dans la version adressée à Blémont le 27 septembre 1875 que dans la version définitive dédiée à Lepelletier, celle d'*Amour. *Le rouge et le blanc sont bien présents, dès le début, et sans doute dans la vision qu'il avait eue du bâtiment lors de son arrivée à Mons, où il avait été transféré par wagon cellulaire, le 25 octobre 1873 :*

Le mur, étant de brique extérieurement,
Luisait rouge au soleil de ce site dormant,
Mais un lait de chaux, clair comme une aube qui pleure,
Tendait légèrement la voûte intérieure.

(v. 5-8)

Ce château aux quatre tours, rouge de l'extérieur, était blanc à l'intérieur, et même d'une « blancheur bleuâtre » (toujours le bleu...) :

Cette blancheur bleuâtre et si douce, à m'en croire,
Que relevait un peu la longue plinthe noire,
S'emplissait tout le jour de silence et d'air pur
Pour que la nuit y vînt rêver de pâle azur.

(v. 15-18)

Des « deux ans dans la tour » (en réalité un an et trois mois), de « cette chambre aux murs blancs » où un « rayon sobre et coi/[...] glissait lentement en teintes apaisées », il ne garde pas un souvenir sombre, quand il écrit ces vers à Stickney en octobre 1875, et encore quand il les publie, plus de dix ans après. Non, il prétend y avoir été *« heureux avec [s]a vie »*, y avoir *« partag[é] les jours de cette solitude/Entre ces deux bienfaits, la prière et l'étude,/ Que délassait un peu de travail manuel »* (v. 43-45). Cellulairement, peut-être. Mais en ayant aussi *« [s]a part du ciel »*, en comparant même sa vie d'alors à celle des Saints, en étant désormais *« Des cœurs discrets que Dieu fait siens dans le silence »*. Et le poème s'achève en action de grâces :

> Château, château magique où mon âme s'est faite,
> [...]
> Ô sois béni, château d'où me voilà sorti
> Prêt à la vie, armé de douceur, et nanti
> De la Foi, pain et sel et manteau pour la route
> Si déserte, si rude, et si longue, sans doute,
> Par laquelle il faut tendre aux innocents sommets ;
> Et soit loué l'Auteur de la Grâce, à jamais !

(*Corr. I*, 447)

Ce poème, cité ici dans sa version de 1875 adressée à Blémont, Verlaine l'a envoyé aussi d'Arras à son exbelle-mère, Mme Mauté, le 24 juillet 1876 (Corr. I, 517-518), *en attendant la version définitive du dernier vers, où à la louange s'ajoutera l'Amour :*

> Et soit aimé l'Auteur de la Grâce, à jamais !

(*OP*, 409)

Ce n'est pas un hasard si, dans le chapitre 13 de Mes Prisons, *Verlaine rapproche ces deux mots, cellule et conversion.*

Alors qu'il était encore couché dans la pistole 112 de la Maison de Sûreté de Mons, il se sentit soulevé hors de son lit sans savoir par quoi ou par Qui, et il se prosterna en larmes, en sanglots, aux pieds du Crucifix. Deux heures après « ce véritable petit (ou grand ?) miracle moral », il se releva et, le gardien survenant, il lui demanda d'appeler l'aumônier de la prison.

> Celui-ci entrait dans ma cellule quelques minutes après. Je lui fis part de ma « conversion ».
> C'en était une sérieusement. Je croyais, je voyais, il me semblait que je savais, j'étais illuminé.
>
> (*Pr.*, 348)

Lui-même parle donc de conversion, et pourtant, prudemment, il place le mot entre guillemets. Sans doute une telle prudence s'impose-t-elle, et je partage le point de vue de Guy Goffette quand, dans L'autre Verlaine, *il trouve « le mot conversion impropre ici, théâtral et un brin pompeux[1] ». Verlaine avait eu « la foi de l'enfance[2] » et il avait fait sa première communion. Lepelletier le rappelle dans son livre de 1907, et il lui arrive de parler, à propos de ce qu'il appelle*

---

1. Guy Goffette, *L'autre Verlaine,* Gallimard, 2008, « Folio n° 4925 », 2009, p. 60.
2. C'est l'expression qu'il emploie dans une lettre à Jules Claretie du 8 janvier 1881 (*Corr. I*, 682-683).

le plus souvent « conversion », il est vrai, et dans une même page de « retour à la religion ». Car assurément Verlaine s'en était éloigné, comme Paul Claudel avant le jour de Noël 1886, et d'une manière différente. Sur ce point, Lepelletier apporte son témoignage d'ancien condisciple teinté de sympathie, au sens propre du terme :

> Verlaine avait fait sa première communion, comme nous tous, au temps du lycée. Mais sa ferveur ne fut qu'accidentelle, et sa foi devait être, comme la nôtre, superficielle. J'affirme que, dans sa jeunesse, il ne croyait pas. Il n'était pas seulement éloigné du culte par les ennuis de la pratique, mais il s'écartait de la religion par dédain et négation[1].

De ces doutes qu'ils avaient partagés à la suite de la lecture des philosophes matérialistes, du silence sur la religion dans les réunions parnassiennes, de l'évolution, à l'âge de vingt ans, vers un « athéisme rationnel et intelligent », Lepelletier, en 1907, conserve lui-même quelque chose quand il qualifie de « bizarre » ce retour de Verlaine à la religion. Il se fit cellulairement, et Lepelletier joue sur les deux sens du mot cellule.

Il cite, en fait, une lettre écrite de la prison de Mons en 1874 (c'est le post-scriptum de la longue lettre du 22 août, Corr. I, 372-373*), où Verlaine lui parlait de ses « nouvelles idées », du bouleversement qui s'était*

---

1. Edmond Lepelletier, *Paul Verlaine Sa Vie Son Œuvre*, Mercure de France, 1907, p. 387.

produit en lui, en recommandant à son ami la discrétion tout en l'autorisant à dire à ceux qui lui demanderaient de ses nouvelles qu'il s'était « absolument converti à la religion catholique, après mûres réflexions, en pleine possession de [s]a liberté morale et de [s]on bon sens ». Cette révélation suscite de la part de Lepelletier, en 1907, le commentaire suivant :

> L'emprisonnement en cellule eut certainement une influence sur les idées, sur les opinions, sur les objectifs mentaux de Verlaine. L'action ne fut peut-être pas si soudaine qu'il le dit, ni si définitive qu'il le crut.
>
> (p. 382)

Un peu plus loin, jouant encore volontairement ou involontairement, mais d'une manière différente, sur le mot « cellule », il explique que, « dans la tranquillité de la cellule, [Verlaine] procédait à un strict et rigoureux examen de conscience », comme s'il était placé devant un miroir, mais en « se débattant au milieu de l'océan des souvenirs, des regrets, des irritations, des désespérances » et en cherchant « une bouée à happer, une corde à saisir, une barque où se cramponner ». « Alors », ajoute Lepelletier, « au fond d'une des cellules de son cerveau troublé, se réveilla une sensation, une pensée, depuis bien longtemps endormie : l'idée religieuse [...]. La conversion allait venir. » (p. 386)

Lepelletier ne croit pas que cette conversion ait été « profonde et véridique ». Il est libre de son jugement, et nul n'est obligé de le partager. Mais il se trompe quand il présente Verlaine, ce jour-là, comme l'un de ceux qui, « en un moment critique, s'écrient "Mon Dieu!" » Et si, dans Sagesse, *la série des sonnets mystiques s'ouvre sur « Mon Dieu m'a dit », cette même série dans le « Final » de* Cellulairement *s'ouvre sur « Jésus m'a dit ». Il en était de même dans la version communiquée à Lepelletier de Mons le 8 septembre 1874 (Corr. I, 374).*

Lepelletier ne va pas jusqu'à faire de la cellule de Mons la cellule d'un moine. Verlaine non plus, dans Mes Prisons, *qu'il évoque « [s]a première cellule à Mons », avec déjà au mur un modeste crucifix, ou la seconde, un peu plus grande, où il était seul après sa mise en pistole, et où il y avait un autre crucifix du même type, flanqué d'une image lithographique assez affreuse du Sacré-Cœur, mais de ce cœur « qui rayonne et qui saigne ». Pour lui, ce fut l'affaire de Jésus et, vingt ans après, Verlaine ne peut s'empêcher de demander :*

> Jésus, comme vous vous y prîtes-vous pour me prendre ?
>
> (*Pr.*, 346)

Verlaine ne va pas non plus jusqu'à parler, comme Lepelletier, de « conversion poétique », celle qui conduira à Sagesse. *« La conversion de Verlaine », écrit ce dernier, « fut donc à la fois morale et poétique [...]. Dans sa conversion, il vit, non seulement une remise à neuf de son âme, mais aussi un ravalement de toutes les façades poétiques, salies, empoussiérées, par le frottement, l'usage et le temps que lui et les autres poètes avaient coutume d'édifier et d'aligner, selon des plans et des données presque universelles » (pp. 392-393).*

Cette « conversion » aurait pu être, elle aussi, un simple retour à des formules apprises dès l'enfance, à « tout un stock d'épithètes bénites et d'adjectifs oints » conservés « dans le fond de la mémoire ». Lepelletier, à qui j'emprunte ces formules sans bénignité, sait aussi que Verlaine « possédait, par suite de lectures lamartiniennes, un vocabulaire tout prêt pour rendre les élans dévotieux ». Mais Verlaine, lui-même parfois sévère pour les « jérémiades lamartiniennes », était peut-être paradoxalement plus proche de ses grandes formes, Jocelyn *ou* La Chute d'un ange, *dans la série des poèmes « sataniques » de* Cellulairement *repris plus tard dans* Naguère, *que dans le dialogue avec Jésus qui constitue le « Final » et qui aura sa place dans* Sagesse.

Pour Antoine Adam, il ne fait pas de doute que la série des poèmes sataniques tout entière est à placer sous le signe de Rimbaud. Non pas la forme, celle de la forme longue et du poème narratif (la lettre à Demeny du 15 mai 1871 dit assez qu'il abominait et Musset et Rolla). Mais « le très grand intérêt de ces poèmes » est « les révélations qu'ils nous apportent sur certaines préoccupations de Verlaine et de Rimbaud dans les derniers mois du séjour de Londres, immédiatement avant Bruxelles » (donc essentiellement le mois de juin 1873). « Si étrange que l'idée puisse d'abord paraître », continue Antoine Adam, « les deux hommes ont rêvé de réaliser le pur amour, au sens quiétiste du mot. Un amour au-delà du bien et du mal, de la récompense et du châtiment, du Ciel et de l'Enfer. Un amour qui est pur en ce sens qu'il est l'Absolu et qu'il n'a d'autre fin que lui-même[1] ».

L'illustration s'en trouverait en particulier dans «La Grâce» où «damnées à deux les deux âmes trouvent ensemble le bonheur : feux de l'Enfer, feux de l'Amour se confondent et se multiplient». Il en irait de même pour «Don Juan pipé» : «C'est ce nouvel amour qui inspire la révolte de don Juan. Il est la Bonne Nouvelle. Il est la révolte de l'esprit et de la chair, l'émancipation de l'homme et la fin de la servitude.»

Mais n'est-ce pas oublier que, dans «La Grâce», la Comtesse finit par rejeter la tête et en appelle à Dieu, lui demandant la pitié, et la mort, non pour rejoindre le damné, «l'époux infernal» sous les traits duquel en effet Rimbaud semble se représenter dans les «Délires I» d'Une saison en enfer, *mais la lumière des cieux ? Le «nouvel amour» que semblera prôner «À une Raison» dans les* Illuminations *(AR, 297) est sans doute à venir. Et si don Juan est pipé, c'est par le Diable, à la place duquel il voulait se mettre comme il annonçait (avant Nietzsche) la mort de Dieu. Contrairement à Antoine Adam, je ne crois pas que Rimbaud soit le Comte assassiné de «La Grâce», pas plus qu'il n'a voulu devenir Dieu ou Satan.*

Rimbaud, ne l'oublions pas, a eu ces pièces en main

---

1. Antoine Adam, *Verlaine, l'homme et l'œuvre*, Hatier-Boivin, « Connaissance des Lettres », 1953, nouvelle éd., *Verlaine*, Hatier, 1965, p. 123.

(de manière mystérieuse, il est vrai, et à une date qu'il est impossible de préciser). Au cours de l'été 1873, il va prolonger en un récit complet et ouvert à la fois le « Livre païen », le « Livre nègre » auquel il avait travaillé en avril-mai 1873 à Roche pendant que Verlaine était à Jéhonville. Ce sera Une saison en enfer, *achevé en septembre, publié en octobre à Bruxelles, qui à certains égards est un livre de reniement et de vengeance à l'égard de Verlaine. Mais, dans un cas comme dans l'autre, la note ne doit pas être forcée.*

Seul peut-être « Crimen amoris » peut ou même doit être considéré comme une évocation flamboyante (dans tous les sens du terme) de Rimbaud. Mais elle est trop flamboyante précisément, et on ne saurait davantage dire que la « campagne évangélique » qui s'étend, après la chute du « plus beau [des] mauvais anges », soit celle de Roche, où de nouveau Rimbaud a dû se replier. Ce paysage qui s'étend est bien plutôt comme un prolongement du « paysage choisi » de « Clair de lune », un monde pacifié, mais encore incertain, où l'air est « tout embaumé de mystère et de prière », mais où monte au loin une forme molle, « comme un amour encore mal défini ». Sur le manuscrit Verlaine a daté le poème de « Bruxelles, juillet 1873 », non de « Mons, août 1874 ». Entre « vision » (« Crimen amoris »), « légende » (« La Grâce ») et « mystère » (« Don Juan pipé »), le temps de l'Assomption n'est pas encore venu (même si le mot est inscrit, au pluriel, dans le vers antépénultième de « La Grâce »).

Quant à « L'impénitence finale » et à « Amoureuse

du diable », *ils n'ont droit, pour l'instant du moins, qu'à ce sous-titre quelque peu décevant,* « *chronique parisienne* »*. Ce sont deux poèmes datés d'août — août 1873 pour* « *L'impénitence finale* »*, août 1874 pour* « *Amoureuse du diable* » —*, mais Verlaine a envoyé ce dernier poème à Lepelletier le 8 septembre 1874, en même temps que le* « *Final* » « *Jésus m'a dit* »*. Ce sont deux regards non pas sur Londres, la* « *ville de la Bible* »*, la nouvelle Sodome du quatrième sonnet de l'* « *Almanach pour l'année passée* »*, mais sur un Paris où Verlaine est conscient d'avoir erré, dans tous les sens du terme, et où il a été entraîné de plus en plus par Rimbaud vers ces dépenses extravagantes qu'il lui reprochera durement dans la dernière lettre qu'il lui adressera de Londres, le 12 décembre 1875, après l'épisode de Stuttgart au mois de février précédent, et les requêtes qui ont suivi, insistant sur* « *les brèches énormes faites à mon menu avoir par* notre *vie absurde et honteuse d'il y a trois ans* » (Corr. I, 466)*.

Lepelletier, dans son livre de 1907 (op. cit., p. 393), s'avance, au-delà de Cellulairement*, au-delà de Rimbaud vers le recueil de 1880-1881, et il laisse derrière le nouveau Verlaine tous les résidus de l'imagerie parnassienne quand il a conscience que* « *Verlaine estima que, sans entreprendre de chanter la cosmogonie chrétienne, il y avait, dans le sentiment catholique, dans la préciosité et la délicatesse de l'adoration de Jésus et de la Vierge Marie, comme un renouveau de poésie à chercher, à trouver, à traduire. Il interpréta donc les notions du catéchisme de Mgr Gaume* »*, que lui avait* *communiqué l'aumônier de la prison de Mons*[1], « *et les nota sur des airs inspirés de Desbordes-Valmore* », *la poétesse de Douai que Rimbaud lui avait révélée et à laquelle il fera place, non pas parmi les poètes bénits ou bénissants, mais dans la seconde série des* Poètes maudits[2].

La nouvelle manière de Verlaine, c'est d'après Sagesse *que Lepelletier la définit, même s'il avait été tenu informé du projet de* Cellulairement *et s'il en avait reçu des éléments.* « *Ce fut ainsi* », *écrit-il* — *c'est-à-dire dans l'état d'âme et d'esprit de cette* « *conversion poétique* » —, « *que la plupart des vers de* Sagesse *furent médités, rimés et recopiés. Un grand nombre de pièces figurant dans ce délicieux et pénétrant recueil me parvinrent, manuscrites, toujours sur ce papier commun, bleuté ou blanc sale, que fournissait la cantine, avec la tache grasse au centre du timbre du greffe* » *(p. 393).*

Guy Goffette a employé dans le même sens le mot

---

1. Voir *Mes Prisons*, chapitres 12 et 13, *Pr.*, 346-347. Verlaine, dans sa lettre à Lepelletier du 22 août 1874 (*Corr. I*, 372), lui avait recommandé de se procurer et de lire ce qu'il considérait alors comme un « livre excellent », le *Catéchisme de persévérance* de Mgr Gaume, ou *Exposé historique, dogmatique, moral et liturgique de la Religion depuis l'origine du monde jusqu'à nos jours.*
2. La première partie en fut publiée dans *Lutèce,* 7-14 juin 1885, la suite dans *La Vogue,* 25 avril 1886 (la première partie ayant été reprise dans le numéro du 18 avril de cette même revue). C'est la quatrième notice de l'ensemble paru chez Vanier en 1888 (voir *Pr.*, 666-678). Le dernier poème intégralement cité, « Les sanglots », arrache à Verlaine ce cri d'émotion : « Ici la plume nous tombe des mains et des pleurs délicieux mouillent nos pattes de mouche. Nous nous sentons impuissant à davantage disséquer un ange pareil ! »

« conversion » quand, évoquant le Verlaine de Cellulairement, *il le montre ayant en prison « du temps de reste pour affiner le nouveau* système *auquel il s'essayait avant le drame », dès le printemps 1873. Il rappelle opportunément qu'il avait prévenu Lepelletier en lui écrivant « Ça sera très musical, sans puérilité à la Poe [...] et aussi pittoresque que possible. » (Corr. I, 314). Et Guy Goffette ajoute :*

> À monde neuf, esthétique nouvelle. C'est la première conversion.

À cette conversion poétique correspondrait précisément l'art poétique nouveau présenté dans le célèbre poème déjà présent dans Cellulairement *sans attendre le recueil de 1884,* Jadis et Naguère *:*

> Vive l'*Impair* et au diable la rime *qui pèse ou qui pose!* L'Art poétique est né, *qui n'est qu'une chanson après tout,* n'en déplaise aux théoriciens. C'est l'air du pays tout d'un coup qui vous remonte au cœur, avec toute l'enfance, et ses couleurs, et ses nuances, tout ce qu'on a perdu, tout ce qu'on ne veut plus : *la Pointe assassine,/ L'Esprit cruel et le Rire impur,/ Qui font pleurer les yeux de l'Azur,/ Et tout cet ail de basse cuisine!* Adieu Rimbaud, adieu ribotes[1]!

Le « système » décrit dans la lettre adressée à Lepelletier de Jéhonville le vendredi 16 mai 1873 était à dire

---

1. Guy Goffette, *Verlaine d'ardoise et de pluie,* Gallimard, 1996, « Folio n° 3055 », 1998, pp. 115-116.

vrai bien différent du système ou de l'anti-système de « L'Art poëtique » daté d'avril 1874 dans Cellulairement. *Certes, Verlaine y annonçait de la musique (« Ça sera très musical », et l'un des poèmes était « une vraie chanson d'ondine »), mais ce devait être surtout « aussi pittoresque que possible ». Les poèmes devaient être longs (« Chaque poème serait de 300 à 400 vers », plus donc que même ceux de la série satanique de* Cellulairement*).*

Aucun des trois titres annoncés, « La Vie du Grenier », « Sous l'Eau », « L'Île », ne va se retrouver dans Cellulairement*, ni même dans l'ensemble des œuvres poétiques connues de Verlaine. Comme l'a fait observer Jacques Borel*[1], *« le peu que Verlaine confie à Lepelletier de ce "système" rêvé ou entrevu incite à y voir une application verlainienne de cette poésie "objective" dont Rimbaud avait proclamé la nécessité [j'en suis moins sûr que lui] ; mais on voit mal comment une telle conception du poétique eût pu s'appliquer à des* Cantiques à Marie *[donc il n'y aurait pas de passage de cette prétendue conversion religieuse à la conversion dite poétique]. De toute façon, cette veine promise ne fait pas trace dans l'œuvre, si ce n'est sans doute dans l'admirable "Vendanges" de* Jadis et Naguère, *écrit à la pistole en 1873 » [et sans titre après avoir porté celui d'« Automne », inclus comme n° 3 dans la série « Almanach pour l'année passée » de* Cellulairement*].*

En admettant que conversion poétique il y eût (et on

---

1. Préface à *Sagesse* dans *OP*, 225.

aura compris mes réserves à cet égard), la conversion à l'impair n'a pas attendu Cellulairement. *Pour Verlaine elle date d'hier, si je puis dire, ou, mieux, m'abritant derrière l'autorité d'Octave Nadal:*

> La modulation syllabique [...] tend à éluder le nombre pair; elle desserre les gros nœuds des cadences. Ce n'est pourtant qu'à partir de *Romances sans paroles* [donc du recueil antérieur] que Verlaine a élu vraiment le mètre impair à 9 pieds et inauguré le 11[1].

Avant lui le 5 et le 7 avaient été « fort utilisés » car, « courts, ils tiennent facilement ». Mais, comme le fait encore observer Octave Nadal, « le 9 et le 11, d'une émission de souffle plus long, n'ont pas d'assise rythmique; leur division interne entraîne toujours quelque asymétrie des coupes. On peut saisir la raison qui retint longtemps Verlaine, comme la plupart des poètes, à user de l'hendécasyllabe: c'est le mètre le plus arythmique. Ne consentant pas au sol, il fait naître on ne sait quel sentiment d'insécurité. Inapte à mesurer le temps, une profonde contradiction l'habite: il ne s'équilibre que dans un faux pas continuel; toutes ses formes sont descellées et flottantes. Une impression d'inachèvement se dégage en outre de ses tracés les moins escarpés. Défaut de la plénitude rythmique, il est le contrepoint des cadences et leur secrète brisure[2]. »

---

1. Octave Nadal, *Paul Verlaine*, Mercure de France, 1961, p. 152.
2. Octave Nadal, *op. cit.*, pp. 152-153.

Certes, on trouvera la gamme à peu près complète de l'impair dans Cellulairement : *le 9 de «L'Art poétique » dès le poème liminaire «Au Lecteur », le 5 et le 7 associés dans «Impression fausse » ; d'une manière plus audacieuse, le 5 s'envolant vers le 13 dans les strophes elles-mêmes impaires de «Sur les eaux », les strophes intermédiaires (2 et 4) étant des quintils de 9 ; trois quatrains de 5 pour «Berceuse » ; une longue séquence de 7 pour «Images d'un sou » ; le 5 exclusivement pour «Via dolorosa ».*

*Il faut attendre «Crimen amoris» pour assister au triomphe de l'hendécasyllabe, ce poème qui, pour les uns magnifie Rimbaud, mais qui, pour Octave Nadal, «stigmatise l'attitude rimbaldienne, la sublime puérilité, estime [Verlaine], de sa révolte qu'il apparente à celle de Satan et de ses suiveurs en malédiction » (*op. cit., *pp. 73-74). Et même pour ce qui est de ce long vers impair, Octave Nadal pense qu'«il n'est pas prouvé certes, sinon probable, que Rimbaud l'ait amené à cette ultime expérience : elle se trouvait inscrite dans l'évolution même de ses recherches prosodiques ». Il en trouvait l'exemple dans le «Rêve intermittent d'une nuit triste » de Marceline Desbordes-Valmore (que Rimbaud, il est vrai, lui avait sans doute fait connaître). Il l'avait déjà utilisé dans la quatrième des «Ariettes oubliées » : «Il faut, voyez-vous, nous pardonner les choses » (OP, 193).*

Pardonner à qui ? aux «Amis », comme l'avait suggéré Charles Morice dans le premier essai consacré à Verlaine en 1888 ? au couple Verlaine et Mathilde, selon

Jacques Borel ou Antoine Adam ? au couple Verlaine et Rimbaud, comme inclinait à le penser Jacques Robichez[1] *? Tant il est vrai qu'on échappe, qu'il échappe, difficilement à Rimbaud... Sans revenir sur l'ambiguïté de « Crimen amoris », on ne peut que constater, avec Octave Nadal, que c'est dans ce poème (salué par Nadal lui-même comme « ce poème unique, le plus beau peut-être de toute son œuvre », p. 73) que « la mesure à onze syllabes instaure enfin un chef-d'œuvre » (p. 154). Or, et c'est toujours le même commentateur, dans la même page, qui le fait observer, Rimbaud n'a lui-même commencé à composer dans ce mètre que dans des poèmes du printemps 1872, « Larme », « La Rivière de cassis » (combinaison de 11, 7 et 5), de juillet 1872 (le poème sans titre « Est-elle almée ? »), ou non datés mais classés dans ce qu'on a appelé improprement ses « Derniers vers » (« Michel et Christine »).*

Le travail sur l'hendécasyllabe trouvait sa place dans ce qu'il m'est arrivé de désigner comme un échange poétique entre les deux compagnons ou une manière de « chant amébée »[2]*». Il est à l'œuvre plus que jamais*

---

1. Dans son édition des *Œuvres poétiques* de Verlaine, Garnier, 1969, nouvelle édition 1995, pp. 583-584 : « Verlaine s'efforce ici de persuader Rimbaud qu'ils peuvent tous deux connaître un bonheur calme. Et précisément cette clarté nuit au poème [il s'agit de la quatrième ariette]. Doucereux et assez insipide, il est dépourvu de la mystérieuse suggestion des ariettes précédentes. L'hendécasyllabe n'a pas fourni au poète les effets qu'il a su tirer ailleurs. Il tend au prosaïsme, comme cela se voit à l'évidence dans le vers 2. »

2. « *Romances sans paroles* et "Études néantes" », chapitre VIII de mon livre *Rimbaud sans occultisme*, Bari-Paris, Schena, Didier érudition, 2000.

après le 10 juillet 1873, Verlaine conservant ou recouvrant son autonomie de poète. Et c'est alors, dans ce « Crimen amoris » dont curieusement il existe une copie de la main de Rimbaud, qu'il a, selon Octave Nadal, « rendu [au vers de 11 syllabes] sa puissance intrinsèque de dissonance ».

Verlaine a écrit en pensant à Rimbaud cette manière de chef-d'œuvre de l'hendécasyllabe et en pratiquant ce mètre, avec ou sans lui, il « s'est efforcé de lui restituer sa place et son autonomie métriques dans notre prosodie ; il lui a rendu sa puissance intrinsèque de dissonance rythmique et donné voix au chapitre des modulations les plus exquises du vers » (p. 153).

Les mètres pairs conservent leur place dans ces modulations, et tout particulièrement dans Cellulairement, *malgré la préférence exprimée dans « L'Art poëtique ». 8 et 4 alternent dans « Autre [impression fausse] » ; « La Chanson de Gaspard Hauser » est tout entière en octosyllabes ; « Un pouacre » fait alterner le décasyllabe et l'octosyllabe ; les deux premiers poèmes d'« Almanach pour l'année passée » sont en mètres pairs (octosyllabe pour le premier, vers de douze syllabes pour le deuxième), les deux derniers en vers impairs (9 pour le troisième, 13 pour le quatrième). On revient aux douze syllabes dans « Kaléidoscope », non pas au pur alexandrin, mais à un alexandrin souvent assoupli et libéré. L'impair et le pair (7 et 4) alternent dans « Réversibilités ». Les « Vieux coppées » sont tous en alexandrins (ce sont les dizains inventés par Musset, forme reprise par François Coppée*[1]). *Il en va de même pour trois des quatre longs poèmes qui viennent après* « *Crimen amoris* » *dans* Cellulairement, « *La Grâce* », « *L'impénitence finale* » *et* « *Amoureuse du diable* », *le décasyllabe l'emportant au contraire dans* « *Don Juan pipé* ».

Le « *Final* » *revient et à la forme du sonnet et au vers de douze syllabes. Mais cela ne correspond pas pour autant à un retour en arrière, même si Pierre-Henri Simon y a retrouvé les traces du* « *style du discours* », *de nombreux* « *ornements de la rhétorique traditionnelle* », *donc des restes d'*« *éloquence* »[2]. *Dès les premiers vers du premier sonnet, l'abondance et la force des rejets suffisent à prouver que Verlaine use bien de l'alexandrin, mais d'un alexandrin libéré.*

À un « *Rimbaud iconoclaste* » *on a voulu opposer un Verlaine qui, poétiquement,* « *reste orthodoxe* ». *Mais Octave Nadal, qui a repris cette opposition à la fin de son essai sur* Paul Verlaine, *a pris soin de la nuancer. S'il n'est jamais allé jusqu'au vers libre de* « *Marine* » *et de* « *Mouvement* » *ou jusqu'à la* « *prose de diamant* » *des autres* Illuminations, *s'il est* « *rest[é] prosodiquement orthodoxe* », *il a* « *assum[é] la gloire*

---

1. Voir sur ce point l'étude de Jean-Louis Aroui, « Quand Verlaine écrit des dizains : les "coppées" », dans le numéro 14 de *L'École des Lettres* consacré à Verlaine et dirigé par Steve Murphy, juillet 1996, pp. 137 *sqq*.
2. *Sagesse* de Paul Verlaine, texte établi, présenté et commenté par Pierre-Henri Simon, Fribourg (Suisse), Éditions universitaires, 1982, p. 200.

de l'hendécasyllabe », *il a obtenu que « l'impair retrouve la sécurité du pair », et en particulier « la fin de "Crimen amoris" ramène la puissance et la fluidité des cadences pareilles aux vagues amples et calmes des rythmes alexandrins les plus respirants » (pp. 154-157).*

Paradoxalement, le passage à l'hendécasyllabe dans « Crimen amoris » serait en correspondance avec l'évolution religieuse de Verlaine en prison. Selon Octave Nadal, « une continuité mélodique sans exemple obtenue par l'impair [y] marque le retour à la foi et à la pérennité de l'Église orthodoxe », et cela dans la fin du poème, quand « Verlaine substitue au nombre dur le creux plaintif des syllabes muettes » :

> Une campagne évangélique s'étend,
> Sévère et douce, et vagues comme des voiles
> Les branches d'arbres ont l'air d'ailes s'agitant.

Mais peut-être est-ce encore accorder trop de crédit à la correspondance entre « conversion religieuse » et « conversion poétique ».

Les premiers vers connus de Paul Verlaine, les derniers qu'il ait laissés ont pour thème la mort. Le 12 décembre 1858, âgé de quatorze ans, il envoyait, de ce qui n'était encore que la banlieue de Batignolles, à Victor Hugo, le champion des « vaincus », un poème qu'il lui dédiait et qui évoquait « l'affreuse mort sur un dragon », « s'acharn[ant] aux enfants, tout comme aux criminels » (« La Mort », OP, 11). En décembre 1895, une ultime série de cinq quatrains, « Mort ! », était comme un sursaut de presque agonisant, de vaincu pourtant rebelle encore, se reprochant d'être allé avec d'autres, « mal rêveurs, dans le vague des Fables » (OP, 1039-1040). *Le poème allait être publié dans* La Revue rouge, *en janvier 1896, le mois même où, dans la soirée du 8, une congestion pulmonaire l'emportait, dans son médiocre logement du 39, rue Descartes, son dernier domicile parisien.*

« La victoire » de la mort était soulignée de deux traits sur le manuscrit de ce dernier poème. Mais était-il seulement un vaincu, ce défunt que son ami Frédéric-Auguste Cazals a, sur un dessin daté du 9 janvier à midi, représenté sur son lit de mort, calme dans le demi-jour de la chambre, un large ruban autour du cou et un grand crucifix sur la poitrine[1] *?*

Le tombeau peut être considéré comme la dernière cellule. Verlaine a été inhumé au cimetière des Batignolles, le 10 janvier 1896, après un office religieux en l'église Saint-Étienne-du-Mont, place du Panthéon. Mais il s'était senti « Prisonnier dans Paris pour beaucoup trop de causes », comme il l'écrit en tête d'un poème intitulé « Sites urbains » (OP, 1034-1035), *non seulement dans les hôpitaux qu'il avait beaucoup fréquentés depuis l'année 1886, mais par exemple — et c'est celui que donne ce même poème — dans « la rue où [il] habi[tait]... trop haut ».*

---

1. Ces deux documents figurent dans l'*Album Verlaine* réalisé à l'occasion de la Quinzaine de la Pléiade, 1981, iconographie choisie et commentée par Pierre Petitfils, Gallimard, pp. 288-289.

Prisonnier de la vie ? Le poète de Cellulairement *n'est pas aussi sombre que celui de* Cellule *(en grec* Keli*), recueil de Thanassis Hatzopoulos (né en 1961) dont la traduction française a été publiée pour la première fois en 2012, et que j'ai découvert au moment même où j'écrivais ces pages — un recueil qui s'ouvre sur une « Sortie » et s'achève sur une « Entrée », mais*

> De même, donc, que l'entrée dans le monde
> S'apparente à une sortie,
> Hors de l'étroite cellule, du noir ermitage
> Pour aller au grand air
>
> Le lieu semble étranger
> Parce qu'il appartient à lui-même
> Plus qu'à la fantasmagorie
> Des moines[1].

Jean-Yves Masson, dans sa préface à ce recueil, attentif à la situation des deux poèmes, à leur place apparemment échangée, explique que, pour Hatzopoulos le « Chasseur d'âmes[2] », « la cellule est donc la cellule matricielle, le lieu de la gestation utérine, qu'il faut quitter pour naître ; mais aussi la cellule que le moine

---

1. Thanassis Hatzopoulos, *Cellule*, traduit du grec par Alexandre Zotos en collaboration avec Louis Martinez, édition bilingue, Le Chambon-sur-Lignon, Cheyne, coll. « D'une voix l'autre », 2012, pp. 20-21 (« Sortie »), pp. 122-123 (« Entrée »).
2. C'est le titre d'un poème de Thanassis Hatzopoulos, extrait de son recueil antérieur *Place au soleil* (1996). Ce « Chasseur d'âmes » a été retenu et traduit en français dans l'*Anthologie de la poésie grecque contemporaine (1945-2000)*, « Poésie/Gallimard », 2000.

regagne pour "mourir au monde" en une sorte de naissance inversée » *(p. 14).*

Mallarmé, pour le premier anniversaire de la mort de Verlaine, en janvier 1897, a composé un « *Tombeau* » *poétique où au bloc de granit du* « *Tombeau d'Edgar Poe* », *au* « *noir roc courroucé que la bise le roule* », *se substitue dans les tercets une évocation plus tendre :*

> Qui cherche, parcourant le solitaire bond
> Tantôt extérieur de notre vagabond —
> Verlaine ? Il est caché parmi l'herbe, Verlaine
>
> À ne surprendre que naïvement d'accord
> La lèvre sans y boire ou tarir son haleine
> Un peu profond ruisseau calomnié la mort[1].

Verlaine ne s'est pas contenté de cette herbe, celle sur laquelle s'ébattaient en notes et en paroles les personnages des Fêtes galantes *(OP, 108), ou du ruisseau de la* « *petite muse* », *de la* « *rêveuse au bord de l'eau* » *entendant* « *chanter l'yeuse,/L'ajonc et le bouleau* » *(OP, 636-637). Il a placé une manière d'*« *Entrée* » *en tête de* Cellulairement, *ce prologue* « *Au Lecteur* », *où il ne peut s'empêcher de constater, sinon de soupirer :* « *J'ai perdu ma vie [...]* ». *Mais l'entrée d'un* « *saturnien* » *dans la vie ne comportait-elle pas un risque de mort, ou du moins d'enfermement dans le malheur ?*

---

1. Stéphane Mallarmé, *Poésies* (première édition, Bruxelles, Deman, 1899 — un an après la mort de Mallarmé lui-même), édition de Bertrand Marchal avec une préface d'Yves Bonnefoy, « Poésie/Gallimard », 1992, p. 62.

*Le « Final », au contraire, correspond à une entrée dans ce que Rimbaud (le faisant peut-être parler, s'il est la Vierge folle d'*Une saison en enfer*) appelle « la vraie vie » (AR, 260). L'épigraphe latine, empruntée à sainte Catherine de Sienne, a pour premier mot un verbe de mouvement, aller (*ire*), et ce mouvement conduit vers le sang du Christ, qui est source (deuxième sonnet) et promesse de boire au « Calice Éternel » (troisième sonnet de la section VII), donc vers ce vrai Amour qui fonde la « vraie vie » :*

Aime. Sors de ta mort. Aime.

(Cinquième sonnet)

C'est Jésus qui parle. C'est aussi le Verlaine nouveau qui se parle à lui-même et qui, dans une cellule transformée par la présence réelle du crucifix, échappe à celle où le condamné a vécu un cauchemar.

C'est pour effacer ce cauchemar, et pour le faire oublier aux autres, aussi, qu'il a renoncé à publier Cellulairement, *après l'avoir constitué en recueil. Il a repoussé ce* « Cellulairemard »-*là après la publication de* Sagesse, *et en pensant à celle, future, d'*Amour, *quand il en a transformé ainsi grotesquement le titre dans sa lettre à Charles de Sivry le 3 février 1881 (*Corr. I, *691).*

Certains poèmes du recueil cellulaire, ceux de la « vraie vie », étaient repris dans Sagesse *: sept, dix-sept même, puisque l'un d'eux réunit les dix sonnets du « Final » et, sans titre cette fois, s'ouvre sur « Mon*

Dieu m'a dit » (II, 4 ; OP, 268-272). *« La Chanson de Gaspard Hauser » y revient, inquiète, dans l'attente d'une prière (III, 4 ; OP, 279) mais surtout elle y devient, sans hésitation possible, celle d'un Verlaine que « la Croix [...] a pris sur ses ailes » (I, 23 ; OP, 262). La « Via dolorosa », partie « du fond du grabat », conduisait à la question : « Est-ce vous, J*ÉSUS *? » (III, 2 ; OP, 274-278) et, à cause de cela même, elle méritait de précéder ce poème, considéré à juste titre comme un joyau du recueil, « L'espoir luit comme un brin de paille dans l'étable » (III, 3 ; OP, 278), où, bien plus que la paille du prisonnier, importe celle de l'étable où naquit le Christ. Il n'est pas sûr que ce sonnet ait été écrit, dans sa première forme du moins, au creux d'un cachot. Mais il fait partie de* Cellulairement, *et l'avant-dernier vers justifie cette intégration :*

Va, dors ! L'espoir luit comme un caillou dans un creux.

Toute « berceuse » peut être reprise dans Sagesse. *Celle-ci (« Va, dors ! ») comme celle qui portait ce titre dans* Cellulairement *et qui, sans titre, vient à la suite des précédents poèmes repris, eux aussi sans titre (« Via dolorosa », « Été », « La Chanson de Gaspard Hauser » avec désormais, seule indication,* « Gaspard Hauser chante »). *Elle commençait et commence toujours par*

> Un grand sommeil noir
> Tombe sur ma vie.

Mais ce n'était pas une fin, c'était une attente, et digne d'être consacrée comme telle :

> Je suis un berceau
> Qu'une main balance
> Au creux d'un caveau :
> Silence, silence !

Ce caveau — caveau d'un mort ou d'un quasimort —, c'était, à Bruxelles, la cellule des Petits-Carmes, le 8 août 1873 (date du poème, dans Cellulairement*). C'était encore l'une des cellules de la prison de Mons, en ce même mois d'août, mais d'août 1874, donc une cellule illuminée par le retour à la foi de l'enfance, par l'Assomption de la Vierge, dont Paul-Marie Verlaine sait, plus que jamais, qu'il porte le nom.*

Il y aura très peu de traces des poèmes de Cellulairement *dans* Amour, *ce recueil publié seulement en 1888 auquel Verlaine pense pourtant très tôt au sortir de la prison, recueil organisé autour du mot même qui donnait un sens au « Final » :*

> Il faut M'aimer.
> (Cinquième sonnet)

Ni « À ma femme en lui envoyant une pensée », ni « Bouquet à Marie », qui sont présents dans Amour, *le premier avec le même titre modifié (« À Madame X en lui envoyant une pensée »), le second avec un autre titre, « Un conte », et une dédicace à J.-K. Huysmans (OP, 410-412), ne figurent dans le manuscrit de*

Cellulairement *conservé au musée des Lettres et des Manuscrits. Et si la prison de Mons est évoquée longuement dans « Écrit en 1875 », venant même immédiatement après la dédicace du recueil de 1888, qui lui-même commence par une « Prière du matin », c'est que ce « meilleur des châteaux »* était devenu un « château de l'âme », *à la manière de sainte Thérèse d'Avila, lue et admirée par Verlaine, qui l'a défendue contre Flaubert et son* Bouvard et Pécuchet[1]. *Les écrits de sainte Thérèse avaient été une de ses lectures de prison, comme le* Catéchisme de persévérance *de Mgr Gaume, et il lui a consacré, tardivement il est vrai, un sonnet publié dans* Le Décadent *(1er-15 juillet 1888), puis intégré à la nouvelle édition de* Sagesse *en 1889 (III, 19 ; OP, 289).*

Le recueil retrouvé permet donc d'aller d'une cellule fermée à une cellule ouverte, par la Grâce divine, sans doute, mais aussi par la grâce de la poésie. Ouverte sur Sagesse, *ouverte sur* Bonheur, *tandis que d'autres poèmes seront dispersés dans des recueils plus mêlés,* Jadis et Naguère *(1884),* Parallèlement *(1889), ou même dans le livre d'*Invectives, *publié en 1896 après la mort du poète, sans qu'il ait eu le temps de faire un choix définitif dans un ensemble disparate. « La cellule initiale d'*Invectives », *pour Jacques Borel, est dans des « sonnets malsonnants », la « lie de* Sagesse », *refusée*

---

1. Voir *Voyage en France par un Français* (1880), chapitre 7, « Les romanciers actuels et la religion », *Pr.*, 1033-1034, où Verlaine défend aussi contre Flaubert le *Catéchisme de persévérance* de Mgr Gaume, qui avait « dégoûté Bouvard ». Sainte Thérèse est présente dans le *Carnet personnel* de Verlaine, *Pr.*, 1121.

par l'éditeur bien-pensant du recueil, en 1880. On y trouve aussi « les derniers vestiges de Cellulairement » *qui « sont ici, une fois de plus, utilisés. Les deux "Souvenirs de prison", "Opportunistes", sont des reprises de "Vieux coppées" » (*OP, *897, et 929, 932, 933).*

On serait tenté de dire que, si les deux « Souvenirs de prison », les deux derniers des « Vieux coppées » avaient été retenus pour cet ultime recueil, il se referme sur la prison et sur « le mot Cellulairement » *auquel Verlaine semblait avoir renoncé définitivement comme « absolument inutile et* shoking *[sic] au premier chef » dans sa lettre à Charles de Sivry du 3 février 1881 (*Corr. I, *691).*

Peut-être aurait-il mieux valu que Verlaine parvînt à faire publier intégralement Cellulairement *tel qu'il l'avait mis en forme peu après sa sortie de prison, et ce n'est pas le trahir que d'éditer ce manuscrit qui pour moi, à n'en pas douter, est bien* son *manuscrit.*

À ce « faible Verlaine », et même à ce « lamentable Verlaine », qui devait mourir « dans [une] chambre de prostituée, la face contre la terre », Paul Claudel a consacré les deux premières de ses Feuilles de saints. *Non qu'il en fasse un saint : il sait comment il est retombé dans l'ivrognerie, et il n'ignore pas la lettre du 5 mars 1875, où Rimbaud raconte à Delahaye comment, au sortir de la prison, il l'a rejoint à Stuttgart, « un chapelet aux pinces », mais « trois heures après on avait renié son dieu et fait saigner les 98 plaies de N. S. » (*AR, *376).*

On pourrait même poser, à propos de Verlaine, cette

question : fut-il prisonnier de lui-même ? Mais Cellulairement *est là, pour montrer cet homme « seul », « en état parfait d'abaissement et de dépossession », « assis du matin au soir et regard[ant] le mur ». Quelque temps du moins, « ce lieu [l'a] préserv[é] du danger », jusqu'à ce que lui apparaisse « Jésus plus intérieur que la honte, qui lui montre et qui lui ouvre son Cœur ! »* [1]

Dans sa forme (presque) complète, plus complète même qu'on ne l'a dit, le manuscrit de Cellulairement *permet de suivre le mouvement du « Saturnien » vers un « cela » qui n'est pas seulement « vague et soluble dans l'air », mais qui a toute la force d'une affirmation finale.*

PIERRE BRUNEL

---

1. Paul Claudel, *Feuilles de saints*, Éditions de la Nouvelle Revue Française, 1925, repris dans *Œuvre poétique*, Gallimard, « Bibliothèque de la Pléiade », 1967, pp. 599-605.

CELLULAIREMENT

Fac-similés du manuscrit

Pierre Bonnard, *Verlaine en prison*, lithographie, *Parallèlement*, 1900.
Musée des Lettres et Manuscrits, Paris.

Cellulairement

I.
Au Lecteur.

« Fué cautivo, donde aprendió á tener paciencia en las adversidades »
(Cervantes)

Ce n'est pas de ces dieux foudroyés,
Ce n'est pas encore une infortune
Poétique autant qu'inopportune :
O lecteur de bon sens, ne fuyez !

On sait trop tout le prix du malheur
Pour le perdre en disert gaspillage :
Vous n'aurez ni mes traits ni mon âge,
Ni le vrai mal secret de mon cœur.

Et de ce que ces vers maladifs
Furent faits en prison, pour tout dire,
On ne va pas crier au martyre :
Que Dieu vous garde des expansifs !

On vous donne un livre fait ainsi ;
Prenez-le pour ce qu'il vaut, en somme.

C'est l'ægri somnia d'un brave homme
Étonné de se trouver ici.

On y met avec la "bonne foy"
L'orthographe à peu près qu'on possède,
Regrettant de n'avoir à son aide
Que ce prestige d'être bien soi.

Vous lirez ce libelle tel quel
Tout ainsi que vous feriez d'un autre,
Ce vœu bien modeste est le seul nôtre,
N'étant guère, après tout, criminel !

Un mot encore, car je vous dois
Quelque lueur, en définitive,
Concernant la chose qui m'arrive :
Je compte parmi les maladroits ;

J'ai perdu ma vie et je sais bien
Que tout blâme sur moi s'en va fondre :
A cela je ne puis que répondre
Que je suis vraiment né Saturnien.

Bruxelles, de la prison des Petits-Carmes, Juillet 18

3.

Impression fausse.

――― "*Mais, attendons la fin.*"
(La Fontaine)

Dame souris trotte,
Noire dans le gris du soir,
Dame souris trotte,
Grise dans le noir.

On sonne la cloche :
Dormez les bons prisonniers !
On sonne la cloche :
Faut que vous dormiez !

Le beau clair de lune !
On ronfle ferme à côté !
Le beau clair de lune
En réalité !

Un nuage passe.
Il fait noir comme en four.

4

Un nuage passa....
Tiens, le petit jour !

Dame souris trotte
Rose dans les rayons bleus
Dame souris trotte :
Debout, paresseux !

Bx, 11 juillet 73, Entrée en prison.

Autre   Paraboles

"Panem et circenses !"

La cour se fleurit de souci
  Comme le front
  Detous ceux ci   X à intercaler cette 2.e strophe
  Qui vont en rond   Tournez, Samsons sans Dalila,
En flageolant sur leur fémur   Sans Philistin,
  Débilité,   Tournez bien la
  Le long du mur   Meule au destin !
  Fou de clarté. X   Vaincu risible de la Loi,
                     Mouds tour à tour
                     Ton cœur, ta foi
                     Et ton amour !

Ils vont - et leurs pauvres souliers
                                 Font

– 5 –

Font un bruit sec, –
Humiliés,
La pipe au bec ...
Pas un mot, sinon le cachot !
Pas un soupir !
Il fait si chaud
Qu'on croit mourir !

J'en suis de ce cirque effaré,
Soumis d'ailleurs
Et préparé
A tous malheurs.
Et pourquoi, si j'ai contristé
Ton vœu têtu,
Société,
Me choiras-tu ?

Allons, frères, bons vieux voleurs,
Doux vagabonds,
Filous en fleurs,
Mes chers, mes bons ?
Fumons philosophiquement,

Promenons.

6.

Promenons-nous
Paisiblement :
Rien faire est doux !

Br. Juillet 73. (préau des prévenus)

Sur les eaux.

sapin

Je ne sais pourquoi
Mon esprit amer
D'une aile inquiète et folle vole sur la mer ;
Tout ce qui m'est cher,
D'une aile d'effroi
Mon amour le ~~cherche~~ au ras des flots : pourquoi, pourquoi ?
           couve

Mouette à l'essor mélancolique,
Elle suit la vague, ma pensée
A tous les vents du ciel balancée
Et biaisant quand la marée oblique,
Mouette à l'essor mélancolique !

Ivre de soleil

Et de

7

Et deliberté,
Un instint la guide à travers cette immensité :
　　La brise d'été
　　Sur le flot vermeil
Doucement la porte en un tiède demi-sommeil.

　　Parfois si tristement elle crie
　　Qu'elle alarme au lointain le pilote,
　　Puis au gré du flot se livre et flotte
　　Et plonge et l'aile toute meurtrie,
　　Revole et puis si tristement crie !

　　Je ne sais pourquoi
　　Mon esprit amer
D'une aile inquiète et folle vole sur la mer :
　　Tout ce qui m'est cher,
　　D'une aile d'effroi
Mon amour le cherche au ras des flots. Pourquoi ? Vous...

　　　　— Brux. Juillet 1878

7

Berceuse

"*Però non mi destar : Deh! parla basso*" Michel-Ange.

Un grand sommeil noir
Tombe sur ma vie :
~~Dormez~~ tout espoir,
Dormez, toute envie ! !

Je ne sais plus rien,
Je perds la mémoire
Du mal et du bien :
O la triste histoire !

Je suis un berceau
Qu'une main balance
Au creux d'un caveau :
Silence ! silence !

—

Br. le 8 août 1873.

La Chanson de Gaspard Hauser

Je suis venu, calme orphelin,
Riche de mes seuls yeux tranquilles,
Vers les hommes des grandes villes :
Ils ne m'ont pas trouvé malin.

A vingt ans un trouble nouveau
Sous le nom d'amoureuses flammes
M'a fait trouver belles les femmes :
Elles ne m'ont pas trouvé beau.

Bien que sans patrie et sans roi
Et très-brave, ne l'étant guère,
J'ai voulu mourir à la guerre :
La mort n'a pas voulu de moi.

Suis-je né trop tôt ou trop tard ?
Qu'est-ce que je fais en ce monde ?
O vous tous, ma peine est profonde :

Priez pour le pauvre Gaspard !
Br. Août 1873.

Un pouacre.

Avec les yeux d'une tête de mort
Que la lune encore décharne,
Tout mon passé — disons tout mon remord —
Ricane à travers ma lucarne.

Avec la voix d'un vieillard très-cassé
Comme l'on n'en voit qu'au théâtre,
Tout mon remords — disons tout mon passé —
Fredonne un tra-la-la folâtre.

Avec les doigts d'un pendu déjà vert,
Le drôle agace une guitare
Et danse sur l'avenir grand-ouvert
D'un air d'élasticité rare.

— " Vieux turlupin, je n'aime pas cela :

10

11

"Tais ces chants et calme ces danses!"
Il me répond avec la voix qu'il a:
— "C'est moins drôle que tu ne penses.

"Et quant au soin frivole, ô cher morveux,
 "De te plaire ou de te déplaire,
"Je m'en soucie au point que, si tu veux,
 "Tu peux t'aller faire lanlaire!"—
                    Br. 7bre 1873

Almanach pour ~~187~~ l'année passée
Πειδώμεστα νυκτι μελαιντ
(Homère)
I
La bise serre à travers
Les buissons tout noirs et tout verts,
Glaçant la neige éparpillée
Dans la campagne ensoleillée;

L'odeur est aigre près des bois;
L'horizon chante avec des voix;
Les coqs des clochers des villages
Luisent crûment sur les nuages.

C'est

C'est délicieux de marcher
A travers ce brouillard léger
Qu'un vent taquin parfois retrousse.

Ah ! fi de mon vieux feu qui tousse !
J'ai des fourmis plein les talons.
Voici l'Avril ! Vieux cœur, allons !

II

L'espoir luit comme un brin de paille dans l'étable.
Que crains-tu de la guêpe ivre de son vol fou ?
Vois ! le soleil toujours poudroie à quelque trou.
Que ne t'endormais-tu, le coude sur la table ?

Pauvre âme pâle, au moins cette eau du puits glacé,
Bois-la. Puis dors après. Allons, tu vois, je reste,
Et je dorloterai les rêves de ta sieste,
Et tu chantonneras comme un enfant bercé.

Midi sonne ! De grâce, éloignez-vous, Madame.
Il dort, c'est ~~étrange~~ comme les pas de femme
et c'est affreux

Répondent

Répondent au cerveau des pauvres malheureux !

Midi sonnent. J'ai fait arroser dans la chambre.
Il dort ! L'espoir luit comme un caillou dans un creux.
— Ah ! quand refleuriront les roses de Septembre ?

III

Les Choses qui chantent dans la tête,
Alorsque la mémoire est absente,
Ecoutez, c'est notre sang qui chante...
O musique lointaine et discrète !

Ecoutez, c'est notre sang qui pleure
D'une voix jusqu'alors inouïe,
Alorsque notre âme s'est enfuie,
Et qui va se taire tout à l'heure.

Frère du vin de la vigne rose,
Frère du sang de la veine noire,
O Vin, ô Sang, c'est l'apothéose !

14

Chantez, pleurez, changez la mémoire
Et chassez l'âme, et jusqu'aux ténèbres,
Magnétisez nos pauvres vertèbres !

IV.

Ah, vraiment c'est triste, ah, vraiment, ça finit trop mal,
Il n'est pas permis d'être à ce point infortuné,
Ah, vraiment c'est trop la mort du naïf animal
Qui voit tout son sang couler sous son regard fané !

Londres fume et crie, ô quelle ville de la Bible !
Le gaz flambe et nage et les enseignes sont vermeilles,
Et les maisons dans leur ratatinement terrible
Épouvantent comme un tas noir de petites vieilles.

Tout l'affreux passé saute, miaule, piaule et glapit
Dans le brouillard rose et jaune et sale des Sohos
Avec des indeeds et des allrights et des haôs !

Non, vraiment c'est trop un martyre sans assurance,
Non vraiment cela finit trop mal, vraiment c'est triste
O le feu du ciel sur cette ville de la Bible !

B⁴. 7ᵇʳᵉ 1873.

Kaléidoscope.

Dans une rue, au cœur d'une ville de rêve,
Ce sera comme quand on a déjà vécu :
Un instant à la fois très-vague et très-aigu....
O ce soleil parmi la brume qui se lève !

O ce cri sur la mer ! Cette voix dans les bois !
Ce sera comme quand on ignore des causes :
Un lent réveil après bien des métempsychoses...
Les choses seront plus les mêmes qu'autrefois.

Dans cette rue, au cœur de la ville magique
Où des orgues joueront des gigues dans les soirs,
Où les cafés auront des chats sur les dressoirs,
Et que traverseront des bandes de musique.

Ce sera si fatal qu'on en croira mourir.
Des larmes ruisselant, douces, le long des joues,
Des rires sanglotés dans le fracas des roues,

. 16 .

Des invocations à l'oubli de venir,

Des mots anciens comme un bouquet de fleurs fanées !!
— Les bruits aigres des bals publics arriveront,
Et des femmes, avec du cuivre après leur front,
Paysannes, fendront la foule des traînées

Qui flânent là, causant avec d'affreux moutards
Et des vieux sans sourcils, fumeurs de gros cigares,
Cependant qu'à deux pas, dans des senteurs de gares,
Quelque fête publique enverra des pétards,....

— Ce sera comme quand on rêve et qu'on s'éveille
Et que l'on se rendort et que l'on rêve encor
De la même féerie et du même décor,
L'été, dans l'herbe, au bruit moiré d'un vol d'abeille

Br. 8:bre 1873.

Réversibilités

Parallèlement

"Totus in maligno positus"

Entends les pompes qui font
  Le cri des chats.
Des sifflets viennent et vont
  Comme en pourchas.
— Ah ! dans ces tristes décors
Les Déjàs sont les Encors !

O les vagues Angélus !
  (Qui viennent d'où ?)
Vois s'allumer les Saluts
  Du fond d'un trou.
— Ah ! dans ces mornes séjours
Les Jamais sont les Toujours !

Quels rêves épouvantés,
  Vous, grands murs blancs !
Que de sanglots répétés,
  Fous ou dolents !

— Ah !

18.

— Ah! dans ces piteux retraits
Les Toujours sont les Jamais!

Tu meurs doucheusement,
 Obscurément,
Sans qu'on veille, ô cœur aimant,
 Sans testament!
— Ah! dans ces deuils sans rachats
Les Encor sont les Déjàs!

—

De la Prison cellulaire de Mons. — Fin 8bre 1873.

Images d'un sou.

De toutes les douleurs douces   Jadis, naguère
Je compose mes magies!
Paul, les paupières rougies,
Erre seul aux Pamplemousses.
La folle par amour chante
                                         Une

Une ariette touchante,
C'est la mère qui s'alarme
De sa fille fiancée,
C'est l'épouse délaissée
Qui prend un sévère charme
A s'exagérer l'attente,
Et demeure palpitante,
C'est l'amitié qu'on néglige
Et qui se croit méconnue,
C'est toute angoisse ingénue,
C'est tout bonheur qui s'afflige,
L'enfant qui s'éveille et pleure,
Le prisonnier qui voit l'heure.
Les sanglots des tourterelles,
La plainte des jeunes filles,
C'en l'appel des Trésilles
Que gardent dans des tourelles
De bons vieux oncles avares
A tous joueurs* de guitares,
Et Malek-Adel soupire
S'attendre à Geneviève
De Brabant qui fait ce rêve

*Sonneurs

Béranger

22

D'exercer un doux empire,
Dont elle-même se pâme,
Sur la veuve de Pyrame
Tout cypriée ressuscitée.
Et la forêt des Ardennes
Sent circuler dans ses veines
La flamme persécutée
De ces princesses errantes
Sous les branches murmurantes.
Et madame Malbrouk monte
A sa tour pour mieux entendre
La viole et lavoix tendre
De ce cher trompeur de comte
Ory qui revient d'Espagne
Sans qu'un doublon l'accompagne.
Mais il s'est couvert de gloire
Aux gorges des Pyrénéés,
Et combien d'infortunées
L'une jaune et l'autre noire
Ne fit-il pas, à tous risques,
Là-bas parmi les Morisques !....
Toute histoire qui se mouille

23

De délicieuses larmes,
(Fût-ce à travers des chocs d'armes)
Aussitôt chez moi s'embrouille,
Se mêla à d'autres encore,
Finalement s'évapore
En capricieuses nues,
Laissant, à travers des filtres
Puissants, talismans et philtres
Au fin fond de mes cornues
Au feu de l'amour rougies...
Accourez à mes magies !
C'est très-beau. Venez, d'aucunes
Et d'aucuns. Entr'reg^t bagasse !
Cadet-Roussel est paillasse
Et vous dira vos fortunes.
C'est Crédit qui tient la caisse.
Allons, vite ! qu'on se presse !! —

   Mons, X^{bre} 1873.

24.

Vieux Coppées.

Appendice
T. III

I

"Il n'a pas de cartilages dans le nez : Comment voulez-vous qu'il ait de quoi Sonner ?" (Opinion inédite d'un Critique connu, sur un très jeune homme de lettres)

Pour charmer tes ennuis, ô Temps qui nous dévastes,
Je veux, durant cent vers coupés en dizains chastes,
Comme les ronds égaux d'un même saucisson,
Servir aux connaisseurs un plat de ma façon.
Tout désir un peu sot, toute idée un peu bête
Et tout ressouvenir stupide, mais honnête,
Composeront le fier menu qu'on va lécher.
Muse, accours, donne-moi ton ut le plus léger,
Et chantons notre gamme en notes bien égales,
A l'instar de monsieur Coppée et des cigales.

II

Les passages Choiseul aux odeurs de jadis,
Où sont-ils ? En ce mil-huit-cent soixante-dix,
— Vous souvient-il, c'était du temps du bon Badingue,—
On avait ce tour un peu cuistre qui distingue
Le Maître, et l'on faisait chacun son acte-envers.
Jours enfuis ! Quels autrans passièrent à travers
La montagne ? Le Maître est décoré comme une
                                                Châsse

Chôsse, et n'a pas encor digéré la Commune ;
Tous sont toqués, et moi, qui chantais aux temps chauds,
Je gémis sur la paille humide des cachots.

III
Jadis et naguère Paysages

Vers Saint-Denis c'est sale et bête, la campagne !
C'est pourtant là qu'un jour j'emmenai ma compagne.
Nous étions de mauvaise humeur, et querellions.
Un plat soleil d'été tartinait ses rayons
Sur la plaine séchée ainsi qu'une rôtie ;
C'était ~~vingt~~ longtemps ~~mois~~ après le "siège"; une partie
Des "maisons de campagne" était par terre encor,
D'autres se relevaient comme on hisse un décor,
Et des abus tout neufs encastrés aux pilastres
Portaient écrit autour : Souvenir des désastres.

IV

" Assez des Gambettards ! Ôtez-moi cet objet ! " *opportunistes Roches*
(Dit le père Duchêne un jour qu'il enrageait)
" Tout plutôt qu'eux." ce sont les bougres de naissance !
" Bourgeois vessards, ça d'ût tenir des lieux d'aisance
" Dans ces mondes antérieurs — dont je me fous !—
" Jean-foutres qui ; tandis qu'on les confessait sous.
" Les balles, cherchaient des alibis dans la foire !

26.

Ah! tous! Badingue Quatre, Orléans et sa poire
(Pour la soif) la béquille à Chambord, Attila!
Mais, mais, mais..! plus de ces Laréveillière-là!

V

Las! Jésus à l'Index, et dans les dédicaces   Parallèlement
Me voici Paul V*** pur et simple. Les audaces   murmurerait mon vœu
De mes amis, — tant les éditeurs sont des saints! —
Doivent éliminer mon nom de leurs desseins.
Extraordinaire et saponaire tonnerre
D'une excommunication que je vénère
Au point d'en faire des fautes de quantité!
Vrai! si je n'étais pas à ce point dégoûté
Des choses, j'aimerais — Surtout m'étant contraire —
Cette pudeur, du moins si rare, de libraire!

VI.
                                             J'aurais à par[aître]
                                             Dufain 1830
Jésus né romantique, et ~~par l~~ j'eusse été fatal
En un frac très-étroit aux boutons de métal
Avec ma barbe en pointe et mes cheveux en brosse,
Hablant español, très-loyal et très-féroce,
L'œil idoine à l'œillade et chargé de défis;
Beautés mises à mal et bourgeois déconfits
Eussent bondé ma vie et soûlé mon cœur d'homme.

                                             Pâle

27

Pâle et jaune d'ailleurs, et taciturne comme
Un Infant scrofuleux dans un Escurial.
Et puis, j'eusse été si féroce et si loyal !

VII

L'aîle où je suis dormant juste sur une gare,
J'entends, de nuit, — mes nuits sont blanches — la bagarre
Des machines qu'on chauffe et des trains ajustés.
Et vraiment c'est des bruits de nids répercutés
A des cieux de fonte et de verre, et gras de houille.
Vous n'imaginez pas comme cela gazouille
Et comme l'on dirait des efforts d'oiselets
Vers des vols tout prochains à des cieux violets
— Encore et que le point du jour éveille à peine ...
O ces wagons qui vont dévaler dans la plaine !

VIII

O Belgique, qui m'as valu ce dur loisir,
Merci ! J'ai pu du moins réfléchir, et saisir,
Dans le silence doux et blanc de tes cellules,
Les raisons qui fuyaient, comme des libellules,
A travers les roseaux bavards d'un monde vain,
Les raisons de mon être immortel et divin,
Et les étiqueter, comme en un beau musée,

Dans

Dans les cases en fin cristal de ma pensée...
Mais, ô Belgique, assez de ce huis-clos têtu,
Ouvre enfin, car c'est bon "pour une fois, sais-tu ?"

IX

Depuis un an et plus je n'ai pas vu la queue
D'un journal. Est-ce assez bibliothèque bleue ?
Parfois je me dis à part moi : "L'eusses-tu cru ?"
— Eh bien ! l'on n'en meurt pas ! D'abord c'est un peu crû,
Un peu bien blanc, et l'œil habitueux s'en fâche.
Mais l'esprit ! Comme il rit et triomphe, le lâche !
— Et puis, c'est un bonheur patriotique et sain
De ne plus rien savoir de ce siècle assassin.
Et de ne suivre plus, dans sa dernière transe,
Cette agonie épouvantable de la France !

X

Endiguons les ruisseaux, les prés burent assez.
Bonsoir, lecteur, — et vous, lectrice qui pensez
D'ailleurs bien plus à Worth qu'aux sons de ma guimbarde
Agréez le salut respectueux du barde
Indigne de vos yeux abaissés un instant
Sur ces cent vers que scande un "rhythme" équilistant.
Et vous, poètes, n'allez pas rendre encore pire

Qu'il

Qu'il ne l'est ce pastiche infâme d'une lyre
Dûment appréciée entre tous gens de goût,
Par des coquilles trop navrantes — Et c'est tout.

Mons — 1874, ~~Janvier,~~ Février, Mars et passim

L'Art poétique

Jadis et naguère

" Mark it, Cesario, it is old and plain.
" The spinsters and the knitters in the sun
" And the free maids that weave their thread with
 bones
" Do use to chaunt it; it is silly sooth
" And dallies with the innocence of love
" Like the old age. " — Shakespeare —
 (twelfth-night)

De la musique avant toute chose !
Et pour cela préfère l'Impair
Plus vague et plus soluble dans l'air,
Sans rien en lui qui pèse et qui pose.

Il faut aussi que tu n'ailles point
Choisir tes mots sans quelque méprise :
Rien de plus cher que la chanson grise
Où l'Indécis au Précis se joint.

C'est

30

C'est des beaux yeux derrière des voiles,
C'est le grand jour tremblant d'un midi,
C'est, par un ciel d'automne attiédi,
Le bleu fouillis des claires étoiles !

Car nous voulons la Nuance encor.
Pas la Couleur, rien que la Nuance !
O la Nuance seule fiance
Le rêve au rêve et la flûte au cor !

Fuis du plus loin la Pointe assassine,
L'Esprit cruel et le Rire impur,
Qui font pleurer les yeux de l'Azur,
— Et tout cet ail de basse cuisine !

Prends l'Éloquence et tords-lui son cou !
Tu feras bien, en train d'énergie,
De rendre un peu la Rime assagie :
Si l'on n'y veille, elle ira jusqu'où ?

O qui dira les torts de la Rime ?
Quel enfant sourd ou quel nègre fou

Nous

31 a 34

Nous a forgé ce bijou d'un sou
Qui sonne faux et creux sous la lime ?

De la musique encore et toujours !
Que ton vers soit la Chose envolée
Qu'on sent qui fuit d'une âme en allée
Vers d'autres cieux à d'autres amours !

Que ton vers soit la bonne aventure
Éparse au vent crispé du matin
Qui va fleurant la menthe et le thym !...
Et tout le reste est littérature.

          Mons, Avril 1874.

35

Sapper

Via dolorosa

"Sento circumdabit te veritas ejus,
non timebis a timore nocturno,
a sagitta volante in die, a negotio
perambulante in tenebris, ab incursu
et dæmone meridiano...."
(Ps. 90.)

~~De~~ ~~~~

Du fond du grabat
As-tu vu l'étoile
Qu'l'hiver dévoile ?
Comme ton cœur bat !
Comme cette idée,
Regret ou désir,
Ravage à plaisir
Ta tête obsédée !
Pauvre cœur sans Dieu !
Pauvre tête en feu !

. . . .

L'ortie et l'herbette
Au bas du rempart
D'où l'appel frais part
D'une aigre trompette ;
Le vent du coteau ;
La Meuse, la goutte
Qu'on boit sur la route

A chaque cinteau ;
— Les sèves qu'on hume !
Les pipes qu'on fume !

. . . .

Un rêve de froid :
Que c'est beau, la neige
Et tout son cortège
Dans leur cadre étroit !
Ô tes blancs arcanes,
Nouvelle-Archangel.
Mirage éternel
De mes caravanes !
— Ô touchante ciel,
Nouvelle-Archangel !

. . . .

Cette ville sombre !
Tout est crainte ici...
Le ciel est trans-

P. éclair.

36.

D'éclairer tant d'ombre.
Les pas que tu fais
Parmi ces bruyères
Lèvent des poussières
Au souffle mauvais...
Voyageur si triste,
Tu suis quelle piste ?

. . .

C'est l'Ivresse à mort,
C'est la noire Orgie,
C'est l'amer effort
De ton énergie
Vers l'oubli dolent
De la voix intime ;...
C'est le seuil du crime ;
C'est l'essor sanglant...
O fuis la Chimère !
Ta mère ! Ta mère !

. . .

La Mer ! Puisse-t-elle
Laver ta rancœur,
La mer au bon cœur,
Nourrice fidèle
Qui chante en berçant
Ton angoisse atroce,
La mer, doux colosse
Au sein innocent,
La mer surqui prie
La Vierge Marie !

- - -

Tu vis sans savoir,
Tu verses ton âme,
Ton lait et ta flamme
Dans quel désespoir ?
Ton sang qui s'amasse

37.

En une fleur d'or,
N'est pas prêt encor
A la dédicace...
Ceci n'est qu'un jeu,!
Attends quelque peu.

— — — —

Cette frénésie
S'initie au but
D'ailleurs le salut
Viendra d'un messie
Dont tu ne sens plus
Depuis bien des lieues
Les effluves bleues
Toutes bras perchées
Naufragé d'un rêve
Qui n'a pas de grève !

— — — —

Vis ! en attendant
L'heure toute proche.
Ne sois pas prudent...
Trêve à tout reproche...
Fais ce que tu veux...
Une main te guide

A travers le vide
Affreux d'étés vieux....
— Un peu de courage !
C'est le bon orage !

. .

Du verre et du fer ;
Des murs et des portes ;
Les rigueurs accortes
D'un adroit enfer ;
Comme on agonise
Douce reyfement !
Un parfait tourment
Qu'on souffre à sa guise !
— La captivité
Dans l'édilité !

— — — —

" Pourtant je regrette !
" Pourtant je me meurs !
" Pourtant ces deux cœurs ?...."
— Lève un peu la tête ! "
— " Eh bien ? c'est la Croix ! "
— Lève un peu ton âme
De ce monde infâme...."

38

"Est-ce que je crois !" —
Qu'en sais-tu ? la bête
Ignore **sa tête**,

- - - - - - -

La Chair et le Sang
Méconnaissent l'Acte ! —
"Mais j'ai fait un pacte
Qui va m'enlaçant
A la Faute noire !
"Je me dois à mon
Tenace démon :
"Je ne veux pas croire !
"Je n'ai pas besoin
De rêver si loin !"

- - - - - - -

Aussi bien j'écoute
Des sons d'autrefois.
Vipère des bois
Encor sur ma route !
Cette fois tu mords ! —
Laisse cette bête !
Que fait-on poète ?

Que sont des cœurs morts ?
Ah plutôt oublie
Ta propre folie !

- - - - - - -

Ah plutôt terrasse
Ton orgueil cruel.
Implore la grâce
D'être un pur Abel.
Finis l'odyssée
Dans le repentir
D'un humble martyr
D'une humble pensée.
Regarde au dessus...
— "Est-ce vous, Jésus ?"

Mons. — Juin, Juillet 1874.

Crimen amoris, — Vision.

"Non ~~serviebabis~~ Dominum Deum tuum"

Dans un palais, soie et or, dans Ecbatane,
De beaux démons, des satans adolescents,
Au son d'une musique mahométane
Font litière aux Sept Péchés de leurs cinq sens.

C'est la fête aux Sept Péchés, ô qu'elle est belle !
Tous les Désirs rayonnaient en feux brutaux ;
Les Appétits, pages prompts que l'on harcelle
Promenaient des vins roses dans des cristaux.

Des danses sur des rhythmes d'épithalames
Bien doucement se pâmaient en longs sanglots,
Et de beaux chœurs de voix d'hommes et de femmes
Se déroulaient, palpitaient comme des flots.

Et la bonté qui s'en allait de ces choses
Était puissante et charmante tellement
Que la campagne autour se fleurit de roses
Et que la nuit paraissait en diamant....

Or le plus beau d'entre tous ces mauvais anges
Avait seize ans sous sa couronne de fleurs ;
Les bras croisés sur les colliers et les franges
Il rêve, l'œil plein de flammes et de pleurs.

En vain

40.

En vain la fête autour se faisait plus folle,
En vain les satans, ses frères et ses sœurs,
Pour l'arracher au Souci qui les désole
L'entourageaient d'appels de bras caresseurs.

Il résistait à toutes câlineries,
Et le ~~souci~~ chagrin mettait un papillon noir
A son ~~beau~~ cher front tout brûlant d'orfèvreries :
O l'immortel et terrible désespoir !

Il leur disait : "O vous, laissez-moi tranquille !"
Puis les ayant baisés tous bien tendrement,
Il s'évada d'avec eux d'un geste agile,
Leur laissant aux mains des pans de vêtements.

Le voyez-vous sur la tour la plus céleste
Du haut palais avec une torche au poing ?
Il la brandit comme un héros fait d'un ceste ;
D'en bas on croit que c'est une aube qui point.

Qu'est ce qu'il dit de sa voix profonde et tendre
Qui se marie aux claquements clairs du feu
Et que la lune est extatique d'entendre ?
— "O je serai celui-là qui créera Dieu !

"Nous avons tous trop souffert, anges et hommes,
"De ce conflit entre le Pire et le Mieux.

Humilinus

41.

» Humilions, misérables que nous sommes,
» Tous nos élans dans le plus simple des vœux.

" O vous tous, ô vous tous, ô les Pêcheurs tristes,
» O les doux Saints, pourquoi ce schisme têtu ?
» Que n'avez-vous fait, ô habiles artistes
  De vos travaux la seule et même vertu ?
" Assez et trop de ces luttes inégales !
" Il va falloir qu'enfin se rejoignent les
" Sept Péchés aux Trois Vertus théologales !
" Assez et trop de ces combats durs et laids.
" Et pour réponse à Jésus qui crut bien faire
" En maintenant l'équilibre de ce duel,
" Par moi l'Enfer dont c'est ici le repaire
" Se sacrifie à l'amour universel ! » —

La torche tombe de sa main éployée,
Et l'incendie alors hurle s'élevant
Querelle énorme d'aigles rouges, noyée
Au remous noir de la fumée et du vent.

L'or fond et coule à flots et le marbre éclate,
C'est un brasier tout splendeur et tout ardeur,
La vie en courts frissons comme d'la ouate
Vole à flocons tous ardeur et tous splendeur !

                                        Et les

42.ᵒ ⁴⁴

Et les satans mourants chantaient dans les flammes,
Ayant compris comme ils s'étaient résignés !
Et de beaux chœurs de voix d'hommes et de femmes
Montaient ~~parmi l'ouragan des bruits~~ ignés.

Et lui, les bras croisés d'une sorte fière
Les yeux au ciel où le feu montait léchant
Il dit tout bas une espèce de prière,
Qui va mourir dans l'allégresse du chant.

Il dit tout bas une espèce de prière
Les yeux au ciel où le feu monte en léchant...
— Quand retentit un affreux coup de tonnerre,
Et c'est la fin de l'allégresse et du chant

On n'avait pas agréé le sacrifice
Quelqu'un de fort et de juste assurément
Sans peine avait su démêler ~~l'artifice~~ la malice
Et ~~l'hostie~~ en un orgueil qui se ment. —

Et du palais aux cent tours aucun vestige,
Rien ne resta dans ce désastre inouï,
Afin que par le plus effrayant prodige
Cela ne fût qu'un vain songe évanoui....

Et c'est la nuit. La nuit bleue aux mille étoiles
Une campagne évangélique s'étend,
Sévère et douce, et vogues comme des voiles
Les branches d'arbre ont l'air d'ailes s'agitant

45   (Suite à 42) PV,

De froids ruisseaux courent sur un lit de pierre
Les doux hiboux nagent vaguement dans l'air
Tout embaumé de mystère et de prière ;
Parfois un flot qui saute lance un éclair ;

La forme molle au loin monte des collines
Comme un amour encore mal défini,
Et le brouillard qui s'évore des ravines
Semble un effort vers quelque but réuni ;

Et tout cela, comme un cœur et comme une âme,
Et comme un Verbe, et d'un désir virginal
Adore, s'ouvre en une extase, et réclame
Le Dieu clément qui nous gardera du mal.

          Brux. Juillet 1873.

Jad et vergui

46
La Grâce, légende.

"*Tuscul recedant somnia*
"*Et noctium phantasmata*
"*Hostemque nostrum comprime*
"*Ne polluantur corpora*".
(Complies du Dimanche)

Un cachot. Une femme à genoux, en prière.
Une tête de mort est gisante par terre
Et parle d'un ton aigre et douloureux aussi.
D'une lampe au plafond tremble un rayon transi.

"Dame Reine. — Encor toi, satan ! — madame Reine...
"O Seigneur, faites mon oreille assez sereine
"Pour ouïr sans l'écouter ce que dit le malin !"
"Ah ! ce fut un vaillant et galant châtelain
"Que votre époux ; toujours en guerre ou bien en fête.
"(Hélas ! j'en puis parler, puisque je suis sa tête !)
"Il vous aima, mais moins encore qu'il n'eût dû.
"Que de vertu gâtée et que de temps perdu
"En vains tournois, en cours d'amour loin de sa dame,
"Qui, belle et jeune, prit un amant, la pauvre âme !"
— "O Seigneur, écartez ce calice de moi !" —
"Comme ils s'aimèrent ! Ils s'étaient juré leur foi
"De s'épouser sitôt que serait mort le maître,
"Et le tuèrent, dans son sommeil, d'un coup traître !"
— "Seigneur, vous le savez, dès le crime accompli,
"J'eus horreur, et prenant ce jeune homme en oubli,

"Vins au roi, dévoilant l'attentat effroyable,
"Et, pour mieux déjouer la malice du diable,
"J'obtins qu'on m'apportât, en ma juste prison,
"La tête de l'époux occis en trahison.
"Par ainsi
"Afin que le remords, devant ce triste reste
"Me *met* toujours aux yeux mon action funeste,
"Et la ferveur de mon repentir s'en accroît."—
"O Jésus ! Mais voici : le malin qui se voit
"Dupe, et qui voudrait bien re ssaisir sa conquête,
"S'en vient-il pas loger dans cette pauvre tête
"Et me tenir de faux propos insidieux ?
"O Seigneur, tendez-moi vos secours précieux !" —
— "Ce n'est pas le démon, ma Reine, c'est moi-même,
"Votre époux, qui vous parle en cet instant suprême,
"Votre époux qui, damné, (car j'étais en mourant
"En état de péché mortel) vers vous se rend,
"O Reine, et qui, pauvre âme errante, prend la tête
"Qui fut la sienne aux jours vivants, pour interprète
"Effroyable de son amour épouvantant !"
— "O blasphème hideux, mensonge détesté !
"Monsieur Jésus, mon maître adorable, exorcise
Ce

40

Ce chef horrible et le vide de la hantise
Diabolique qui n'en fait qu'un instrument
Où souffle Belzébub fallacieusement

"Comme dans une flûte on joue un air perfide !

"O douleur ! une erreur lamentable te guide
"Reine, je ne suis pas Satan. Je suis Henry !"
"Oyez, Seigneur, il prend la voix de mon mari !
"A mon secours, les Saints ! à l'aide Notre-Dame !"

— "Je suis Henry ! Domains, Reine je suis son âme
"Qui par la volonté plus forte que l'enfer,
"Ayant su transgresser toutes portes de fer
"Et de flammes et brave leur impure cohorte,
"Vient vers toi pour le dire avec cette voix morte

"Qu'il est d'autres amours encor que ceux d'ici,
"Tout immatériels et sans autre souci
"Qu'eux-mêmes, des amours d'âmes et de pensées.
"Ah ! que leur fait le ciel ou l'enfer ! Enlacées,
"Les âmes qu'elles n'ont qu'elles-mêmes pour but.
"L'enfer, pour elles, c'est que leur amour mourût,
"Et leur amour, de son essence, est immortelle !
"Hélas ! moi, je ne puis te suivre aux cieux, cruelle
"Et seule peine en ma damnation, mais toi,
"Damne-toi ! Nous serons heureux à deux, la loi
"Des âmes, je te le dis, c'est l'âme indifférence
"Pour la félicité comme pour la souffrance
"Si l'amour partage leur fait d'intimes cieux.
"Viens ! Afin que l'enfer vaincu voie, envieux

47.

"Deux damnés ajouter, comme on double un délice,
"Tous les feux de l'Amour à tous ceux du Supplice,
"Et se sourire en un baiser perpétuel."

— "Ame de mon époux, tu sais qu'il est réel
"Le repentir qui fait qu'en ce moment j'espère
"En la miséricorde ineffable du Père
"Et du Fils et du Saint-Esprit ! Depuis un mois
"Que j'expie, attendant la mort que je te dois,
"En ce cachot trop doux encor, nue et par terre,
"Le crime monstrueux et l'infâme adultère,
"N'ai-je pas, repassant ma vie en sanglotant,
"O mon Henry, pleuré des siècles cet instant
"Où j'ai pu méconnaître en toi celui qu'on aime ?
"Va ! j'ai revu, superbe et doux, toujours le même,
"Ton regard qui parlait délicieusement
"Et j'entends, et c'est là mon plus dur châtiment,
"Ta noble voix, et je me souviens des caresses...
"Or, si tu m'as absoute, et si tu t'intéresses
"A mon salut, du haut des cieux, ô cher souci,
"Manifeste-toi, parle, et démens celui-ci
"Qui m'abuse, et vomit d'affreuses hérésies !"

— "Je te dis que je suis damné ! Tu t'extasies
"En terreurs vaines, ô ma Reine. Je te dis
"Qu'il te faut rebrousser chemin du Paradis,
"Vain séjour du bonheur banal et solitaire,
"Pour l'enfer avec moi ! Les amours de la terre
"Ont, tu le sais, de ces instants chastes et lents
"L'âme veille, les sens se taisent, sommeillants,

Le cœur qui se repose et le sang qui s'apaise
Font dans tout l'être comme une douceur faiblesse
Plus de désirs fiévreux, plus d'élans énervants,
On entend, frères et des sœurs, et des enfants.

On pleure d'une intime et profonde allégresse,
On est les cieux, on est la terre, enfin on cesse
De vivre et de sentir pour s'aimer au-delà !
Et c'est l'éternité que je t'offre : prends-la !

Au milieu des tourments nous serons dans la joie,
Et le Diable aura beau meurtrir sa double proie,
Nous rirons, et plaindrons ce Satan sans amour.
Non, les Anges n'auront, dans leur morne séjour,
Rien de pareil à ces délices inouïes ! " —

Et la Comtesse est debout, paumes épanouies.
Elle fait le grand cri des amours surhumains,
Puis se penche, et saisit avec ses pâles mains
La tête, qui — merveille ! — a l'aspect de sourire.
Un fantôme de vie et de chair semble luire
Sur le hideux objet qui rayonne à présent
Dans un nimbe languissamment phosphorescent.
Un halo clair pareil à des cheveux d'aurore
Tremble au sommet et semble au vent flotter encore
Parmi le chant des cors à travers la forêt.
Les noirs orbites ont des éclairs, on dirait
De grands regards de flamme et noirs. Le trou
Au rire affreux qui fut, Comte Henry, ta bouche farouche
Se transfigure, rouge aux deux arcs palpitants
De lèvres qu'auréole un duvet de vingt ans,

Et qui, pour un baiser s'apprêtent savoureuses...
— Et la Comtesse, à la façon des amoureuses,
Tient la tête terrible amplement, d'une main
Derrière et l'autre sur le front, pâle, en chemin
D'aller vers le péché spectral, l'âme tendue,
Hoquetant, dilatant sa prunelle perdue
Au fond de ce regard vague qu'elle a devant...
Soudain elle recule, et d'un geste rêvant,
(Ô femmes, vous avez ces allures de faire !)
Elle laisse tomber la tête qui profère
Une plainte, et, roulant, sonne creux et longtemps.

" Mon Dieu, mon Dieu, pitié ! mes péchés pénitents
" Lèvent leurs pauvres bras vers ta Bénévolence :
" Ô ne les souffre pas criant en vain ! ô lance
" L'éclair de ton pardon qui tuera ce corps vil !
" Vois que mon âme est faible en son dolent exil
" Et ne te plaise pas aux maudits qui s'en raillent,
" Ô que je meure ! " — Avec le bruit d'un corps qui
                                                    tombe
Va la comtesse à l'instant tombe morte, et voici :
Son âme en blanc linceul, par l'espace éclairci
D'une douce lueur d'or blond qui flue et vibre
Monte au plafond ouvert désormais à l'air libre
Et d'une ascension lente va vers les cieux.

La tête est là, dardant en l'air ses sombres yeux
Et sourit, dans des attitudes étranges
Telles dans les Assomptions des têtes d'anges
Et la bouche vomit un gémissement long,
Et des orbites vont coulant des pleurs de plomb.

— Brux. — Août 1873. —

Jadis et naguère

49.

Don Juan pipé, — mystère

« Shew your a lion's hide : Doff it for shame
« And hang a calf's skin on those recreant limbs !
                    Shakspeare — King John

Don Juan qui fut grand seigneur en
                            ce monde
Est aux enfers ainsi qu'un pauvre immonde
Nu pieds, sans la barbe faite et pouilleux !
Et brillent la lueur de ses yeux
Et la beauté de sa maigre figure,
En le voyant ainsi quiconque jure
Qu'il est un gueux et non ce héros fier
Aux dames comme aux poètes si cher,
Et dont l'auteur de ces humbles chroniques
Vous va parler en termes canoniques.

Il a son front dans ses mains et paraît
Penser beaucoup à quelque grand secret.
Il marche à pas douloureux sur la neige,
Car c'est son châtiment, que rien n'abrège
D'habiter seul et vêtu de léger
Loin de tous lieux où fleurit l'oranger
Et de mener ses tristes promenades
Sous un ciel veuf de toutes sérénades
Et qu'une lune morte éclaire assez
Pour expier tous ses soleils passés.

Il pense : Rien ne peut gagner, car le Diable
S'en va réduire à l'état pitoyable
De tourmenteurs et de geôliers âgés
Pour être cas trop tôt et trop âgés.
Du Révolté de jadis, il ne reste
Plus qu'un Courreau qu'on paie et qu'on molest,
Si bien qu'enfin la cause de l'enfer
S'en va tombant, comme un fleuve à la mer
Au sein de l'alliance primitive...
Il ne faut pas que cette honte arrive !

Or bien, don Juan n'est pas vieux et se sent
Le cœur vif comme un cœur d'adolescent
Et dans sa tête une jeune pensée
Couve et nourrit une force amassée.
S'il est damné, c'est qu'il le voulut bien
Il avait tout pour être un bon chrétien.
La foi, l'ardeur au ciel, et le baptême
Mais il brûlait d'un désir plus suprême
Et s'étant découvert meilleur que Dieu
Il résolut de se mettre en son lieu.

/ H   / A ce

50.

A ce dessein pour asservir les âmes
Il rendit siens d'abord les cœurs des femmes.
Toutes pour lui laissèrent-là Jésus.
Et son orgueil jaloux marcha dessus
Comme un vainqueur foule un champ de bataille..
Où la mort pouvait être à sa taille.
Il l'insulta, lo défia. — C'est alors
Qu'il vint à Dieu, sans peur et sans remords,
Il vins à Dieu, lui parla face à face
Sans qu'un moment hésitât son audace,

Le défiant, Lui, Son Fils et Les saints !
L'affreux combat ! Très calme et les reins ceints
D'impiété cynique et de blasphème.
Ayant volé Son verbe à Jésus même
Il voyages, funeste pèlerin,
~~Faux le...~~ et chantant au latrin,
Et le torrent amer de sa doctrine,
Parallèle à la parole divine,
Ecrasait la paix des simples et noyait
Toute croyance et grossi s'enfuyait

Il enseignait : "Juste, prends patience.
" Ton heure est proche. Et mets ta confiance
" En ton bon cœur. Sois vigilant pourtant
" Et ton salut en sera sûr d'autant.
" Femmes aimez vos maris et les vôtres,
" Sans toutefois abandonner les autres.
" L'amour est un dans tous et tous dans un.
" Afin qu'alors que tombe le soir brun
" L'ange des nuits ne couve sous son aile
" Que cœurs mi-clos dans la paix fraternelle,

Au mendiant errant dans la forêt
Il ne donnait un sol que s'il jurait.
Il ajoutait : "Ce que l'on invoque
" Le nom de Dieu, celui-ci ne s'en choque.
" Bien au contraire, et tout est pour le mieux !
" Tiens, prends et bois à ma santé, bon vieux.
Puis il disait. "Celui-là prévarique
" Qui de sa chair faisant une bourrique
" L'abandonne au soin de son salut
" Et lui désigne un trop servile but.

51

"La Chair est sainte! Il faut qu'on la vénère.
"C'est notre fille et notre mère.
"Et c'est la fleur du jardin d'ici-bas.
"Malheur à ceux qui ne l'adorent pas!
"Car, non contents de renier l'Être,
"Ils s'en vont blasphémant le divin Maître
"Jésus fait chair qui mourut sur la croix
"Jésus fait chair qui de sa douce voix
"Ouvrait le cœur de la Samaritaine,
"Jésus fait chair qui aima la Madeleine!"

A ce blasphème effroyable, voilà
Que le ciel de ténèbres se voila
Et que la mer entrechoqua les îles,
On vit errer des formes dans les villes,
Les mains des morts sortirent des cercueils,
Ce ne fut plus que terreurs et que deuils,
Et Dieu voulant venger l'injure affreuse
Pointa son foudre en sa droite furieuse
Et maudissant don Juan lui jeta bas
Son corps mortel — mais son âme, non pas!

Non pas son âme, on l'allait voir! Et pâle
De molle joie et d'audace infernale,
Le grand damné, royal sous les haillons
Promène autour ses yeux pleins de rayons
Et crie "à moi l'Enfer! Ô vous qui fîtes
"Par moi qu'ici les suaves chutes,
"Disciples de don Juan, reconnaissez
"Ici la voix qui vous a redressés
"Satan est mort. Dieu mourra dans la fête.
"Aux armes pour la suprême conquête!

"Apprêtez-vous, vieillards et nouveaux-nés,
"C'est le grand Jour pour la tour des damnés."
— Il dit. l'écho frémit et va répandre
L'altier appel et don Juan croit entendre
Un grand frémissement de tous côtés.
Ses ordres sont à coup sûr écoutés.
Le bruit s'accroît. Des clameurs de victoire
Disant son nom, se rendent sa gloire.
"A nous deux, Dieu stupide maintenant,
Et don Juan a foulé du pied tonnant

Non pas   Le

52.

Le plqui tremble et la neige glacée
Qui semble fondre au lieu de sa pensée...
Mais le voilà qui devient glace aussi,
Et dans son sein horriblement transi
Le sang s'arrête, et son geste se fige.
Il est statue, il est glace ! ô prodige
Vengeur du Commandeur assassiné !
Tout bruit se tait et l'Enfer refréné
Rentre à jamais dans ses mornes cellules."
"O les rodomontades ridicules !"

"Dit du dehors quelqu'un qui ricanait.
" Contes prêvres ! farces que l'on connait !
" Morgue Espagnole et fougue italienne !
" Bon Juan, peut-il, afin qu'il t'en souvienne
" Que ce vieux Diable, encor que radoteur,
" Clippi te prenne en délit de candeur ?
" Il est écrit de ne tenter... personne.
" L'Enfer ni ne se prend, ni ne se donne.
" Mais avant tout, ami, retiens a point.
" On est le Diable, on ne le devient point."

Brux. Août 1873.

Janvier 1869   53.

L'impénitence finale, *chronique parisienne*.

Elle doit
Mourir :
Nuelle mort !
(J. de Reizjin)

La petite marquise Osine est toute belle :
Elle pourrait aller grossir la ribambelle
Des folles de Watteau sous leur chapeau de fleurs
Et de soleil : mais, comme on dit, elle aime ailleurs.
Parisienne en tout, spirituelle et bonne
Et mauvaise à ne rien redouter de personne,
Avec cet air mi-faux qui fait que l'on voit es croit,
C'est un ange fait pour le monde qu'elle voit,
Un ange blond, — et même on dit qu'*ils* a des ailes.
Vingt soupirants, brûlés des feux des meilleurs zèles
Avaient en vain quêté leur main à ses seize ans,
Quand ce pauvre marquis, quittant ses paysans
Comme il avait quitté son escadron, vint faire
Jockey   Escale ~~à Paris~~ : vous connaissez son affaire
Avec la grosse Emma de qui — l'eussions-nous cru ? —
Le pauvre diable était absolument féru,
Son désespoir après le départ de la grue,
Son duel avec Gontran.. C'est vieux comme la rue.
Bref il vit la petite un soir dans un salon,
S'en éprit tout d'un coup comme un fou, même l'on
Sait qu'il en oublia si bien son infidèle

47   Qu'on

54.

Qu'on le voyait le jour d'ensuite avec Adèle.
— Temps et mœurs! — La petite (on sait tout aux Oiseaux)
Connaissait le roman du pauvre, jusques aux
Moindres chapitres : elle en conçut de l'estime.
Aussi quand le marquis offrit sa légitime
Et son nom contre sa menotte, elle dit : Oui !
Avec un franc-parler d'allégresse inouï.
Les parents, voyant sans horreur ce mariage
(Le marquis était riche et pouvait passer sage)
Signèrent au contrat avec laisser-aller.
Elle qui voyait là quelqu'un à consoler
Ouït la messe dans une ferveur profonde.]
[Elle le consola deux ans. Deux ans du monde !
Mais tout passe!] [Si bien qu'un jour qu'elle attendait
Un autre, et que cet autre atrocement tardait,
De dépit la voilà soudain qui s'agenouille
Devant l'image d'une Vierge à la quenouille
Qui se trouvait-là, dans cette chambre en garni,
Demandant à Marie, en un trouble infini,
Pardon de son péché si grand, si cher encore,
Bien qu'elle croie au fond du cœur qu'elle l'abhorre.]
[Comme elle relevait son front d'entre ses mains,

Elle

55.

Elle vit Jésus-Christ avec les traits humains
Et les habits qu'il a dans les tableaux d'église
⌈Sévère, il regardait tristement la marquise.⌉
⌈La vision flottait blanche dans un jour bleu
Dont les ondes voilant l'apparence du lieu
Semblaient envelopper d'une atmosphère élue
Osine, qui tremblait d'extase irrésolue
Et qui balbutiait des exclamations.
Des accords assoupis de harpes de Sions
Célestes descendaient et montaient par la chambre
Et des parfums d'encens, de cinnamome et d'ambre
Fluaient, et le parquet retentissait de pas
Respectueux de pieds que l'on ne voyait pas
Tandis qu'autour bruyaient en cadences soyeuses
Un grand frémissement d'ailes mystérieuses.⌉
⌈La marquise restait à genoux, attendante,
Toute admiration peureuse cependante.⌉
⌈Et le Sauveur parla : ⌉ " Ma fille le temps passe,
" Et ce n'est pas toujours le moment de la grâce
Profitez de cette heure, où c'en est fait de vous ! " ⌉
⌈La vision cessa.⌉ ⌈Oui, certes il est doux
Le roman d'un premier amant ! L'âme s'essaye.

56.

Tel un jeune coureur à la première haie.
C'est si mignard qu'on croit à peine que c'est mal.
Quelque chose d'étonnement matutinal.
On sort du mariage habituel. C'est comme
Qui dirait la lueur aurorale de l'homme
Et les baisers, parmi cette fraîche clarté
Sonnent comme des cris d'alouette en été.

O le premier amant ! Souvenez-vous, mesdames !
Vagissant et timide élancement des âmes
Vers le fruit défendu qu'un soupir révéla !
— Mais le second amant d'une femme, voilà !
On a tout su. La faute est bien délibérée,
Et c'est bien un nouvel état que l'on se crée,
Un autre mariage à soi-même avoué !
Plus de retour possible au foyer bafoué.
Le mari — débonnaire ou non — fait bonne garde
Et dissimule mal. Déjà rit et bavarde
Le monde hostile, et qui sévirait au besoin.
Ah ! que l'aise de l'autre intrigue se fait loin !
Mais aussi, cette fois, comme on vit, comme on aime !
Tout le cœur est éclos en une fleur suprême.
Ah ! c'est bon ! Et l'on jette à ce feu tout remords.

On ne

57.

On ne vit que pour Lui, tous autres soins sont morts,
On est à Lui, on n'est qu'à Lui, c'est pour la vie —
Ce sera pour après la vie, et l'on défie
Les lois humaines et divines, car on est
Folle de corps et d'âme, et l'on ne reconnait
Plus rien, et l'on ne sait plus rien, sinon qu'on l'aime !

Or cet amant était justement le deuxième
De la marquise, ce qui fait qu'un jour après
— O sans malice et presque avec quelques regrets ! —
Elle le revoyait pour le revoir encore.
Quant au miracle, comme une odeur s'évapore,
Elle n'y pensa plus bientôt que vaguement.

Un matin elle était dans son jardin charmant,
Un matin de printemps, un jardin de plaisance,
Les fleurs vraiment semblaient saluer sa présence
Et frémissaient au vent léger et s'inclinaient
Et les feuillages, verts tendrement, lui donnaient
L'aubade d'un timide et délicat ramage
Et les petits oiseaux volant à son passage
Pépiaient à loisir dans l'air tout embaumé
Des feuilles, des bourgeons et des gommes de mai.
Elle pensait à Lui, savait errait distraite
À travers l'ombre jeune et la pompe discrète

Bʳᵉ

D'un grand rosier bercé d'un mouvement câlin,
Quand elle vit Jésus en vêtements de lin
Qui marchait, écartant les branches de l'arbuste
Et la couvrait d'un long regard fixe. Elle juste
Pleurait. Et tout en un instant s'évanouit.
Elle se recueillait... Soudain un petit bruit
Se fit : on lui portait en secret une lettre,
Une lettre de Lui, qui lui marquait peut-être
Un rendez-vous. — Elle ne put la déchirer !]
[Marquis, pauvre marquis, qu'avez-vous à pleurer
Au chevet de ce lit de blanche mousseline ?
Elle est malade, bien malade. — "Sœur Aline,
A-t-elle un peu dormi ?" — "Mal, monsieur le marquis."
Et le marquis pleurait — "Elle est ainsi depuis
Deux heures, somnolente et calme, mais que dire
De la nuit ? Ah ! monsieur le marquis, quel délire !
Elle vous appelait, vous demandait pardon
Sans cesse, encor, toujours et tirait le cordon
De sa sonnette." Et le marquis frappait sa tête
De ses deux poings, et fou dans sa douleur muette
Marchait à grands pas sourds sur les tapis épais.
(Dès qu'elle fut malade elle n'eut pas de paix

Qu'elle

Qu'elle n'eût avoué ses fautes ~~au pauvre~~ cher homme,
Qui pardonna.] [La Sœur reprit, pâle : " Elle eut comme
" Un rêve, un rêve affreux. Elle voyait Jésus
" Terrible sur la nue et qui marchait dessus,
" Un glaive dans la main droite, et de la main gauche
" Qui ramait lentement comme une faux qui fauche
" Écartait sa prière, et passait furieux."]
[Un prêtre saluant les assistants des yeux
Entre. Elle dort] [Ô ses paupières violettes !
Ô ses petites mains qui tremblent maigrelettes !
Ô tout son corps perdu dans les draps étouffants !
Regardez, elle meurt de la mort des enfants !]
[Et le prêtre anxieux, se penche à son oreille.
Elle s'agite un peu. La voilà qui s'éveille.
Elle voudrait parler... La voilà qui s'endort,
Plus pâle. Et le marquis : " Est-ce déjà la mort ? "
Et le docteur lui prend les deux mains et sort vite.

On l'enterrait hier matin. Pauvre petite !

     Brux. Août 1873.

60.

Amoureuse du diable. Chronique parisienne

"Je suis celui qu'on aime et qu'on ne connaît pas.
— A. de Vigny. [Éloa].

Il parle italien avec un accent russe.

Il dit : "Chère il serait précieux que je fusse
"Riche et seul, tout demain et tout après-demain
"Mais riche à paver d'or monnayé le chemin
"De l'enfer, et si seul qu'il vous va falloir prendre
"Sur vous de m'oublier jusqu'à n'y plus entendre
"Parler de moi, sans vous dire de bonne foi :
"Qu'est-ce que ce Monsieur Félice ? Il vend de quoi ?]
[Cela s'adresse à la plus blanche des comtesses.]
[Hélas ! toute grandeurs, toute délicatesses,
Cœur d'or, comme l'on dit, âme de diamant,
Riche, belle, un mari magnifique et charmant
Qui lui réalisait toute chose rêvée,
Adorée, adorable, une heureuse, la Fée
La reine, aussi la Sainte, elle était tout cela,
Elle avait tout cela !] [Cet homme vint, vola
Son cœur, son âme, en fit sa maîtresse et sa chose.
Et ce que la voilà dans ce doux peignoir rose
Avec ses cheveux blonds épars comme du feu,
Assise, et ses grands yeux d'azur tristes un peu.]
— [Ce fut une banale et terrible aventure.

Elle

Elle quitta de nuit l'hôtel. Une voiture
Attendait. Lui dedans. Ils restèrent six mois
Sans que personne sût où ni ce moment. Parfois
On les disait partis à toujours. Le scandale
Fut affreux. Cette allure était par trop brutale
Aussi, pour que le monde, ainsi mis au défi

mbé   N'eut pas ~~frémi~~ d'une ire atroce, et poursuivi
De ses langues les plus agiles l'insensée /
/ Elle ! que lui faisait ! Toute à cette pensée.
Lui, rien que lui. Longtemps avant qu'elle s'enfuît,
Ayant réalisé son avoir (Sept ou huit
Millions en billets de mille qu'on liasse
Ne pèsent pas beaucoup et tiennent peu de place)
Elle avait tassé tout dans un coffret mignon,
Et le jour du départ, lorsque son compagnon
Dont durhum bu de trop rendait la voix plus tendre
S'interrogea sur ce colis qu'il voyait pendre
A son bras qui se lasse, elle répondit : "Ça,
C'est notre bourse" — / O tout ce qui se dépensa !/
/ Il n'avait rien que sa beauté problématique
(D'autant pire) et que cet esprit dont il se pique
Et dont nous parlerons comme de sa beauté,

Quand

62.

Quand il faudra. — Mais quel bourreau d'argent ! Prête.
Gagné, volé ! Car il volait à sa manière,
Excessive, partant respectable en dernière
Analyse, et d'ailleurs respectée. Et c'était
Prodigieux la vie énorme qu'il menait
Quand au bout de six mois ils revinrent. — ⁊ Le coffre
Aux millions (dont plus que quatre est là qui s'offre)
A sa main. Et pourtant cette fois (une fois
N'est pas coutume) il a gargarisé sa voix
Et remplacé son geste ordinaire de prendre
Sans demander parce que nous venons d'entendre.
Elle s'étonne avec douceur et dit : "Prends tout
"Si tu veux." ⁊ Il prend tout et sort ⁊. Un mauvais goût
Qui n'avait de pareil que sa désinvolture
Semblait pétrir le fond même de sa nature,
Et dans ses moindres mots, dans ses moindres clins d'yeux
Faisait luire et vibrer comme un charme odieux.
Ses cheveux noirs étaient trop bouclés pour un homme.
Ses yeux très-grands, tout verts, luisaient comme à Sodome
Sans savoir claire et lente un serpent s'avançait —
Et sa tenue était de celles que l'on sait :
En velours, des parfums, trop de linge et des bagues.

Tant c'était…

D'antécédents, il en avait devraiment vagues,
Ou pour mieux dire, pas. Il parut quelque soir
En hiver, à Paris, sans qu'aucun pût savoir
D'où venait ce petit monsieur, fort bien du reste.
Dans son genre et dans son outrecuidance leste.
Il fit rage, eut des duels célèbres et causa
Des morts de femmes par amour dont on causa.
Comment il vint à bout de la chère comtesse,
Par quel philtre cequième insuffisant qui laisse
Une odeur de cheval et de femme après lui
A-t-il fait d'elle cette fille d'aujourd'hui ?
Ah, ça ! c'est le secret perpétuel que berce
Le sang des dames dans son plus joli commerce.
A moins que ce ne soit celui du DIABLE, aussi !
Toujours est-il que quand le tour eut réussi.
Ce fut du propre ! // Absent souvent trois jours sur quatre,
Il rentrait ivre, assez lâche et vil pour la battre.
Et quand il voulait bien rester près d'elle un peu
Il la martyrisait en manière de jeu
Par l'étalage de doctrines impossibles. //
" — Mia, je ne suis pas d'entre les irascibles ",
" Je suis le doux par excellence, mais, tenez,

64.

» Ça m'exaspère, et je le dis à votre nez,
» Quand je vous vois l'œil blanc et la lèvre pincée
» Avec je ne sais quoi d'étroit dans la pensée,
» Parce que je reviens un peu soûl quelquefois !
» Vraiment, en seriez-vous à croire que je bois
» Pour boire, pour lécher, comme vous autres chattes
» Avec vos vins sucrés dans vos verres à pattes, ?
» Et que l'Ivrogne est une forme du Gourmand ?
» Alors l'instinct qui vous dit ça ment plaisamment.
» Et d'y prêter l'oreille un moment, quel dommage !
» Dites, dans un bondieu de bois est-ce l'image
» Que vous voyez et vers quoi vos vœux vont monter ?
» L'Eucharistie est-elle un pain-à-cacheter
» Pur et simple ? Et l'amant d'une femme, si j'ose
» Parler ainsi, consiste-t-il en cette chose
» Unique d'un monsieur qui n'est pas un mari
» Et se voit de ce chef tout spécial chéri ? ....
» Ah ! si je bois, c'est pour me soûler, non pour boire !
» Être soûl ! Vous ne savez pas quelle victoire
» C'est qu'on remporte sur la vie, et quel don c'est !
» On oublie, on revoit, on ignore et l'on sait ;
» C'est des mystères pleins d'aperçus, c'est du rêve

Oui

" Qui n'a jamais eu de naissance et ne s'achève
" Pas, et ne se meut pas dans l'essence d'ici !
" C'est une espèce d'"Autre Vie" en raccourci,
" Un espoir actuel, un regret qui "rapplique",
" Que sais-je encore ! Et quant à la rumeur publique,
" Au préjugé qui hue un homme dans ce cas,
" C'est hideux parce que bête, et je ne plains pas
" Ceux ou celles qu'il bat à travers son extase !
" O que nenni ! " " - - - - - - - - -

                    " Voyons, l'amour, c'est une phrase
" Sous un mot. Avouez... Un écoute-s'il-pleut,
" Un calembour dont un chacun prend ce qu'il peut,
" Un peu de plaisir fin, beaucoup de grosse joie,
" Selon le plus ou moins de moyens qu'il emploie,
" Ou pour mieux dire, au gré de son tempérament !
" Mais, entre nous, le temps qu'on y perd ! Et comment !
" Vrai, c'est honteux que des personnes sérieuses
" Comme nous deux, avec ces vertus précieuses
" Que nous avons, du cœur, de l'esprit, de l'argent,
" Dans un siècle qu'on peut nommer intelligent,
" Aillent ! " - - - - - - - - - - - -

        " Ainsi disait, et sa fade ironie
N'épargnait rien de rien dans sa blague infinie.
Elle écoutait le tout avec les yeux baissés

Des cœurs aimants à qui tous torts sont effacés.
Hélas !] [L'après demain et le demain se passent.]
Je rentre et dit : " Altro ! Que voulez-vous que fassent
Quatre pauvres petits millions contre un sort ?
Ruinés, ruinés, je vous dis ! C'est la mort dans la
Dans l'âme que j' vous le dis ! "] [Elle frissonne
Un peu mais sait que c'est arrivé.] [— "Ça, personne,
Même vous, Diletta, ne me croit assez sot
Pour demeurer ici-dedans le temps d'instant
De puce ? "] [Elle sait que c'est vrai, mais frémit presque,
Et dit. " Va, je sais TOUT ! " — " Alors c'est trop grotesque,
Et vous jouez là sans atouts avec le FEU ! "
— " Qui dit non ? — Mais JE suis spécial à ce jeu ! "
" Mais si je veux, exclame-t-elle, être Damnée ? "
" C'est différent. — Arrange ainsi ta destinée.
" Moi je pars." — " Avec moi ? " — " Je ne puis aujourd'hui."]
[Il a disparu sans autre trace de lui
Qu'une odeur de soufre et qu'un aigre éclat de rire.]
[Elle tire un petit contean ; le temps de luire
Et la lame est entrée à deux lignes du cœur.
Le temps de dire, en renfonçant l'acier vainqueur :
" A toi, je t'aime ! " — Et la JUSTICE la recense....
[Elle ne savait pas que l'Enfer, c'est l'absence !

     Mons, Août 1874.

Sagesse

Final

I

Jésus m'a dit : Mon fils, il faut M'aimer. Tu vois
Mon flanc percé, Mon cœur qui rayonne et qui saigne
Et Mes pieds offensés que Madeleine baigne
De larmes, et Mes bras, douloureux sous le poids

Des tes péchés, et Mes mains ! Et tu vois la croix,
Tu vois les clous, le fiel, l'éponge, et tout t'enseigne
A n'aimer, en ce monde amer où la Chair règne,
Que Ma chair et Mon sang, Ma parole et Ma voix.

Ne t'ai-Je pas aimé jusqu'à la mort, Moi-même,
O Mon frère en Mon Père, ô Mon fils en l'Esprit,
Et n'ai-Je pas souffert comme c'était-écrit ?

N'ai-Je pas sangloté ton angoisse suprême,
Et n'ai-Je pas sué la sueur de tes nuits,
Lamentable ami qui Me cherches où Je suis ?

II

J'ai répondu, Seigneur, Vous avez dit mon âme.
C'est vrai que je Vous cherche et ne Vous trouve pas.

Mais Vous aimer ! Voyez comme je suis en bas,
Vous dont l'amour toujours monte, comme la flamme !

Vous, la source de paix que toute soif réclame,
Hélas ! voyez un peu tous mes tristes combats !
Oserai-je adorer la trace de Vos pas
De mes genoux sanglants d'un rampement infâme ?

Et pourtant je Vous cherche en longs tâtonnements,
Je voudrais que Votre ombre au moins vêtit ma honte.
Mais Vous n'avez pas d'ombre, ô Vous dont l'amour monte,

O Vous, fontaine calme, amère aux seuls amants
De leur Damnation, ô Vous toute lumière,
Sauf aux yeux dont un lourd baiser tient la paupière !

III

— Il faut M'aimer, Je suis l'universel Baiser !
Je suis cette paupière et Je suis cette lèvre
Dont tu parles, ô cher malade, et cette fièvre
Qui t'agite, c'est Moi, toujours ! Il faut oser
~~M'~~
M'aimer ! Oui ! Mon amour monte, sans biaiser
Jusqu'où ne grimpe pas ton pauvre amour de chèvre,

Et

Et t'emportera, comme un aigle vole un lièvre
Vers des serpolets qu'un ciel cher vient arroser !

O Ma nuit claire ! ô tes yeux dans Mon clair de lune !
O ce lit de lumière et d'eau parmi la brume !
Toute cette innocence et tout ce reposoir !

Aime-moi ! Ces deux mots sont Mes verbes suprêmes :
Car étant ton Dieu tout-puissant, je peux vouloir,
Mais je ne veux d'abord que pouvoir que tu m'aimes !

IV

— Seigneur, c'est trop. Vraiment je n'ose. Aimer qui ? Vous !
O non ! Je tremble et n'ose. O, Vous aimer ! Je n'ose.
Je ne veux pas ! Je suis indigne. Vous, la Rose
Immense des trois vents de l'Amour, ô Vous tous

Les cœurs des Saints, ô Vous qui fûtes le Jaloux
De Juda, Vous la chaste Abeille qui se pose
Sur la seule fleur d'une innocence mi-close.
O quoi, moi, moi pouvoir Vous aimer ! Êtes-Vous fous,

Père, Fils, Esprit ? Moi, ce pécheur-ci ! Ce lâche !
Ce superbe, qui fait le mal comme sa tâche

Et n'a

Et n'a dans tous ses sens, odorat, toucher, goût,

Vue, ouïe, et dans tout son être, hélas ! dans tout
Son espoir et dans tout son remords que l'extase
D'une caresse où le seul vieil Adam s'embrase !

V

— Il faut M'aimer. Je suis ces Fous que tu nommais.
Je suis l'Adam nouveau Qui mange le vieil homme,
Ta Rome, ton Paris, ta Sparte, ta Sodome,
Comme un pauvre mets parmi d'horribles mets.

Mon amour est le feu qui dévore à jamais
Toute chair insensée et l'évapore comme
Un parfum — et c'est le déluge qui consomme
En son flot tout mauvais germe que Je semais,

Afin qu'un jour la Croix où Je meurs fût dressée,
Et que, par un miracle effrayant de bonté,
Je t'eusse un jour à Moi, frémissant et dompté.

Aime. Sors de ta mort. Aime. C'est ma pensée
De toute éternité, pauvre âme délaissée,
Qu'être dusses M'aimer, Moi seul Qui suis resté !

VI — Seigneur,

VI

— Seigneur, j'ai peur. Mon âme en moi tressaille toute
Je vois, je sens qu'il faut Vous aimer. Mais comment
Moi, ceci, me ferai-je, ô mon Dieu, Votre amant,
O Justice que la vertu des Saints redoute ?

Oui, comment ? Car voici que s'ébranle la voûte
Où mon cœur creusait son ensevelissement,
Et que je sens fluer vers moi le firmament,
Et je vous dis : De Vous à moi quelle est la route ?

Tendez-moi Votre main, que je puisse lever
Cette chair accroupie et cet esprit malade...
Mais recevoir jamais la céleste accolade

Est-ce possible ? Un jour, pouvoir la retrouver
Dans Votre sein, sur Votre cœur qui fut le nôtre,
La place où reposa la tête de l'Apôtre ?

VII

— Certes, si tu le veux mériter, Mon fils, oui.
Et voici. Laisse aller l'ignorance indécise
De ton cœur vers les bras ouverts de Mon Église,
Comme la guêpe vole au lys épanoui.

Approche...

Approche toi de Mon oreille, épanches-y
L'humiliation d'une brave franchise,
Dis-moi tout, sans un mot d'orgueil ou de reprise,
Et M'offre le bouquet d'un repentir choisi.

Puis franchement et simplement viens à Ma table
Et Je t'y bénirai d'un Repas délectable
Auquel l'Ange n'osera lui-même qu'assisté,

Et tu boiras le Vin de la Vigne immuable
Dont la Force, Dont la douceur, Dont la bonté
Feront germer ton sang à l'immortalité !

Puis, va ! garde une foi modeste en ce Mystère
D'amour par quoi Je suis ta chair et ta raison...
Et surtout reviens très-souvent dans Ma maison
Pour y participer au Vin Qui désaltère,

Au Pain sans Qui la vie est une trahison,
Pour y prier Mon Père et supplier Ma Mère
Qu'il te soit accordé, dans l'exil de la terre,

D'être

73.

D'être l'agneau dont crie qui donne sa toison,

D'être l'enfant vêtu de lin et d'innocence,
D'oublier ton pauvre amour propre et ton essence,
Enfin de devenir un peu pareil à Moi.

Qui fus, durant les jours d'Hérode et de Pilate
Et de Judas et de Pierre, pareil à toi
Pour souffrir, et mourir d'une mort scélérate !

———

Et pour récompenser ton zèle en ces devoirs
Si doux qu'ils sont encor d'ineffables délices,
Je te ferai goûter sur terre Mes prémices,
La paix du cœur, l'amour d'être pauvre, et Mes soirs

Mystiques, quand l'esprit s'ouvre aux calmes espoirs
Et croit boire, selon Ma promesse, au Calice
Éternel, et qu'au ciel pieux la lune glisse,
Et que sonnent les Angelus roses et noirs.

En attendant l'Assomption [apparition] dans Ma lumière
L'éveil sans fin dans Ma charité coutumière,

67

74.

La musique de mes louanges à jamais,

Et l'Extaze perpétuelle, et la Science,
Et d'être en Moi parmi l'immense irradiance
De ~~les~~ souffrances ~~immenses~~ enfuies que J'aimais !
VIII

— Ah ! Seigneur ! qu'ai-je ? Hélas ! me voici tout en larmes.
D'une joie extraordinaire. Votre voix
Me fait comme du bien et du mal à la fois,
Et le mal et le bien, tout a les mêmes charmes ;

Je ris, je pleure, et c'est comme un appel aux armes
D'un clairon pour des champs de bataille où je vois
Des anges bleus et blancs portés sur des pavois,
Et ce clairon m'enlève en de fières alarmes

J'ai l'extase et j'ai la terreur d'être choisi.
~~Je suis indigne~~ indigne, mais je sais Votre clémence...
Ah ! quel effort, mais quelle ardeur ! Et me voici

Plein d'une humble prière, encor qu'un trouble immense
Brouille l'espoir que Votre voix me révèle,
Et j'aspire en tremblant...

VIII

— Pauvre âme, c'est cela !

Mons, 15 Janvier 1875.

FIN.

Cellulairement

I.
Au Lecteur.

> « Fué cautivo, donde aprendió a
> tener paciencia en las adversidades »
>
> (Cervantes)

Ce n'est pas de ces dieux foudroyés,
Ce n'est pas encore une infortune
Poëtique autant qu'inopportune :
Ô lecteur de bon sens, ne fuyez !

On sait trop tout le prix du malheur
Pour le perdre en disert gaspillage :
Vous n'aurez ni mes traits ni mon âge,
Ni le vrai mal secret de mon cœur.

Et de ce que ces vers maladifs
Furent faits en prison, pour tout dire,
On ne va pas crier au martyre :
Que Dieu vous garde des expansifs !

On vous donne un livre fait ainsi ;
Prenez-le pour ce qu'il vaut, en somme.
C'est l'*ægri somnia* d'un brave homme
Étonné de se trouver ici.

On y met avec la « bonne foy »
L'orthographe à peu près qu'on possède,
Regrettant de n'avoir à son aide
Que ce prestige d'être bien soi.

Vous lirez ce libelle tel quel
Tout ainsi que vous feriez d'un autre ;
Ce vœu bien modeste est le seul nôtre,
N'étant guère, après tout, criminel !

Un mot encore, car je vous dois
Quelque lueur, en définitive,
Concernant la chose qui m'arrive :
Je compte parmi les maladroits ;

J'ai perdu ma vie et je sais bien
Que tout blâme sur moi s'en va fondre :
À cela, je ne puis que répondre
Que je suis vraiment né saturnien.

Bruxelles, de la prison des Petits-Carmes,
Juillet 1873.

Impression fausse.

> ... « Mais, attendons la fin. »
> (La Fontaine)

    Dame souris trotte,
Noire dans le gris du soir,
    Dame souris trotte,
    Grise dans le noir.

    On sonne la cloche :
Dormez les bons prisonniers !
    On sonne la cloche :
    Faut que vous dormiez !

    Le beau clair de lune !
On ronfle ferme à côté !
    Le beau clair de lune
    En réalité !

    Un nuage passe.
Il fait noir comme en un four.
    Un nuage passe...
    Tiens, le petit jour !

Dame souris trotte
Rose dans les rayons bleus
Dame souris trotte :
Debout, paresseux ! 20

> Br., 11 juillet 73, Entrée en prison.

Autre

« Panem et circenses ! »

La cour se fleurit de souci
    Comme le front
    De tous ceux-ci
    Qui vont en rond
En flageolant sur leur fémur
    Débilité,
    Le long du mur
    Fou de clarté.

Tournez, Samsons sans Dalila,
    Sans Philistin,
    Tournez bien la
    Meule au destin !
Vaincu risible de la loi,
    Mouds tour à tour
    Ton cœur, ta foi
    Et ton amour !

Ils vont — et leurs pauvres souliers
    Font un bruit sec, —

Humiliés,
La pipe au bec... 20
Pas un mot, sinon le cachot !
Pas un soupir !
Il fait si chaud
Qu'on croit mourir ! 24

J'en suis de ce cirque effaré,
Soumis d'ailleurs
Et préparé
À tous malheurs. 28
Et pourquoi, si j'ai contristé
Ton vœu têtu,
Société,
Me choierais-tu ? 32

Allons, frères, bons vieux voleurs,
Doux vagabonds,
Filous en fleur,
Mes chers, mes bons ! 36
Fumons philosophiquement,
Promenons-nous
Paisiblement :
Rien faire est doux ! 40

Br. Juillet 73.
(préau des prévenus)

Sur les eaux.

        Je ne sais pourquoi
        Mon esprit amer
D'une aile inquiète et folle vole sur la mer ;
        Tout ce qui m'est cher,
        D'une aile d'effroi
6 Mon amour le couve au ras des flots : pourquoi ? pourquoi ?

    Mouette à l'essor mélancolique,
    Elle suit la vague, ma pensée
    À tous les vents du ciel balancée
    Et biaisant quand la marée oblique,
11   Mouette à l'essor mélancolique !

        Ivre de soleil
        Et de liberté,
Un instinct la guide à travers cette immensité :
        La brise d'été
        Sur le flot vermeil
17 Doucement la porte en un tiède demi-sommeil.

Parfois si tristement elle crie
Qu'elle alarme au lointain le pilote,
Puis au gré du flot se livre et flotte
Et plonge et, l'aile toute meurtrie,
Revole et puis si tristement crie !

Je ne sais pourquoi
Mon esprit amer
D'une aile inquiète et folle vole sur la mer :
Tout ce qui m'est cher,
D'une aile d'effroi
Mon amour le cherche au ras des flots. Pourquoi ?
Pourquoi ?

—

Brux. Juillet 1873

Berceuse.

« Però non mi destar : Deh ! parla basso. » — Michel-Ange.

Un grand sommeil noir
Tombe sur ma vie :
Dormez, tout espoir,
Dormez, toute envie !

Je ne sais plus rien,
Je perds la mémoire
Du mal et du bien :
Ô la triste histoire !

Je suis un berceau
Qu'une main balance
Au creux d'un caveau :
Silence ! Silence !

—

Br. le 8 août 1873.

La Chanson de Gaspard Hauser

Je suis venu, calme orphelin,
Riche de mes seuls yeux tranquilles,
Vers les hommes des grandes villes :
Ils ne m'ont pas trouvé malin.

À vingt ans un trouble nouveau
Sous le nom d'amoureuses flammes
M'a fait trouver belles les femmes :
Elles ne m'ont pas trouvé beau.

Bien que sans patrie et sans roi
Et très-brave, ne l'étant guère,
J'ai voulu mourir à la guerre :
La mort n'a pas voulu de moi.

Suis-je né trop tôt ou trop tard ?
Qu'est-ce que je fais en ce monde ?
Ô vous tous, ma peine est profonde :
Priez pour le pauvre Gaspard !

Br. Août 1873.

Un pouacre.

—

Avec les yeux d'une tête de mort
    Que la lune encore décharne,
Tout mon passé — disons tout mon remord —
    Ricane à travers ma lucarne.

Avec la voix d'un vieillard très-cassé
    Comme l'on n'en voit qu'au théâtre,
Tout mon remords — disons tout mon passé —
    Fredonne un tra-la-la folâtre.

Avec les doigts d'un pendu déjà vert,
    Le drôle agace une guitare
Et danse sur l'avenir grand-ouvert
    D'un air d'élasticité rare.

— « Vieux turlupin, je n'aime pas cela :
    Tais ces chants et calme ces danses ! » —
Il me répond avec la voix qu'il a :
    — « C'est moins drôle que tu ne penses,

Et quant au soin frivole, ô cher morveux,
    De te plaire ou de te déplaire,
Je m'en soucie au point que, si tu veux,
    Tu peux t'aller faire lanlaire ! » — 20

Br., 7bre 1873

Almanach pour l'année passée

Πειθώμεθα νυκτὶ μελαίνῃ
(Homère)

I

La bise se rue à travers
Les buissons tout noirs et tout verts,
Glaçant la neige éparpillée
4 Dans la campagne ensoleillée;

L'odeur est aigre près des bois;
L'horizon chante avec des voix;
Les coqs des clochers des villages
8 Luisent crûment sur les nuages;

C'est délicieux de marcher
À travers ce brouillard léger
11 Qu'un vent taquin parfois retrousse:

Ah! fi de mon vieux feu qui tousse!
J'ai des fourmis plein les talons:
14 Voici l'Avril! vieux cœur, allons!

II

L'espoir luit comme un brin de paille dans l'étable.
Que crains-tu de la guêpe ivre de son vol fou ?
Vois ! le soleil toujours poudroie à quelque trou.
Que ne t'endormais-tu le coude sur la table ? 4

Pauvre âme pâle, au moins cette eau du puits glacé,
Bois-la. Puis dors après. Allons, tu vois, je reste,
Et je dorloterai les rêves de ta sieste,
Et tu chantonneras comme un enfant bercé. 8

Midi sonnent ! De grâce, éloignez-vous, Madame :
Il dort, et c'est affreux comme les pas de femme
Répondent au cerveau des pauvres malheureux ! 11

Midi sonnent. J'ai fait arroser dans la chambre.
Il dort ! L'espoir luit comme un caillou dans un creux.
— Ah ! quand refleuriront les roses de Septembre ? 14

III

Les Choses qui chantent dans la tête,
Alors que la mémoire est absente,
Écoutez, c'est notre sang qui chante...
Ô musique lointaine et discrète ! 4

Écoutez, c'est notre sang qui pleure
D'une voix jusqu'alors inouïe,
Alors que notre âme s'est enfuie,
Et qui va se taire tout à l'heure...

Frère du vin de la vigne rose,
Frère du sang de la veine noire,
Ô Vin, ô Sang, c'est l'apothéose !

Chantez, pleurez, chassez la mémoire
Et chassez l'âme, et jusqu'aux ténèbres,
Magnétisez nos pauvres vertèbres !

IV

Ah, vraiment c'est triste, ah, vraiment ça finit trop mal,
Il n'est pas permis d'être à ce point infortuné,
Ah, vraiment c'est trop la mort du naïf animal
Qui voit tout son sang couler sous son regard fané !

Londres fume et crie, ô quelle ville de la Bible !
Le gaz flambe et nage et les enseignes sont vermeilles,
Et les maisons dans leur ratatinement terrible
Épouvantent comme un tas noir de petites vieilles.

Tout l'affreux passé saute, miaule, piaule et glapit
Dans le brouillard rose et jaune et sale des Sohos
Avec des indeeds et des allrights et des hâos !

Non, vraiment c'est trop un martyre sans assurance
Non vraiment cela finit trop mal, vraiment c'est triste
Ô le feu du ciel sur cette ville de la Bible !

Br. 7bre 1873.

Kaléidoscope.

Dans une rue, au cœur d'une ville de rêve,
Ce sera comme quand on a déjà vécu :
Un instant à la fois très-vague et très-aigu...
4 Ô ce soleil parmi la brume qui se lève !

Ô ce cri sur la mer ! Cette voix dans les bois !
Ce sera comme quand on ignore des causes :
Un lent réveil après bien des métempsychoses...
8 Les choses *seront plus les mêmes* qu'autrefois,

Dans cette rue, au cœur de la ville magique
Où des orgues joueront des gigues dans les soirs,
Où les cafés auront des chats sur les dressoirs,
12 Et que traverseront des bandes de musique

Ce sera si fatal qu'on en croira mourir :
Des larmes ruisselant, douces, le long des joues,
Des rires sanglotés dans le fracas des roues,
16 Des invocations à l'oubli de venir !

Des mots anciens comme un bouquet de fleurs
 fanées !!...
— Les bruits aigres des bals publics arriveront,
Et des femmes, avec du cuivre après leur front,
Paysannes, fendront la foule des traînées 20

Qui flânent là, causant avec d'affreux moutards
Et des vieux sans sourcils, fumeurs de gros cigares,
Cependant qu'à deux pas, dans des senteurs de gares,
Quelque fête publique enverra des pétards... 24

— Ce sera comme quand on rêve et qu'on s'éveille
Et que l'on se rendort et que l'on rêve encor
De la même féerie et du même décor,
L'été, dans l'herbe, au bruit moîré d'un vol d'abeille. 28

Br. 8bre 1873.

Réversibilités

« Totus in maligno positus »

Entends les pompes qui font
    Le cri des chats.
Des sifflets viennent et vont
    Comme en pourchas.
— Ah ! dans ces tristes décors
Les Déjàs sont les Encors !

Ô les vagues Angélus !
    (Qui viennent d'où ?)
Vois s'allumer les Saluts
    Du fond d'un trou.
— Ah ! dans ces mornes séjours
Les Jamais sont les Toujours !

Quels rêves épouvantés,
    Vous, grands murs blancs !
Que de sanglots répétés,
    Fous ou dolents !
— Ah ! dans ces piteux retraits
Les Toujours sont les Jamais !

Tu meurs doucereusement,
    Obscurément,
Sans qu'on veille, ô cœur aimant,
    Sans testament !
— Ah ! dans ces deuils sans rachats
Les Encors sont les Déjàs ! 24

—

De la Prison cellulaire de Mons. — Fin 8bre 1873.

Images d'un sou

De toutes les douleurs douces
Je compose mes magies !
Paul, les paupières rougies,
Erre seul aux Pamplemousses,
La folle par amour chante
Une ariette touchante.
C'est la mère qui s'alarme
De sa fille fiancée,
C'est l'épouse délaissée
Qui prend un sévère charme
À s'exagérer l'attente,
Et demeure palpitante.
C'est l'amitié qu'on néglige
Et qui se croit méconnue,
C'est toute angoisse ingénue,
C'est tout bonheur qui s'afflige,
L'enfant qui s'éveille et pleure.
Le prisonnier qui voit l'heure.
Les sanglots des tourterelles,
La plainte des jeunes filles,

C'est l'appel des Inésilles
Que gardent dans des tourelles
De bons vieux oncles avares
À tous sonneurs de guitares,
Et Malek-Adel soupire
Sa tendresse à Geneviève
De Brabant qui fait ce rêve
D'exercer un doux empire,
Dont elle-même se pâme,
Sur la veuve de Pyrame
Tout exprès ressuscitée,
Et la forêt des Ardennes
Sent circuler dans ses veines
La flamme persécutée
De ces princesses errantes
Sous les branches murmurantes.
Et madame Malbrouk monte
À sa tour pour mieux entendre
La viole et la voix tendre
De ce cher trompeur de comte
Ory qui revient d'Espagne
Sans qu'un doublon l'accompagne.
Mais il s'est couvert de gloire
Aux gorges des Pyrénées.
Et combien d'infortunées
L'une jaune et l'autre noire
Ne fit-il pas, à tous risques,
Là-bas parmi les Morisques !...
Toute histoire qui se mouille
De délicieuses larmes,

Images d'un sou

(Fût-ce à travers des chocs d'armes)
Aussitôt chez moi s'embrouille,
Se mêle à d'autres encore,
Finalement s'évapore
En capricieuses nues,
Laissant, à travers des filtres
Puissants, talismans et philtres
Au fin fond de mes cornues
Au feu de l'amour rougies...
Accourez à mes magies !
C'est très-beau. Venez, d'aucunes
Et d'aucuns. Entrrrez, bagasse !
Cadet-Roussel est paillasse
Et vous dira vos fortunes.
C'est Crédit qui tient la caisse.
Allons, vite ! qu'on se presse !! —

Mons, X^{bre} 1873.

Vieux coppées.

> « Il n'a pas de cartilages dans le nez : comment voulez-vous que sa trompe sonne ? »
>
> (*Opinion inédite d'un critique connu, sur un bon jeune homme de lettres*)

I

Pour charmer tes ennuis, ô Temps qui nous dévastes,
Je veux, durant cent vers coupés en dizains chastes
Comme les ronds égaux d'un même saucisson,
Servir aux connaisseurs un plat de ma façon :
Tout désir un peu sot, toute idée un peu bête
Et tout ressouvenir stupide, mais honnête,
Composeront le fier menu qu'on va licher.
Muse, accours, donne-moi ton ut le plus léger,
Et chantons notre gamme en notes bien égales,
À l'instar de Monsieur Coppée et des cigales.

II

Les passages Choiseul aux odeurs de jadis,
Où sont-ils ? En ce mil-huit-cent-soixante-dix,
— Vous souvient-il, c'était du temps du bon
  Badingue, —

Vieux coppées

On avait ce tour un peu cuistre qui distingue
5 Le Maître, et l'on faisait chacun son acte-en-vers.
Jours enfuis ! Quels autrans passèrent à travers
La montagne ? Le Maître est décoré comme une
Châsse, et n'a pas encor digéré la Commune ;
Tous sont toqués, et moi, qui chantais aux temps chauds,
10 Je gémis sur la paille humide des cachots.

III

Vers Saint-Denis c'est sale et bête, la campagne !
C'est pourtant là qu'un jour j'emmenai ma compagne :
Nous étions de mauvaise humeur, et querellions ;
Un plat soleil d'été tartinait ses rayons
5 Sur la plaine séchée ainsi qu'une rôtie ;
C'était longtemps après le « Siège » ; une partie
Des « maisons de campagne » était par terre encor ;
D'autres se relevaient comme on hisse un décor,
Et des obus tout neufs encastrés aux pilastres
10 Portaient écrit autour : Souvenir des désastres.

IV

« Assez des Gambettards ! Ôtez-moi cet objet ! »
(Dit le Père Duchêne un jour qu'il enrageait)
« Tout plutôt qu'eux : ce sont les bougres de naissance !
« Bourgeois vessards, ça dut tenir des lieux d'aisance

« Dans ces mondes antérieurs — dont je me fous ! —
« Jean-foutres qui, tandis qu'on LA confessait sous
« Les balles, cherchaient des alibis dans la foire !
Ah ! tous ! Badingue Quatre, Orléans et sa poire
(Pour la soif), la béquille à Chambord, Attila !
Mais, mais, mais... ! plus de ces Laréveillière-là !

V

Las ! je suis à l'Index, et dans les dédicaces
Me voici Paul V⋯ pur et simple. Les audaces
De mes amis, — tant les éditeurs sont des saints ! —
Doivent éliminer mon nom de leurs desseins.
Extraordinaire et saponaire tonnerre
D'une excommunication que je vénère
Au point d'en faire des fautes de quantité !
Vrai ! si je n'étais pas à ce point désisté
Des choses, j'aimerais — surtout m'étant contraire —
Cette pudeur, du moins si rare, de libraire !

VI

Je suis né romantique, et j'eusse été fatal
En un frac très-étroit aux boutons de métal
Avec ma barbe en pointe et mes cheveux en brosse,
Hablant español, très-loyal et très-féroce,
L'œil idoine à l'œillade et chargé de défis ;
Beautés mises à mal et bourgeois déconfits

Eussent bondé ma vie et soûlé mon cœur d'homme.
Pâle et jaune d'ailleurs, et taciturne comme
Un Infant scrofuleux dans un Escurial. —
10 Et puis, j'eusse été si féroce et si loyal !

VII

L'*aile* où je suis donnant juste sur une gare,
  J'entends, de nuit — mes nuits sont blanches — la bagarre
Des machines qu'on chauffe et des trains ajustés.
Et vraiment c'est des bruits de nids répercutés
5 À des cieux de fonte et de verre et gras de houille.
Vous n'imaginez pas comme cela gazouille
Et comme l'on dirait des efforts d'oiselets
Vers des vols tout prochains à des cieux violets
Encore et que le point du jour éveille à peine...
10 Ô ces wagons qui vont dévaler dans la plaine !

VIII

Ô Belgique, qui m'as valu ce dur loisir,
Merci ! J'ai pu du moins réfléchir, et saisir,
Dans le silence doux et blanc de tes cellules,
Les *raisons* qui fuyaient, comme des libellules,
5 À travers les roseaux bavards d'un monde vain,
Les raisons de mon être immortel et divin,
Et les étiqueter, comme en un beau musée

Dans les cases en fin cristal de ma pensée...
Mais, ô Belgique, assez de ce huis clos têtu,
Ouvre enfin, car c'est bon *pour une fois, sais-tu* ?

IX

Depuis un an et plus je n'ai pas vu la queue
D'un journal. Est-ce assez bibliothèque bleue ?
Parfois je me dis à part moi : « L'eusses-tu cru ? »
— Eh bien, l'on n'en meurt pas. D'abord c'est un peu cru,
Un peu bien blanc, et l'œil habitueux s'en fâche.
Mais l'esprit ! Comme il rit et triomphe, le lâche !
— Et puis, c'est un plaisir patriotique et sain
De ne plus rien savoir de ce siècle assassin.
Et de ne suivre plus, dans sa dernière transe,
Cette agonie épouvantable de la France !

X

Endiguons les ruisseaux, les prés burent assez.
Bonsoir, lecteur, — et vous, lectrice qui pensez
D'ailleurs bien plus à Worth qu'aux sons de ma guimbarde ;
Agréez le salut respectueux du barde
Indigne de vos yeux abaissés un instant
Sur ces cent vers que scande un « rrhythme » équilistant.

Et vous, protes, n'allez pas rendre encore pire
Qu'il ne l'est ce pastiche infâme d'une lyre
Dûment appréciée entre tous gens de goût,
10 Par des coquilles trop nâvrantes — Et c'est tout.

    Mons — 1874, Janvier, Février, Mars et *passim*.

L'Art poëtique

> « Mark it, Cesario; it is old and plain:
> « The spinsters and the knitters in the sun
> « And the free maids that weave their thread with bones
> « Do use to chaunt it; it is silly sooth
> « And dallies with the innocence of love
> « Like the old age. »
>
> — Shakspeare — (*twelfth-night*)

De la musique avant toute chose !
Et pour cela préfère l'Impair
Plus vague et plus soluble dans l'air,
Sans rien en lui qui pèse et qui pose.

Il faut aussi que tu n'ailles point
Choisir tes mots sans quelque méprise :
Rien de plus cher que la chanson grise
Où l'indécis au précis se joint.

C'est des beaux yeux derrière des voiles,
C'est le grand jour tremblant de midi,
C'est, par un ciel d'automne attiédi,
Le bleu fouillis des claires étoiles !

Car nous voulons la Nuance encor.
Plus la Couleur, rien que la Nuance :
Ô la Nuance seule fiance
Le rêve au rêve et la flûte au cor !

L'Art poëtique

Fuis du plus loin la Pointe assassine,
L'Esprit cruel et le Rire impur,
Qui font pleurer les yeux de l'Azur,
— Et tout cet ail de basse cuisine !

Prends l'Éloquence et tords-lui son cou !
Tu feras bien, en train d'énergie,
De rendre un peu la Rime assagie :
Si l'on n'y veille, elle ira jusqu'où ?

Ô qui dira les torts de la Rime ?
Quel enfant sourd ou quel nègre fou
Nous a forgé ce bijou d'un sou
Qui sonne faux et creux sous la lime ?

De la musique encore et toujours !
Que ton vers soit la Chose envolée
Qu'on sent qui fuit d'une âme en allée
Vers d'autres cieux à d'autres amours !

Que ton vers soit la bonne aventure
Éparse au vent crispé du matin
Qui va fleurant la menthe et le thym !...
Et tout le reste est littérature.

Mons, Avril 1874.

Via dolorosa.

> « Scuto circumdabit te veritas ejus :
> « non timebis a timore nocturno,
> « a sagittá volante in die, a negotio
> « perambulante in tenebris, ab incursu
> « et dœmone meridiano... »
>
> (Ps. 90.)

Du fond du grabat
As-tu vu l'étoile
Que l'hiver dévoile ?
Comme ton cœur bat !
Comme *cette idée*, 5
Regret ou désir,
Ravage à plaisir
Ta tête obsédée !
Pauvre cœur sans Dieu !
Pauvre tête en feu ! 10
. . . . .
L'ortie et l'herbette
Au bas du rempart
D'où l'appel frais part
D'une aigre trompette ;
Le vent du coteau ; 15
La Meuse, la goutte
Qu'on boit sur la route
À chaque écriteau ;
— Les sèves qu'on hume !

Via dolorosa

Les pipes qu'on fume !

. . . . .

Un rêve de froid :
Que c'est beau, la neige
Et tout son cortège
Dans leur cadre étroit !
Ô tes blancs arcanes,
Nouvelle Archangel,
Mirage éternel
De mes caravanes !
Ô ton chaste ciel,
Nouvelle Archangel !

. . . . .

Cette ville sombre !
Tout est crainte ici...
Le ciel est transi
D'éclairer tant d'ombre.
Les pas que tu fais
Parmi ces bruyères
Lèvent des poussières
Au souffle mauvais...
Voyageur si triste,
Tu suis quelle piste ?

. . . . .

C'est l'Ivresse à mort,
C'est la noire Orgie,
C'est l'amer effort
De ton énergie
Vers l'oubli dolent
De la voix intime,...

C'est le seuil du crime,...
C'est l'essor sanglant...
Ô fuis la Chimère !
Ta mère ! ta mère !

  *
 * *

. . . . .

La Mer ! Puisse-t-elle
Laver ta rancœur,
La mer au bon cœur,
Nourrice fidèle
Qui chante en berçant
Ton angoisse atroce,
La mer, doux colosse
Au sein innocent,
La mer sur qui prie
La Vierge Marie !

. . . . .

Tu vis sans savoir,
Tu verses ton âme,
Ton lait et ta flamme
Dans quel désespoir ?
Ton sang qui s'amasse
En une fleur d'or,
N'est pas prêt encor
À la dédicace...
Ceci n'est que jeu !
Attends quelque peu.

. . . . .

Cette frénésie
T'initie au but.

Via dolorosa

D'ailleurs, le salut
Viendra d'un messie
Dont tu ne sens plus
Depuis bien des lieues
Les effluves bleues
Sous tes bras perclus,
Naufragé d'un rêve
Qui n'a pas de grève !

. . . . .

Vas ! en attendant
L'heure toute proche :
Ne sois pas prudent...
Trêve à tout reproche...
Fais ce que tu veux...
Une main te guide
À travers le vide
Affreux de tes vœux...
— Un peu de courage !
C'est le bon orage !

*
* *

Du verre et du fer ;
Des murs et des portes ;
Les rigueurs accortes
D'un adroit enfer :
Comme on agonise
Doucereusement !
Un parfait tourment
Qu'on souffre à sa guise !
— La captivité
Dans l'édilité !

. . . . .

« Pourtant je regrette !
« Pourtant je me meurs !
« Pourtant ces deux cœurs ?... »
— Lève un peu la tête !
— « Eh bien ? c'est la Croix ! » 105
— Lève un peu ton âme
De ce monde infâme... —
« Est-ce que je crois ! »
Qu'en sais-tu ? La bête
Ignore sa tête. 110

. . . . .

La Chair et le Sang
Méconnaissent l'Acte ! —
« Mais j'ai fait un pacte
Qui va m'enlaçant
À la Faute noire ! 115
Je me dois à mon
Tenace démon :
Je ne veux pas croire !
Je n'ai pas besoin
De rêver si loin ! » 120

. . . . .

Aussi bien j'écoute
Des sons d'autrefois.
Vipère des bois
Encor sur ma route !
Cette fois, tu mords ! — » 125
Laisse cette bête !
Que fait au poète ?

Via dolorosa

Que sont des cœurs morts ?
Ah plutôt oublie
Ta propre folie !

. . . . .

. . . . .

. . . . .

Ah plutôt terrasse
Ton orgueil cruel.
Implore la grâce
D'être un pur Abel,
Finis l'odyssée
Dans le repentir
D'un humble martyr
D'une humble pensée,
Regarde au dessus...
— « Est-ce vous, Jésus ? »

—

Mons. — Juin. Juillet 1874.

Crimen amoris, vision.

« Non tentabis Dominum Deum tuum. »

Dans un palais, soie et or, dans Ecbatane,
De beaux démons, des satans adolescents
Au son d'une musique mahométane
Font litière aux Sept Péchés de leurs cinq sens. 4

C'est la fête aux Sept Péchés, ô qu'elle est belle !
Tous les Désirs rayonnaient en feux brutaux ;
Les Appétits, pages prompts que l'on harcelle
Promenaient des vins roses dans des cristaux ; 8

Des danses sur des rhythmes d'épithalames
Bien doucement se pâmaient en longs sanglots,
Et de beaux chœurs de voix d'hommes et de femmes
Se déroulaient, palpitaient comme des flots ; 12

Et la bonté qui s'en allait de ces choses
Était puissante et charmante tellement
Que la campagne autour se fleurit de roses
Et que la nuit paraissait en diamant... 16

Crimen amoris

Or le plus beau d'entre tous ces mauvais anges
Avait seize ans sous sa couronne de fleurs ;
Les bras croisés sur les colliers et les franges
20 Il rêve, l'œil plein de flammes et de pleurs ;

En vain la fête autour se faisait plus folle,
En vain les satans, ses frères et ses sœurs,
Pour l'arracher au souci qui les désole
24 L'encourageaient d'appels de bras caresseurs ;

Il résistait à toutes câlineries ;
Et le chagrin mettait un papillon noir
À son cher front tout brûlant d'orfèvreries :
28 Ô l'immortel et terrible désespoir !

Il leur disait : « Ô vous, laissez-moi tranquille ! »
Puis les ayant baisés tous bien tendrement,
Il s'évada d'avec eux d'un geste agile,
32 Leur laissant aux mains des pans de vêtements.

Le voyez-vous sur la tour la plus céleste
Du haut palais avec une torche au poing ?
Il la brandit comme un héros fait d'un ceste ;
36 D'en bas on croit que c'est une aube qui point.

— Qu'est-ce qu'il dit de sa voix profonde et tendre
Qui se marie aux claquements clairs du feu
Et que la lune est extatique d'entendre ?
40 — « Ô je serai celui-là qui créera Dieu !

« Nous avons tous trop souffert, anges et hommes,
« De ce conflit entre le Pire et le Mieux.
« Humilions, misérables que nous sommes,
« Tous nos élans dans le plus simple des vœux. 44

« Ô vous tous, ô vous tous, ô les Pécheurs tristes,
« Ô les doux Saints, pourquoi ce schisme têtu ?
« Que n'avez-vous fait, en habiles artistes
« De vos travaux la seule et même vertu ? 48

« Assez et trop de ces luttes inégales !
« Il va falloir qu'enfin se rejoignent les
« Sept Péchés aux Trois Vertus théologales !
« Assez et trop de ces combats durs et laids ! 52

« Et pour réponse à Jésus qui crut bien faire
« En maintenant l'équilibre de ce duel,
« Par moi l'Enfer dont c'est ici le repaire
« Se sacrifie à l'amour universel ! » — 56

La torche tombe de sa main éployée,
Et l'incendie alors hurla s'élevant
Querelle énorme d'aigles rouges, noyée
Au remous noir de la fumée et du vent. 60

L'or fond et coule à flots et le marbre éclate,
C'est un brasier tout splendeur et tout ardeur,
La soie en courts frissons comme de la ouate
Vole à flocons tous ardeur et tous splendeur ! 64

Crimen amoris

Et les satans mourants chantaient dans les flammes :
Ayant compris comme ils s'étaient résignés !
Et de beaux chœurs de voix d'hommes et de femmes
Montaient parmi l'ouragan des bruits ignés.

Et lui, les bras croisés d'une sorte fière
Les yeux au ciel où le feu monte en léchant
Il dit tout bas une espèce de prière,
Qui va mourir dans l'allégresse du chant.

Il dit tout bas une espèce de prière
Les yeux au ciel où le feu monte en léchant…
— Quand retentit un affreux coup de tonnerre,
Et c'est la fin de l'allégresse et du chant.

On n'avait pas agréé le sacrifice.
Quelqu'un de fort et de juste assurément
Sans peine avait su démêler la malice
Et l'artifice en un orgueil qui se ment. —

Et du palais aux cent tours aucun vestige,
Rien ne resta dans ce désastre inouï,
Afin que par le plus effrayant prodige
Ceci ne fût qu'un vain songe évanoui…

Et c'est la nuit. La nuit bleue aux mille étoiles.
Une campagne évangélique s'étend,
Sévère et douce, et vagues comme des voiles
Les branches d'arbre ont l'air d'ailes s'agitant.

De froids ruisseaux courent sur un lit de pierre
Les doux hiboux nagent vaguement dans l'air
Tout embaumé de mystère et de prière ;
Parfois un flot qui saute lance un éclair ; 92

La forme molle au loin monte des collines
Comme un amour encore mal défini,
Et le brouillard qui s'essore des ravines
Semble un effort vers quelque but réuni ; 96

Et tout cela, comme un cœur et comme une âme,
Et comme un Verbe, et d'un désir virginal
Adore, s'ouvre en une extase et réclame
Le Dieu clément qui nous gardera du mal. 100

— Brux. Juillet 1873.

La Grâce, *légende*.

> « Procul recedant somnia
> « Et noctium phantasmata
> « Hostemque nostrum comprime,
> « Ne polluantur corpora ».
>
> (*Complies du dimanche*)

Un cachot. Une femme à genoux, en prière.
Une tête de mort est gisante par terre
Et parle d'un ton aigre et douloureux aussi.
D'une lampe au plafond tremble un rayon transi.

5 — « Dame Reine.. — « Encor toi, satan ! » — madame Reine...
— « Ô Seigneur, faites mon oreille assez sereine
« Pour ouïr sans l'écouter ce que dit le malin ! »
— « Ah ! ce fut un vaillant et galant châtelain
« Que votre époux : toujours en guerre ou bien en fête.
10 « (Hélas ! j'en puis parler, puisque je suis sa tête !)
« Il vous aima, mais moins encore qu'il n'eût dû :
« Que de vertu gâtée et que de temps perdu
« En vains tournois, en cours d'amour loin de sa dame,
« Qui, belle et jeune, prit un amant, la pauvre âme ! »
15 — « Ô Seigneur, écartez ce calice de moi ! » —
— « Comme ils s'aimèrent ! Ils s'étaient juré leur foi
« De s'épouser sitôt que serait mort le maître,

« Et le tuèrent, dans son sommeil, d'un coup traître ! »
— « Seigneur, vous le savez, dès le crime accompli,
« J'eus horreur, et prenant ce jeune homme en oubli,
« Vins au roi, dévoilant l'attentat effroyable,
« Et, pour mieux déjouer la malice du diable,
« J'obtins qu'on m'apportât, en ma juste prison,
« La tête de l'époux occis en trahison :
« Par ainsi le remords, devant ce triste reste,
« Me met toujours aux yeux mon action funeste,
« Et la ferveur de mon repentir s'en accroît,
« Ô Jésus ! Mais voici : le malin qui se voit
« Dupe et qui voudrait bien ressaisir sa conquête,
« S'en vient-il pas loger dans cette pauvre tête
« Et me tenir de faux propos insidieux ?
« Ô Seigneur, tendez-moi vos secours précieux ! — »
— « Ce n'est pas le démon, ma Reine, c'est moi-même,
« Votre époux, qui vous parle en cet instant suprême
« Votre époux qui, damné (car j'étais en mourant
« En état de péché mortel) vers vous se rend,
« Ô Reine, et qui, pauvre âme errante, prend la Tête
« Qui fut la sienne aux jours vivants, pour interprète
« Effroyable de son amour épouvanté ! »
— « Ô blasphème hideux, mensonge détesté !
« Monsieur Jésus, mon maître adorable, exorcise
« Ce chef horrible et le vide de la hantise
« Diabolique qui n'en fait qu'un instrument
« Où souffle Belzébuth fallacieusement
« Comme dans une flûte on joue un air perfide ! »
— « Ô douleur ! une erreur lamentable te guide
« Reine, je ne suis pas Satan. Je suis Henry ! »

La Grâce

— « Oyez, Seigneur, il prend la voix de mon mari !
« À mon secours, les Saints ! à l'aide, Notre Dame ! »
50 — « Je suis Henry ! Du moins, Reine, je suis son âme
« Qui, par la volonté, plus forte que l'enfer,
« Ayant su transgresser toutes portes de fer
« Et de flamme, et braver leur impure cohorte,
« Viens vers toi pour te dire, avec cette voix morte
55 « Qu'il est d'autres amours encor que ceux d'ici,
« Tout immatériels et sans autre souci
« Qu'eux-mêmes, des amours d'âmes et de pensées.
« Ah ! que leur fait le Ciel ou l'enfer ? Enlacées,
« Les âmes, elles n'ont qu'elles-mêmes pour but.
60 « L'enfer pour elles, c'est que leur amour mourût,
« Et leur amour, de son essence, est immortelle !
« Hélas ! moi, je ne puis te suivre aux cieux, cruelle
« Et seule peine en ma damnation, mais toi,
« Damne-toi ! Nous serons heureux à deux ; la loi
65 « Des âmes, je te dis, c'est l'alme indifférence
« Pour la félicité comme pour la souffrance
« Si l'amour partagé leur fait d'intimes cieux.
« Viens ! Afin que l'Enfer vaincu voie, envieux,
« Deux damnés ajouter, comme on double un délice,
70 « Tous les feux de l'Amour à tous ceux du Supplice,
« Et se sourire en un baiser perpétuel ! — »
— « Âme de mon époux, tu sais qu'il est réel
« Le repentir qui fait qu'en ce moment j'espère
« En la miséricorde ineffable du Père
75 « Et du Fils et du Saint-Esprit ! Depuis un mois
« Que j'expie, attendant la mort que je te dois,
« En ce cachot trop doux encor, nue et par terre,

« Le crime monstrueux et l'infâme adultère,
« N'ai-je pas, repassant ma vie en sanglotant,
« Ô mon Henry, pleuré des siècles cet instant
« Où j'ai pu méconnaître en toi celui qu'on aime ?
« Va ! j'ai revu, superbe et doux, toujours le même,
« Ton regard qui parlait délicieusement,
« Et j'entends, et c'est là mon plus dur châtiment,
« Ta noble voix, et je me souviens des caresses —
« Or, si tu m'as absoute et si tu t'intéresses
« À mon salut, du haut des cieux, ô cher souci,
« Manifeste-toi, parle, et démens celui-ci
« Qui m'abuse, et vomit d'affreuses hérésies ! »
— « Je te dis que je suis damné ! Tu t'extasies
« En terreurs vaines, ô ma Reine. Je te dis
« Qu'il te faut rebrousser chemin du Paradis,
« Vain séjour du bonheur banal et solitaire,
« Pour l'enfer avec moi ! Les amours de la terre
« Ont, tu le sais, de ces instants chastes et lents :
« L'âme veille, les sens se taisent, somnolents ;
« Le cœur qui se repose et le sang qui s'affaisse
« Font dans tout l'être comme une douce faiblesse,
« Plus de désirs fiévreux, plus d'élans énervants,
« On est des frères et des sœurs et des enfants,
« On pleure d'une intime et profonde allégresse,
« On est les cieux, on est la terre, enfin on cesse
« De vivre et de sentir pour s'aimer *au-delà* !
« Et c'est l'éternité que je t'offre ! prends-la !
« Au milieu des tourments nous serons dans la joie,
« Et le diable aura beau meurtrir sa double proie,
« Nous rirons, et plaindrons ce Satan sans amour.

La Grâce

« Non, les Anges n'auront, dans leur morne séjour,
« Rien de pareil à ces délices inouïes ! » —

110 La Comtesse est debout, paumes épanouies.
Elle fait le grand cri des amours surhumains,
Puis se penche, et saisit avec ses pâles mains
La Tête, qui — merveille ! — a l'aspect de sourire.
Un fantôme de vie et de chair semble luire
115 Sur le hideux objet qui rayonne à présent
Dans un nimbe languissamment phosphorescent.
Un halo clair pareil à des cheveux d'aurore
Tremble au sommet et semble au vent flotter encore
Parmi le chant des cors, à travers la forêt.
120 Les noirs orbites ont des éclairs, on dirait
De grands regards de flamme, et noirs. Le trou farouche
Au rire affreux qui fut, Comte Henry, ta bouche
Se transfigure, rouge, aux deux arcs palpitants
De lèvres qu'auréole un duvet de vingt ans,
125 Et qui, pour un baiser s'apprêtent savoureuses...
— Et la Comtesse, à la façon des amoureuses
Tient la Tête terrible amplement, une main
Derrière et l'autre sur le front, pâle, en chemin
D'aller vers le péché spectral, l'âme tendue,
130 Hoquetant, dilatant sa prunelle perdue
Au fond de ce regard vague qu'elle a devant...
Soudain elle recule, et d'un geste rêvant,
(Ô femmes, vous avez ces allures de faire !)
Elle laisse tomber la Tête qui profère
135 Une plainte, et, roulant, sonne creux et longtemps.

— « Mon Dieu, mon Dieu, pitié ! Mes péchés pénitents
« Lèvent leurs pauvres bras vers ta bénévolence !
« Ô ne les souffre pas criant en vain ! ô lance
« L'éclair de ton pardon qui tuera ce corps vil !
« Vois que mon âme est faible en son dolent exil, 140
« Et ne la laisse pas au mauvais qui la guette.
« Ô que je meure ! »
                Avec le bruit d'un corps qu'on jette
La comtesse à l'instant tombe morte, et voici :
Son âme en blanc linceul, par l'espace éclairci
D'une douce lueur d'or blond qui flue et vibre 145
Monte au plafond ouvert désormais à l'air libre
Et d'une ascension lente va vers les cieux.
....

La Tête est là, dardant en l'air ses sombres yeux
Et sautèle, dans des attitudes étranges :
Telles dans les Assomptions des têtes d'anges 150
Et la bouche vomit un gémissement long,
Et des orbites vont coulant des pleurs de plomb.

— Brux. — Août 1873. —

Don Juan pipé, — mystère

« Thou wear a lion's hide: Doft it for shame
« And hang a calf's skin on those recreant limbs!

Shakspeare — *King John.*

Don Juan qui fut grand seigneur en ce monde
Est aux enfers ainsi qu'un pauvre immonde.
Nu-pieds, sans la barbe faite et pouilleux !
Et si n'étaient la lueur de ses yeux
5   Et la beauté de sa maigre figure,
En le voyant ainsi quiconque jure
Qu'il est un gueux et non ce héros fier
Aux dames comme aux poètes si cher,
Et dont l'auteur de ces humbles chroniques
10 Vous va parler en termes canoniques.

Il a son front dans ses mains et paraît
Penser beaucoup à quelque grand secret.
Il marche à pas douloureux sur la neige.
Car c'est son châtiment que rien n'allège
15 D'habiter seul et vêtu de léger
Loin de tous lieux où fleurit l'oranger
Et de mener ses tristes promenades
Sous un ciel veuf de toutes sérénades

Et qu'une lune morte éclaire assez
Pour expier tous ses soleils passés.

Il pense : Dieu peut gagner, car le Diable
S'est vu réduire à l'état pitoyable
De tourmenteur et de geôlier gagé
Pour être las trop tôt et trop âgé.
Du Révolté de jadis, il ne reste
Plus qu'un bourreau qu'on paie et qu'on moleste,
Si bien qu'enfin la cause de l'enfer
S'en va tombant, comme un fleuve à la mer,
Au sein de l'alliance primitive...
Il ne faut pas que cette honte arrive !

Or lui, don Juan n'est pas vieux et se sent
Le cœur vif comme un cœur d'adolescent
Et dans sa tête une jeune pensée
Couve et nourrit une force amassée.
S'il est damné, c'est qu'il le voulut bien
Il avait tout pour être un bon chrétien,
La foi, l'ardeur au ciel, et le baptême
Mais il brûlait d'un désir plus suprême
Et s'étant découvert meilleur que Dieu,
Il résolut de se mettre en son lieu.

À ce dessein pour asservir les âmes
Il rendit siens d'abord les cœurs des femmes.
Toutes pour lui laissèrent-là Jésus.
Et son orgueil jaloux marcha dessus
Comme un vainqueur foule un champ de bataille...

Seule la mort pouvait être à sa taille.
Il l'insulta, la défit. — C'est alors
Qu'il vint à Dieu, sans peur et sans remords,
Il vint à Dieu, lui parla face à face
50 Sans qu'un moment hésitât son audace,

Le défiant, Lui, Son Fils et Ses saints !
L'affreux combat ! Très calme et les reins ceints
D'impiété cynique et de blasphème.
Ayant volé son verbe à Jésus même
55 Il voyagea, funeste pèlerin,
~~Faux hérétique~~ et chantant au lutrin,
Et le torrent amer de sa doctrine,
Parallèle à la parole divine,
Troublait la paix des simples et noyait
60 Toute croyance et grossi s'enfuyait.

Il enseignait : « Juste, prends patience.
« Ton heure est proche. Et mets ta confiance
« En ton bon cœur. Sois vigilant pourtant
« Et ton salut en sera sûr d'autant.
65 « Femmes aimez vos maris et les vôtres,
« Sans toutefois abandonner les autres.
« L'amour est un dans tous et tous dans un,
« Afin qu'alors que tombe le soir brun
« L'ange des nuits ne couve sous son aile
70 « Que cœurs mi-clos dans la paix fraternelle. »

Au mendiant errant dans la forêt
Il ne donnait un sol que s'il jurait.

Il ajoutait : « De ce que l'on invoque
« Le nom de Dieu, celui-ci ne s'en choque,
« Bien au contraire, et tout est pour le mieux !
« Tiens, prends et bois à ma santé, bon vieux ! »
Puis il disait : « Celui-là prévarique
« Qui de sa chair faisant une bourrique
« La subordonne au soin de son salut
« Et lui désigne un trop servile but.

« La Chair est sainte ! Il faut qu'on la vénère.
« C'est notre fille, enfants, et notre mère,
« Et c'est la fleur du jardin d'ici-bas :
« Malheur à ceux qui ne l'adorent pas !
« Car, non contents de renier leur être,
« Ils s'en vont blasphémant le divin Maître,
« Jésus fait chair qui mourut sur la croix
« Jésus fait chair qui de sa douce voix
« Ouvrait le cœur de la Samaritaine,
« Jésus fait chair qu'aima la Madeleine ! »

À ce blasphème effroyable, voilà
Que le ciel de ténèbres se voila
Et que la mer entrechoqua les îles,
On vit errer des formes dans les villes,
Les mains des morts sortirent des cercueils,
Ce ne fut plus que terreurs et que deuils,
Et Dieu voulant venger l'injure affreuse
Prit son foudre en sa droite furieuse
Et maudissant don Juan lui jeta bas
Son corps mortel — mais son âme, non pas !

Non pas son âme, on l'allait voir ! Et pâle
De male joie et d'audace infernale,
Le grand damné, royal sous ses haillons
Promène autour ses yeux pleins de rayons
105 Et crie : « À moi l'Enfer ! ô vous qui fûtes
« Par moi guidés en vos sublimes chutes,
« Disciples de don Juan reconnaissez
« Ici la voix qui vous a redressés.
« Satan est mort. Dieu mourra dans la fête.
110 « Aux armes pour la suprême conquête !

« Apprêtez-vous, vieillards et nouveau-nés,
« C'est le grand jour pour le tour des damnés ! »
— Il dit. L'écho frémit et va répandre
L'altier appel et don Juan croit entendre
115 Un grand frémissement de tous côtés.
Ses ordres sont à coup sûr écoutés.
Le bruit s'accroît des clameurs de victoire
Disant son nom et racontant sa gloire.
« À nous deux, Dieu stupide, maintenant ! »
120 Et don Juan a foulé d'un pied tonnant

Le sol qui tremble et la neige glacée
Qui semble fondre au feu de sa pensée...
Mais le voilà qui devient glace aussi,
Et dans son sein horriblement transi
125 Le sang s'arrête, et son geste se fige.
Il est statue, il est glace ! ô prodige
Vengeur du Commandeur assassiné !

Tout bruit se tait et l'Enfer réfréné
Rentre à jamais dans ses mornes cellules.
« Ô les rodomontades ridicules ! »,

Dit du dehors *quelqu'un* qui ricanait.
« Contes prévus ! farces que l'on connaît !
« Morgue espagnole et fougue italienne !
« Don Juan, faut-il, afin qu'il t'en souvienne
« Que ce vieux Diable, encor que radoteur,
« Ainsi te prenne en délit de candeur ?
« Il est écrit de ne tenter... personne.
« L'Enfer ni ne se prend, ni ne se donne.
« Mais avant tout, ami, retiens ce point :
« On est le Diable, on ne le devient point. »

~

Brux. Août 1873.

L'impénitence finale,
chronique parisienne.

> « Elle
> Dort :
> Quelle
> Mort ! »
>
> (J. d. Rességuier)

—

La petite marquise Osine est toute belle :
Elle pourrait aller grossir la ribambelle
Des folles de Watteau sous leur chapeau de fleurs
Et de soleil : mais, comme on dit, elle aime ailleurs.
Parisienne en tout, spirituelle et bonne
Et mauvaise à ne rien redouter de personne
Avec cet air mi-faux qui fait que l'on vous croit,
C'est un ange fait pour le monde qu'elle voit,
Un ange blond, — et même on dit qu'il a des ailes.

Vingt soupirants, brûlés des feux des meilleurs zèles
Avaient en vain quêté leur main à ses seize ans,
Quand ce pauvre marquis, quittant ses paysans
Comme il avait quitté son escadron, vint faire
Escale au Jockey : vous connaissez son affaire
Avec la grosse Emma de qui — l'eussions-nous cru ? —
Le pauvre diable était absolument féru,
Son désespoir après le départ de la grue,
Son duel avec Gontran... c'est vieux comme la rue.

Bref il vit la petite un soir dans un salon,
S'en éprit tout d'un coup comme un fou ; même l'on
Sait qu'il en oublia si bien son infidèle
Qu'on le voyait le jour d'ensuite avec Adèle.
— Temps et mœurs ! — La petite (on sait tout aux Oiseaux)
Connaissait le roman du pauvre, jusques aux
Moindres chapitres : elle en conçut de l'estime.
Aussi quand le marquis offrit sa légitime
Et son nom contre sa menotte, elle dit : oui !
Avec un franc parler d'allégresse inouï.
Les parents, voyant sans horreur ce mariage
(Le marquis était riche et pouvait passer sage)
Signèrent au contrat avec laisser-aller.
Elle qui voyait là quelqu'un à consoler
Ouït la messe dans une ferveur profonde.

Elle le consola deux ans. Deux ans du monde !
Mais tout passe !
        Si bien qu'un jour qu'elle attendait
Un autre, et que cet autre atrocement tardait,
De dépit la voilà soudain qui s'agenouille
Devant l'image d'une Vierge à la quenouille
Qui se trouvait là, dans cette chambre en garni,
Demandant à Marie, en un trouble infini,
Pardon de son péché si grand, — si cher encore,
Bien qu'elle croie au fond du cœur qu'elle l'abhorre.

Comme elle relevait son front d'entre ses mains,
Elle vit Jésus-Christ avec les traits humains
Et les habits qu'il a dans les tableaux d'église.

Sévère, il regardait tristement la marquise.

La vision flottait blanche dans un jour bleu
Dont les ondes voilant l'apparence du lieu
Semblaient envelopper d'une atmosphère élue
50 Osine, qui tremblait d'extase irrésolue
Et qui balbutiait des exclamations.
Des accords assoupis de harpes de Sions
Célestes descendaient et montaient par la chambre
Et des parfums d'encens, de cinnamome et d'ambre
55 Fluaient, et le parquet retentissait de pas
Respectueux de pieds que l'on ne voyait pas
Tandis qu'autour bruyait en cadences soyeuses
Un grand frémissement d'ailes mystérieuses.

La marquise restait à genoux, attendant,
60 Toute admiration peureuse, cependant.

Et le Sauveur parla :
      « Ma fille le temps passe,
Et ce n'est pas toujours le moment de la grâce.
Profitez de cette heure, ou c'en est fait de vous ! »

La vision cessa.
      Oui, certes il est doux
65 Le roman d'un premier amant ! L'âme s'essaie,
Tel un jeune coureur à la première haie.
C'est si mignard qu'on croit à peine que c'est mal.
Quelque chose d'étonnamment matutinal.

On sort du mariage habituel. C'est comme
Qui dirait la lueur aurorale de l'homme
Et les baisers, parmi cette fraîche clarté
Sonnent comme des cris d'alouette en été.
Ô le premier amant ! Souvenez-vous, mesdames !
Vagissant et timide élancement des âmes
Vers le fruit défendu qu'un soupir révéla !
Mais le second amant d'une femme, voilà !

On a tout su. La faute est bien délibérée,
Et c'est bien un nouvel état que l'on se crée,
Un autre mariage à soi-même avoué !
Plus de retour possible au foyer bafoué.
Le mari — débonnaire ou non — fait bonne garde
Et dissimule mal. Déjà rit et bavarde
Le monde hostile, et qui sévirait au besoin.
Ah ! que l'aise de l'autre intrigue se fait loin !
Mais aussi, cette fois, comme on vit, comme on aime !
Tout le cœur est éclos en une fleur suprême.
Ah ! c'est bon ! et l'on jette à ce feu tout remords.
Qn ne vit que pour *Lui*, tous autres soins sont morts,
On est à *Lui*, on n'est qu'à *Lui*, c'est pour la vie,
Ce sera pour après la vie, et l'on défie
Les lois humaines et divines, car on est
Folle de corps et d'âme, et l'on ne reconnaît
Plus rien, et l'on ne sait plus rien, sinon qu'on l'aime !

Or cet amant était justement le deuxième
De la marquise, ce qui fait qu'un jour après

— Ô sans malice et presque avec quelques regrets ! —
Elle le revoyait pour le revoir encore.
Quant au miracle, comme une odeur s'évapore,
Elle n'y pensa plus bientôt que vaguement.
....
100 Un matin elle était dans son jardin charmant,
Un matin de printemps, un jardin de plaisance.
Les fleurs vraiment semblaient saluer sa présence
Et frémissaient au vent léger et s'inclinaient
Et les feuillages, verts tendrement, lui donnaient
105 L'aubade d'un timide et délicat ramage
Et les petits oiseaux volant à son passage
Pépiaient à loisir dans l'air tout embaumé
Des feuilles, des bourgeons et des gommes de mai.
Elle pensait à *Lui*, sa vue errait distraite
110 À travers l'ombre jeune et la pompe discrète
D'un grand rosier bercé d'un mouvement câlin,
Quand elle vit Jésus en vêtements de lin
Qui marchait, écartant les branches de l'arbuste
Et la couvrait d'un long regard fixe. Et le Juste
115 Pleurait. Et tout en un instant s'évanouit.
Elle se recueillait... Soudain un petit bruit
Se fit : on lui portait en secret une lettre,
Une lettre de Lui, qui lui marquait peut-être
Un rendez-vous. — Elle ne put la déchirer !
....
120 Marquis, pauvre marquis, qu'avez-vous à pleurer
Au chevet de ce lit de blanche mousseline ?
Elle est malade, bien malade. — « Sœur Aline,

A-t-elle un peu dormi ? » — Mal, monsieur le marquis. »
Et le marquis pleurait. — « Elle est ainsi depuis
Deux heures, somnolente et calme, mais que dire
De la nuit ? Ah ! monsieur le marquis, quel délire !
Elle vous appelait, vous demandait pardon
Sans cesse, encor, toujours et tirait le cordon
De sa sonnette. » Et le marquis frappait sa tête
De ses deux poings, et fou dans sa douleur muette
Marchait à grands pas sourds sur les tapis épais.
(Dès qu'elle fut malade, elle n'eut pas de paix
Qu'elle n'eût avoué ses fautes au cher homme
Qui pardonna.)
              La sœur reprit, pâle : « Elle eut comme
« Un rêve, un rêve affreux. Elle voyait Jésus
« Terrible sur la nue et qui marchait dessus,
« Un glaive dans la main droite, et de la main gauche
« Qui ramait lentement comme une faux qui fauche
« Écartait sa prière, et passait furieux. »

Un prêtre saluant les assistants des yeux
Entre. Elle dort.
              Ô ses paupières violettes !
Ô ses petites mains qui tremblent maigrelettes !
Ô tout son corps perdu dans les draps étouffants !
Regardez, elle meurt de la mort des enfants !

Et le prêtre anxieux, se penche à son oreille.
Elle s'agite un peu. La voilà qui s'éveille.
Elle voudrait parler... La voilà qui s'endort,

Plus pâle. Et le marquis : « Est-ce déjà la mort ? »
Et le docteur lui prend les deux mains et sort vite.

150 On l'enterrait hier matin. Pauvre petite !

Brux. Août 1873.

Amoureuse du diable,
chronique parisienne

> « *Je suis celui qu'on aime et qu'on ne connaît pas.* »
>
> A. de Vigny. Éloa.

Il parle italien avec un accent russe.
Il dit : « Chère il serait précieux que je fusse
« Riche et seul tout demain et tout après-demain
« Mais riche à paver d'or monnayé le chemin
« De l'enfer, et si seul qu'il vous va falloir prendre
« Sur vous de m'oublier jusqu'à ne plus entendre
« Parler de moi, sans vous dire de bonne foi :
« Qu'est-ce que ce monsieur Felice ? Il vend de quoi ? »

Cela s'adresse à la plus blanche des comtesses.

Hélas ! toute grandeurs, toute délicatesses,
Cœur d'or, comme l'on dit, âme de diamant,
Riche, belle, un mari magnifique et charmant
Qui lui réalisait toute chose rêvée,
Adorée, adorable, une Heureuse, la Fée,
La Reine, aussi la Sainte, elle était tout cela,
Elle avait tout cela !
                Cet homme vint, vola
Son cœur, son âme, en fit sa maîtresse et sa chose.

Et ce que la voilà dans ce doux peignoir rose
Avec ses cheveux blonds épars comme du feu,
20 Assise, et ses grands yeux d'azur tristes un peu.
— Ce fut une banale et terrible aventure.
Elle quitta de nuit l'hôtel. Une voiture
Attendait. Lui dedans. Ils restèrent six mois
Sans que personne sût où ni comment. Parfois
25 On les disait partis à toujours. Le scandale
Fut affreux. Cette allure était par trop brutale
Aussi, pour que le monde, ainsi mis au défi
N'eût pas bronché d'une ire atroce, et poursuivi
De ses langues les plus agiles l'insensée.

30 Elle ! que lui faisait ! Toute à cette pensée,
Lui, rien que *lui*, longtemps avant qu'elle s'enfuît,
Ayant réalisé son avoir (sept ou huit
Millions en billets de mille qu'on liasse
Ne pèsent pas beaucoup et tiennent peu de place)
35 Elle avait tassé tout dans un coffret mignon,
Et le jour du départ, lorsque son compagnon
Dont du rhum bu de trop rendait la voix plus tendre
L'interrogea sur ce colis qu'il voyait pendre
À son bras qui se lasse, elle répondit : « Ça
40 C'est notre bourse » —
                Ô tout ce qui se dépensa !

Il n'avait rien que sa beauté problématique
(D'autant pire) et que cet esprit dont il se pique
Et dont nous parlerons, comme de sa beauté,

Quand il faudra. — Mais quel bourreau d'argent !
   Prêté,
Gagné, volé ! Car il volait à sa manière,   45
Excessive, partant respectable en dernière
Analyse, et d'ailleurs respectée. Et c'était
Prodigieux la vie énorme qu'il menait
Quand au bout de six mois ils revinrent. —

                                        Le coffre
Aux millions dont plus que quatre est là qui s'offre   50
À sa main. Et pourtant cette fois (une fois
N'est pas coutume) il a gargarisé sa voix
Et remplacé son geste ordinaire de prendre
Sans demander par ce que nous venons d'entendre.
Elle s'étonne avec douceur et dit : « Prends tout   55
Si tu veux. »
            Il prend tout et sort.
                                Un mauvais goût
Qui n'avait de pareil que sa désinvolture
Semblait pétrir le fond même de sa nature,
Et dans ses moindres mots, dans ses moindres clins
   d'yeux
Faisait luire et vibrer comme un charme odieux.   60
Ses cheveux noirs étaient trop bouclés pour un homme.
Ses yeux très-grands, tout verts, luisaient comme à
   Sodome.
Dans sa voix claire et lente un serpent s'avançait
Et sa tenue était de celles que l'on sait :
Du velours, des parfums, trop de linge et des bagues : 65
D'antécédents, il en avait de vraiment vagues,

Amoureuse du diable

Ou pour mieux dire, pas. Il parut quelque soir
En hiver, à Paris, sans qu'aucun pût savoir
D'où venait ce petit monsieur fort bien du reste
70 Dans son genre et dans son outrecuidance leste.
Il fit rage, eut des duels célèbres et causa
Des morts de femmes par amour dont on causa.
Comment il vint à bout de la chère comtesse,
Par quel philtre ce gnome insuffisant qui laisse
75 Une odeur de cheval et de femme après lui
A-t-il fait d'elle cette fille d'aujourd'hui ?
Ah, ça ! c'est le secret perpétuel que berce
Le sang des dames dans son plus joli commerce
À moins que ce ne soit celui du DIABLE, aussi !
80 Toujours est-il que quand le tour eut réussi
Ce fut du propre !

                Absent souvent trois jours sur quatre,
Il rentrait ivre, assez lâche et vil pour la battre,
Et quand il voulait bien rester près d'elle un peu
Il la martyrisait en manière de jeu
85 Par l'étalage de doctrines impossibles.
....

« *Mia*, je ne suis pas d'entre les irascibles,
« Je suis le doux par excellence, mais, tenez,
« Ça m'exaspère, et je le dis à votre nez,
« Quand je vous vois l'œil blanc et la lèvre pincée
90 « Avec je ne sais quoi d'étroit dans la pensée,
« Parce que je reviens un peu soûl quelquefois !
« Vraiment, en seriez-vous à croire que je bois
« Pour boire, pour *lîcher*, comme vous autres chattes
« Avec vos vins sucrés dans vos verres à pattes,

« Et que l'Ivrogne est une forme du Gourmand ? 95
« Alors l'instinct qui vous dit ça ment plaisamment.
« Et d'y prêter l'oreille un moment, quel dommage !
« Dites, dans un bondieu de bois est-ce l'image
« Que vous voyez et vers quoi vos vœux vont monter ?
« L'Eucharistie est-elle un pain à cacheter 100
« Pur et simple ? et l'amant d'une femme, si j'ose
« Parler ainsi, consiste-t-il en cette chose
« Unique d'un monsieur qui n'est pas un mari
« Et se voit de ce chef tout spécial chéri ?...
« Ah ! si je bois, c'est pour me soûler, non pour boire ! 105
« Être soûl ! vous ne savez pas quelle victoire
« C'est qu'on remporte sur la vie, et quel don c'est !
« On oublie, on revoit, on ignore et l'on sait ;
« C'est des mystères pleins d'aperçus, c'est du rêve
« Qui n'a jamais eu de naissance et ne s'achève 110
« Pas, et ne se meut pas dans l'essence d'ici !
« C'est une espèce d'"Autre Vie" en raccourci,
« Un espoir actuel, un regret qui "rapplique",
« Que sais-je encore ! Et quant à la rumeur publique,
« Au préjugé qui hue un homme dans ce cas, 115
« C'est hideux parce que bête, et je ne plains pas
« Ceux ou celles qu'il bat à travers son extase !
« Ô que nenni ! « ....
.... »
        « Voyons ! *L'amour*, c'est une phrase
« Sous un mot. Avouez... un écoute-s'il-pleut,
« Un calembour dont un chacun prend ce qu'il peut, 120
« Un peu de plaisir fin, beaucoup de grosse joie,
« Selon le plus ou moins de moyens qu'il emploie,

« Ou pour mieux dire, au gré de son tempérament !
« Mais, entre nous, le temps qu'on y perd ! Et comment !
125 « Vrai, c'est honteux que des personnes sérieuses
« Comme nous deux, avec ces vertus précieuses
« Que nous avons, du cœur, de l'esprit, de l'argent,
« Dans un siècle qu'on peut nommer intelligent,
« Aillent ! » ....
....

   Ainsi de suite, et sa fade ironie
130 N'épargnait rien de rien dans sa *blague* infinie.
Elle, écoutait le tout avec les yeux baissés
Des cœurs aimants à qui tous torts sont effacés,
Hélas !
   L'après-demain et le demain se passent.
....

Il rentre et dit : « *Altro* ! que voulez-vous que fassent
135 « Quatre pauvres petits millions contre un sort ?
« Ruinés, ruinés, je vous dis ! C'est la mort
« Dans l'âme que je vous le dis ! »
      Elle frissonne
Un peu mais *sait* que c'est arrivé.
      — « Çà, personne,
« Même vous, *diletta*, ne me croit assez sot
140 « Pour demeurer ici — dedans le temps d'un saut
« De puce ? »
   Elle *sait* que c'est vrai, mais frémit presque,
Et dit : « Va, je *sais* TOUT ! » — « Alors c'est trop grotesque
Et vous jouez là sans atouts avec le FEU ! »

— « Qui dit non ? » — « Mais JE suis spécial à ce jeu ! »
— « Mais si je veux, exclame-t-elle, être damnée ? »   145
— « C'est différent. Arrange ainsi ta destinée,
Moi je pars. » — « Avec moi ? » — « Je ne puis aujourd'hui. »

Il a *disparu* sans autre trace de lui
Qu'une odeur de soufre et qu'un aigre éclat de rire.

Elle tire un petit couteau : le temps de luire   150
Et la lame est entrée à deux lignes du cœur.
Le temps de dire, en renfonçant l'acier vainqueur :
« À toi, je t'aime ! » et la JUSTICE la recense...

— Elle *ne savait pas* que l'Enfer, c'est l'*absence* !

Mons, Août 1874.

Final

> « ivi ad sanguinem Christi »
> Ste Catherine de Sienne

I

Jésus m'a dit : Mon fils, il faut M'aimer. Tu vois
Mon flanc percé, Mon cœur qui rayonne et qui saigne
Et Mes pieds offensés que Madeleine baigne
4 De larmes, et Mes bras, douloureux sous le poids

De tes péchés, et Mes mains ! Et tu vois la croix,
Tu vois les clous, le fiel, l'éponge, et tout t'enseigne
À n'aimer, en ce monde amer où la Chair règne,
8 Que Ma chair et Mon sang, Ma parole et Ma voix.

Ne t'ai-je pas aimé jusqu'à la mort Moi-même,
Ô Mon frère en Mon Père, ô Mon fils en l'Esprit,
11 Et n'ai-Je pas souffert comme c'était écrit ?

N'ai-Je pas sangloté ton angoisse suprême,
Et n'ai-Je pas sué la sueur de tes nuits,
14 Lamentable ami qui Me cherches où Je suis ?

II

J'ai répondu : Seigneur, Vous avez dit mon âme.
C'est vrai que je Vous cherche et ne Vous trouve pas.
Mais Vous aimer ! Voyez comme je suis en bas,
Vous Dont l'amour toujours monte, comme la flamme !

Vous, la source de paix que toute soif réclâme,
Hélas ! voyez un peu tous mes tristes combats !
Oserai-je adorer la trace de Vos pas
De mes genoux sanglants d'un rampement infâme ?

Et pourtant je Vous cherche en longs tâtonnements.
Je voudrais que Votre ombre au moins vêtît ma honte.
Mais Vous n'avez pas d'ombre, ô Vous Dont l'amour monte,

Ô Vous, fontaine calme, amère aux seuls amants
De leur damnation, ô Vous toute lumière,
Sauf aux yeux dont un lourd baiser tient la paupière !

III

— Il faut M'aimer, Je suis l'universel Baiser !
Je suis cette paupière et Je suis cette lèvre
Dont tu parles, ô cher malade, et cette fièvre
Qui t'agite, c'est Moi, toujours ! Il faut oser

Final

M'aimer ! Oui ! Mon amour monte, sans biaiser
Jusqu'où ne grimpe pas ton pauvre amour de chèvre,
Et t'emportera, comme un aigle vole un lièvre
8 Vers des serpolets qu'un ciel cher vient arroser !

Ô Ma nuit claire ! ô tes yeux dans Mon clair de lune !
Ô ce lit de lumière et d'eau parmi la brune !
11 Toute cette innocence et tout ce reposoir !

Aime-moi ! Ces deux mots sont Mes verbes suprêmes :
Car étant ton Dieu tout-puissant, je peux *vouloir*,
14 Mais je ne veux d'abord que *pouvoir* que tu m'aimes !

IV

— Seigneur, c'est trop ! Vraiment je n'ose. Aimer qui ?
   Vous !
Ô non ! Je tremble et n'ose. Ô, Vous aimer ! Je n'ose,
Je ne veux pas ! Je suis indigne. Vous, la Rose
4 Immense des trois vents de l'Amour, ô Vous tous

Les cœurs des Saints, ô Vous qui fûtes le Jaloux
De Juda, Vous la chaste Abeille qui se pose
Sur la seule fleur d'une innocence mi-close,
8 Quoi, moi, moi pouvoir Vous aimer ! Êtes-Vous fous,

Père, Fils, Esprit ? Moi, ce pécheur-ci ! Ce lâche !
Ce superbe, qui fait le mal comme sa tâche
11 Et n'a dans tous ses sens, odorat, toucher, goût,

Vue, ouïe, et dans tout son être, hélas ! dans tout
Son espoir et dans tout son remords que l'extase
D'une caresse où le seul vieil Adam s'embrase !

V

— Il faut M'aimer. Je suis Ces Fous que tu nommais.
Je suis l'Adam nouveau Qui mange le vieil homme,
Ta Rome, ton Paris, ta Sparte, ta Sodome,
Comme un pauvre rué parmi d'horribles mets.

Mon amour est le feu qui dévore à jamais
Toute chair insensée et l'évapore comme
Un parfum — et c'est le déluge qui consomme
En son flot tout mauvais germe que Je semais,

Afin qu'un jour la Croix où Je meurs fût dressée,
Et que, par un miracle effrayant de bonté,
Je t'eusse un jour à Moi, frémissant et dompté.

Aime. Sors de ta mort. Aime. C'est ma pensée
De toute éternité, pauvre âme délaissée,
Que tu dusses M'aimer, Moi seul Qui suis resté !

VI

— Seigneur, j'ai peur. Mon âme en moi tressaille toute
Je vois, je sens qu'il faut Vous aimer. Mais comment
Moi, ceci, me ferai-je, ô mon Dieu, Votre amant,
4 Ô Justice que la vertu des Saints redoute ?

Oui, comment ? Car voici que s'ébranle la voûte
Où mon cœur creusait son ensevelissement,
Et que je sens fluer vers moi le firmament,
8 Et je vous dis : de Vous à moi quelle est la route ?

Tendez-moi Votre main, que je puisse lever
Cette chair accroupie et cet esprit malade...
11 Mais recevoir jamais la céleste accolade

Est-ce possible ? Un jour, pouvoir la retrouver
Dans Votre sein, sur Votre cœur qui fut le nôtre,
14 La place où reposa la tête de l'Apôtre ?

VII

— Certes, si tu le veux mériter, Mon fils, oui.
Et voici : Laisse aller l'ignorance indécise
De ton cœur vers les bras ouverts de Mon Église,
4 Comme la guêpe vole au lys épanoui.

Approche-toi de Mon oreille, épanches-y
L'humiliation d'une brave franchise,
Dis-moi tout, sans un mot d'orgueil ou de reprise,
Et M'offre le bouquet d'un repentir choisi. 8

Puis franchement et simplement viens à Ma table
Et Je t'y bénirai d'un Repas délectable
AuQuel l'Ange n'aura lui-même qu'assisté, 11

Et tu boiras le Vin de la Vigne immuable
Dont la force, Dont la douceur, Dont la bonté
Feront germer ton sang à l'immortalité ! 14

—

Puis, va ! Garde une foi modeste en ce Mystère
D'amour par quoi Je suis ta chair et ta raison...
Et surtout reviens très-souvent dans Ma maison
Pour y participer au Vin Qui désaltère, 4

Au Pain sans Qui la vie est une trahison,
Pour y prier Mon Père et supplier Ma mère
Qu'il te soit accordé, dans l'exil de la terre,
D'être l'agneau sans cris qui donne sa toison, 8

D'être l'enfant vêtu de lin et d'innocence,
D'oublier ton pauvre amour propre et ton essence,
Enfin de devenir un peu pareil à Moi 11

Final

Qui fus, durant les jours d'Hérode et de Pilate
Et de Judas et de Pierre, pareil à toi
14 Pour souffrir, et mourir d'une mort scélérate !

—

Et pour récompenser ton zèle en ces devoirs
Si doux qu'ils sont encor d'ineffables délices,
Je te ferai goûter sur terre Mes prémices,
4 La paix du cœur, l'amour d'être pauvre, et Mes soirs

Mystiques, quand l'esprit s'ouvre aux calmes espoirs
Et croit boire, selon Ma promesse, au Calice
Éternel, et qu'au ciel pieux la lune glisse,
8 Et que sonnent les Angélus roses et noirs,

En attendant l'assomption dans Ma lumière,
L'éveil sans fin dans Ma charité coutumière,
11 La musique de Mes louanges à jamais,

Et l'Extase perpétuelle, et la Science,
Et d'être en Moi parmi l'immense irradiance
14 De tes souffrances, enfin Miennes, que J'aimais !

VIII

— Ah ! Seigneur ! qu'ai-je ? Hélas ! me voici tout en larmes.
D'une joie extraordinaire. Votre voix

Me fait comme du bien et du mal à la fois.
Et le mal et le bien, tout a les mêmes charmes ;

Je ris, je pleure, et c'est comme un appel aux armes
D'un clairon pour des champs de bataille où je vois
Des anges bleus et blancs portés sur des pavois,
Et ce clairon m'enlève en de fières alarmes

J'ai l'extase et j'ai la terreur d'être choisi.
Je suis indigne, mais je sais Votre clémence.
Ah ! quel effort, mais quelle ardeur ! Et me voici

Plein d'une humble prière, encor qu'un trouble immense
Brouille l'espoir que Votre voix me révéla,
Et j'*aspire* en tremblant...

VIII

— Pauvre âme, c'est cela !

Mons, 16 janvier 1875. S^{ie} de pr^n.

FIN.

Notices

AU LECTEUR
(page 1, page 2 du manuscrit)

Conçu à l'origine comme le prologue de *Cellulairement*, ce poème sera publié en 1885 seulement (dans la revue *Lutèce*, 4-11 octobre 1885) puis en 1889, dans *Parallèlement* où il ouvre la série « Révérence parler », avec pour titre « Prologue d'un livre dont il ne paraîtra que les extraits ci-après » (*OP*, 497-498). Daté de juillet 1873 dans *Cellulairement*, il n'a pourtant été adressé à Lepelletier que de Mons, le 22 août 1874, dans la même lettre que la série des « Vieux coppées » et avec cette présentation :

> *Mon bouquin* [il s'agit de *Cellulairement*] *s'ouvre comme suit : la conclusion en est bien différente, — et je crois qu'elle est bien (Je te l'enverrai dès sorti. Elle a quelques* [sic] *cent vers). Les vers suivants datent d'un an. Voici.*
>
> (Corr. I, *371*)

Le lieu et la date qu'il donne à la fin du poème sont bien ceux d'un commencement, puisqu'il fut conduit le 11 juillet 1873 dans la prison des Petits-Carmes.

On relève peu de variantes, mais on remarque déjà la tendance de Verlaine à souligner quelques mots ou expressions dans *Cellulairement*.

L'épigraphe signifie « Il fut captif, d'où il apprit à prendre patience dans les adversités » : elle est absente et de la version adressée à Lepelletier et des versions imprimées plus tard.

Ce n'est pas un hasard si cette première citation est empruntée à Cervantès. Verlaine avait lu très tôt, comme Rimbaud (voir sa lettre à Georges Izambard du 25 août 1870), le *Don Quichotte*, où se trouve l'épisode du captif (Première Partie, 1605, chapitres 39, 40, 41). La phrase citée vient ici du prologue au lecteur des *Nouvelles exemplaires* (1613), où l'auteur fait état de sa propre expérience de la captivité. Le texte exact est :

> Fué soldado muchos anos, y cinco y medio cautivo, donde aprendio a tener paciencia en las adversidades.
>
> *Il fut soldat pendant de nombreuses années, et captif pendant cinq ans et demi, d'où il apprit à prendre patience dans les adversités.*

V. 15 : *oegri somnia*, ou plutôt *aegri somnia* (Verlaine écrit *Aegri somnium* dans sa lettre à Lepelletier du 22 août 1874), et la rectification *aegri somnium* sera faite dans le groupement de poèmes, dont celui-ci, sous le titre « Révérence parler », pour la revue *Lutèce*, numéro du 4 au 11 octobre 1885, dans *Parallèlement* en 1889 et en 1894. Verlaine reprendra cette expression comme titre d'un poème daté du 16 mars 1895, publié ce même mois dans *Le Rêve et l'Idée* (*OP*, 1029-1030). Paul Claudel utilisera ce titre pour un texte en prose publié dans le *Mercure de France* le 15 mars 1937 et repris dans *L'Œil écoute*. L'expression est tirée de l'*Épître aux Pisons* d'Horace, vers 7, que nous connaissons aussi sous le titre *De Arte poetica*, et signifie « les rêves du malade ».

V. 17 : cf. Montaigne, dans l'adresse au lecteur des *Essais* : « C'est icy un livre de bonne foy, lecteur ».

V. 21 : *libelle* est employé ici au sens de « petit livre ». Verlaine considérait aussi de cette façon ses *Romances sans paroles*, publiées par l'intermédiaire d'Edmond Lepelletier chez un imprimeur de Sens, Maurice L'Hermitte, en mars 1874, alors que le poète était en prison. Ce sera un « petit volume », écrivait-il à Émile Blémont le 17 février 1873, un « voluminet » (lettre à Lepelletier du 23 mai 1873), un « petit bouquin » (lettre au même 24-28 octobre 1873). Voir *Corr. I*, 300, 321, 356, et Arnaud Bernadet dans la « Présentation » de son édition avec dossier des *Romances sans paroles* (Flammarion, GF n° 1499, 2012, p. 13).

V. 29 : « J'ai perdu ma vie » est une citation exacte de la « Chanson de la plus haute tour » de Rimbaud, l'un de ses poèmes du printemps 1872 (c'est la deuxième des *Fêtes de la patience*) :

> *Oisive jeunesse*
> *À tout asservie,*
> *Par délicatesse*
> *J'ai perdu ma vie.*
> *(AR, 211-212)*

Mais dans l'un et l'autre cas passe le souvenir de Musset et du premier vers de son sonnet « Tristesse » dans les *Poésies nouvelles* (1856) : « J'ai perdu ma force et ma vie. »

V. 32 : Verlaine établit ainsi une continuité dans sa destinée et avec son premier recueil, *Poèmes saturniens*, publié à compte d'auteur chez Alphonse Lemerre en 1866, où il se présentait, dès les vers liminaires adressés au peintre Eugène Carrière, comme étant de « ceux-là qui sont nés sous le signe SATURNE ». Le sang de ces Saturniens est « subtil comme un poison », « brûlant comme une lave, et rare, coule et roule/En grésillant leur triste Idéal qui s'écroule ». « Leur plan de vie » est « dessiné ligne à ligne/Par la logique d'une Influence maligne », celle de cet astre aussi redoutable que le père des dieux dévorant ses enfants, tel que l'a représenté Goya dans le célèbre tableau que commentera André Malraux.

IMPRESSION FAUSSE
(page 3 et début de la page 4)

Verlaine a daté a posteriori sur le manuscrit ce poème du jour de l'entrée en prison, et évoque la nuit qui suit. Passe une « Dame souris » qui est peut-être certaine « Princesse souris », c'est-à-dire le souvenir de Mathilde et de son passage par Bruxelles avec sa mère en juillet 1872, quand elle avait en vain tenté de le reprendre à Rimbaud ; ce n'est donc pas un hasard si Verlaine envoya le poème dans sa lettre à Mme Mauté du 28 octobre 1876. Quelle est donc l'impression fausse ? Ce souvenir et ce passage ? Le « beau clair de lune », vite caché par un nuage noir ? La venue (rapide) du petit jour alors que cette première nuit passée en prison a dû paraître interminable ? C'est surtout le fait que le passage de la nuit à l'aube ne change rien pour le prisonnier.

L'épigraphe est empruntée au dernier vers de la fable de La Fontaine « Le Chêne et le Roseau » (Livre I, fable 22, v. 24). Verlaine la supprimera par la suite. Elle avait pourtant un sens : la limite de la résistance pour celui qui, comme le roseau, plie mais ne veut pas rompre.

Verlaine publiera le poème sous le titre « Impressions fausses » dans la revue *Lutèce* (4-11 octobre 1885), puis avec le titre au singulier dans *Parallèlement* (éd. de 1889 et de 1894), ainsi que dans le *Choix de poésies* de 1891. Dès la lettre à Mme Mauté de 1876 il avait ajouté entre la deuxième et la troisième strophe cette strophe supplémentaire plus frivole :

> *Pas de mauvais rêve*
> *Ne pensez qu'à vos amours.*
> *Pas de mauvais rêve :*
> *Les belles toujours !*
>   (OP, 498-499)

Gilles Vannier a parlé d'une « esthétique de l'impression fausse » dans *Paul Verlaine ou l'enfance de l'art*, Champ Vallon, 1993, p. 98.

V. 1 : Olivier Bivort indique à juste titre qu'on dit « entendre trotter une souris » pour signifier que le silence est complet. Cette souris est aussi une création nocturne, complice de la nuit dont elle se détache et dans laquelle pourtant elle se fond.

V. 8 : comme si l'on pouvait dormir sur ordre, et avec l'exigence d'un bruit quand il faudrait le silence.

V. 9 et 11 : évocation ironique de la part de celui qui avait placé en tête des *Fêtes galantes* (1869) certain « Clair de lune » défini, dans l'une des versions du poème, comme « clair de lune de Watteau ».

V. 14 : *un* manque sur le manuscrit, sans nul doute par inadvertance. Il faut le rétablir pour le compte des syllabes.

V. 18 : c'est le changement de couleurs qui constitue l'impression fausse. Le jour a beau paraître, la situation du prisonnier ne change pas. Quant à la « dame souris », elle est complice d'un ordre — pour ne pas dire complice de l'ordre.

AUTRE
(suite de la page 4, page 5 et début de la page 6)

C'est-à-dire « Autre impression fausse » — le titre d'ensemble « Impressions fausses » apparaît dans la lettre à Mme Mauté du 28 octobre 1876, quand Verlaine lui en fait l'envoi. Dans la lettre à Lepelletier du 20 octobre (?) 1873, c'était « Promenades au préau (prévenus) » et, sur un manuscrit isolé de ce poème, un titre plus précis encore, « Mons, promenade au préau (prévenus) », est biffé et surchargé par « Autre ».

Le poème et ses titres s'éclaire à la lumière de *Mes Prisons* :

> *Une fois par jour, le matin, les prévenus, par sections, descendaient dans une cour pavée, « ornée » au milieu d'un petit « jardin » tout en la fleur jaune nommée souci.*
>
> (Pr., 335)

Ce préau des prévenus était réservé aux prisonniers en attente de jugement, comme c'est le cas de Verlaine aux Petits-Carmes, dans la touffeur de ce mois de juillet 1873 à Bruxelles.

Au fil des différentes publications (dans *Lutèce*, 4-11 octobre 1885, dans *Parallèlement*, Vanier, 1889 et 1894, dans *Choix de poésies*, Charpentier, 1891) ce poème fera partie du groupe « Révérence parler », dont il sera le numéro 3.

L'épigraphe « du pain et des jeux de cirque » correspond aux deux exigences du peuple romain dans l'Antiquité, à l'époque impériale. Juvénal en faisait état dans l'une de ses *Satires* (Livre X, satire V, vers 81). Elle est absente des versions ultérieures.

V. 1 : dans les deux sens du mot « souci », la fleur et la préoccupation morale.

V. 5 : leurs jambes réduites à leur fémur débilité faute d'exercice physique suffisant. Verlaine renouvelle l'expression « flageoler sur ses jambes ».

V. 9-16 : cette strophe est ajoutée sur le manuscrit, à droite de la précédente, avec l'indication « X à intercaler cette 2e strophe ». Il n'y a, pour ces prisonniers tourneurs ni Dalila (qui avait privé

Samson de sa force en lui coupant les cheveux), ni Philistins (qui avaient contraint leur captif, ce même Samson envoyé par Dieu pour les délivrer de leur joug, à tourner la meule du moulin » (Livre des Juges, dans l'Ancien Testament, XVI, 21).

V. 25 : *cirque* n'a pas seulement le sens d'espace circulaire. Le mot renvoie aux *circenses* de l'épigraphe. Quant à l'adjectif « effaré », il est familier à Verlaine comme au premier Rimbaud.

V. 29 : *contristé* = contrarié, avec peut-être un déplacement du sens théologique (« contrister le Saint-Esprit ») à une acception sociologique.

V. 35 : *Filous en fleur* : avec, là encore, une possible double acception, — filous en herbe, ou filous frères des soucis du petit jardin de la prison.

SUR LES EAUX
(suite de la page 6 et page 7)

Bien connu par la version qui figure dans *Sagesse* (III, 7), où il est sans titre, ce poème, auquel Verlaine donnera celui de « Sur la mer » dans sa lettre à Mme Mauté du 28 octobre 1876, est daté lui aussi de juillet 1873 (et non de septembre 1873, comme dans l'exemplaire de *Sagesse* annoté par Verlaine et dédié au comte Kessler).

La pensée de Verlaine peut le ramener à ce qui précéda la Création du monde, mais c'est plus encore une rêverie nostalgique et le retour vers un temps beaucoup plus proche : ce mois d'avril 1873 où, libre — et même sans la compagnie de Rimbaud —, il traversait la Manche de Douvres à Ostende, avec la vision sur laquelle s'ouvre « Beams », le dernier poème des *Romances sans paroles*, écrit à bord du bateau la *Comtesse-de-Flandre* :

Elle voulut aller sur les flots de la mer
(OP, 208-209)

V. 6 : on pourrait attendre « le couvre ». Mais les variantes connues sont autres : « le cherche », « le guide », « le berce ». C'est donc bien d'une quête attentive et délicate qu'il s'agit, d'une manière de recherche du temps perdu.

V. 10 : *biaisant*, c'est-à-dire, traversant en biais, moins pour ruser que pour suivre le mouvement oblique de la marée, différent du calme et délicieux déroulement des mers, dans « Beams », comme la « mouette à l'essor mélancolique » est différente des « oiseaux blancs » qui, dans le poème d'avril, « volaient alentour mollement ».

V. 20 : tel est le texte du manuscrit. Pour éviter la répétition et l'équivoque Verlaine substituera « vent » à « flot » dans les versions ultérieures.

V. 28 : ce mot « amour », repris de la strophe 1 dans cette strophe finale pour une présentation encadrée, pourrait bien être le mot essentiel de ce poème. On sait qu'il deviendra le titre d'un recueil tardif de Verlaine (1888).

BERCEUSE
(page 8)

Connu par la version sans titre qui figure dans *Sagesse* (III, 5), ce poème, toujours écrit à la prison des Petits-Carmes, mais après la condamnation (Verlaine le précisera dans l'exemplaire de *Sagesse* dédié au comte Kessler), devient beaucoup plus sombre, et c'est cet assombrissement, cet enténèbrement même, qui en constitue le sujet. Quelle berceuse ici pourrait apporter le moindre apaisement ?

Sur le vers que Verlaine a choisi comme épigraphe s'achève une épigramme de Michel-Ange, recueillie presque soixante ans après sa mort dans ses *Rime* (1623) : « Mais ne m'éveille pas. Je t'en prie, parle bas ». L'épigraphe disparaîtra dans *Sagesse*.

V. 1 : cette expression, le « sommeil noir », « frère de la mort et consolateur comme elle », se trouve sous la plume de Théophile Gautier, dans *Jettatura* (1856).

V. 3 : *Dormez* surcharge un autre mot, illisible.

V. 9 : cf. « Les Berceaux » de Sully Prudhomme, poème de 1866 que Gabriel Fauré a mis en musique.

> *Le long du quai, les grands vaisseaux,*
> *Que la houle incline en silence,*
> *Ne prennent pas garde aux berceaux*
> *Que la main des femmes balance.*

Le mot est à prendre au sens propre, sans qu'il soit nécessaire d'en faire un synonyme ou un substitut de « bercement », comme dans la cinquième des « Ariettes oubliées ».

V. 9-12 : Jean-Pierre Richard, dans *Poésie et profondeur* (p. 174), commente ainsi ce dernier quatrain, qu'il cite d'après *Sagesse* :

> *La conscience est devenue aussi grise que la chanson qui exhale sa plainte ; l'être n'a plus de nom, d'histoire, ni même d'âge ; il est n'importe où et n'importe qui ; à la fois défunt et nouveau-né, il continue à se balancer absurdement dans l'intériorité d'un temps vide.*
> *Telle est la* langueur *verlainienne* [...].

Mais la présence de ce texte dans *Cellulairement* incite à ne pas voir là nécessairement une constante existentielle. Le « caveau » est d'abord celui de la prison bruxelloise avant de devenir celui de la vie.

LA CHANSON DE GASPARD HAUSER
(page 9, première ligne de la page 10)

Datée sur le manuscrit de « Br[uxelles]. Août 1873 », elle ne fait pourtant pas partie des poèmes adressés à Lepelletier à partir de l'entrée en prison, ni en 1873 ni en 1874. Alors que, de la prison de Mons, il lui enverra la série des « Vieux coppées » le 22 août 1874 (*Corr. I*, 367), il n'y joint pas ce qu'il considérera un an plus tard comme un « Vieux verlaine ».

C'est au verso de la lettre qu'il écrit à Ernest Delahaye de Stickney, vers le 6 novembre 1875, qu'on trouve ce post-scriptum savoureux et révélateur :

> *Les Coppées ont fait leur temps.*
> *J'inaugure pour te plaire*
> *Une seconde manière.*
> *Vieux-Verlaines, La Chanson du Gas* [sic] *pas poseur.*

Et il ajoute, comme pour illustrer cette nouvelle manière, quatre vers qui ne font partie ni de *Cellulairement*, ni même d'un poème de lui qui serait, comme par ailleurs, déjà un « À la manière de [Paul Verlaine] » peut-être, si l'on admet l'hypothèse de Michael Pakenham avec cette réserve (faite par l'éditeur de la *Correspondance*) qu'il ne figure pas dans les *Poésies complètes* :

> ....
> *J'ai frémi comme un archet frivole*
> *Sur la fibre pâle qui détonne*
> *De cette fin de cette pâle automne*
> *J'ai frémi comme un archet frivole !*
> ....
>
> (Corr. I, 454)

Était-ce pour *Cellulairement*, dont il avait annoncé la composition et l'envoi à Delahaye dans sa lettre du 7 mai 1875 ? Était-ce déjà pour *Sagesse*, qu'il présente comme un des « 2 volumes [qu'il a] en train » dans une lettre à Émile Blémont du 19 novembre 1875 ? « La Chanson de Gaspard Hauser » sera introduite dans ce recueil, publié en 1880, mais sous le titre, ou plutôt avec l'indication liminaire *Gaspard Hauser chante* : quatrième poème de la troisième partie (*OP*, 279). Il reste daté d'août 1873, et là encore Verlaine précise sur l'exemplaire ayant appartenu au comte Kessler, « après ma condamnation ». C'est la date qui figure ici, sans cette précision. Mais l'évocation du destin manqué du jeune Allemand énigmatique, apparu à Nuremberg en 1828 et assassiné cinq ans plus tard, ne peut que renforcer ce qu'il y avait déjà de sombre dans le poème précédent. Sur cette figure, voir le livre de Jakob Wassermann (1873-1934), *Gaspard Hauser ou La paresse du cœur*, traduit de l'allemand par Romana Altldorf, éd. Hallier/P. J. Oswald, 1976.

V. 4 : l'adjectif *malin* n'est pas dépourvu d'ambiguïté.

V. 8 : c'est un défaut dont Verlaine a souffert.

V. 11 : allusion à la velléité d'engagement de Verlaine dans les troupes carlistes ? L'hypothèse de Maurice Dullaert dans *L'Affaire Verlaine* (Messein, 1930) a paru ingénieuse à Yves-Gérard Le Dantec et elle a été conservée dans la nouvelle édition de la Pléiade (*OP*, 1131).

V. 13 : souvenir de Musset dans *Rolla* (1833, v. 55) : « Je suis venu trop tard dans un monde trop vieux. »

V. 16 : on peut penser à la fin du poème de Rimbaud « Honte » (AR, 229) :

> *Qu'à sa mort pourtant, ô mon Dieu !*
> *S'élève quelque prière !*

Verlaine lui-même écrira dans *Bonheur* (poème xxv, v. 14, *OP*, 693) : « Priez avec et pour le pauvre Lélian ! », toujours d'après la formule « Priez pour le pauvre pécheur ! ».

UN POUACRE
(suite de la page 10, début de la page 11)

C'était, dans l'*Album zutique*, le premier mot d'un sonnet monosyllabique signé A. R. (Arthur Rimbaud, bien sûr), « Cocher ivre », le premier d'une « 2ᵉ Série » de « Conneries » :

> *Pouacre*
> *Boit :*
> *Nacre*
> *Voit ;*
>
> *Âcre*
> *Loi,*
> *Fiacre*
> *Choit !*
>
> *Femme*
> *Tombe :*
> *Lombe*
>
> *Saigne :*
> *— Clame !*
> *Geigne.*
> *(AR, 175)*

Le pouacre se caractérise par sa laideur, et il n'est pas impossible que, dans un moment d'agacement, bien avant la querelle de

Londres et l'affaire de Bruxelles, Rimbaud ait pensé à Verlaine, à ses états d'ivresse qui pouvaient lui donner des visions précieuses (sinon des illuminations !), suivies de chutes douloureuses (les désillusions), et aussi à ses déboires conjugaux (eux aussi sources de blessures) et à sa « geinte » perpétuelle.

Ici, en tout cas, Verlaine reprend le mot, avec un article, mais indéfini, pour représenter sinon lui-même, du moins celui qu'il a été et dont il voudrait se détacher comme s'il abandonnait derrière lui le cadavre de l'homme ancien en lui. Mais la tête de mort a encore des yeux, une voix ricanante. Pire, ce qui devrait être une figure de remords fait le pantin, gratte sur une guitare, chante et danse dans la vision et la précision de l'avenir. Le dialogue s'engage entre les deux voix.

Verlaine avait joint ce poème, sous le titre « Le Pouacre » et sans blancs strophiques, avec la même indication de date (septembre 1873) dans sa lettre à Lepelletier du 20 octobre, quand il était encore à la prison des Petits-Carmes (*Corr. I*, 353). Il le publiera dans *Le Chat Noir*, le 18 août 1883, puis avec une dédicace à Jean Moréas, dans *Jadis et Naguère* (1884 et 1891). Ce sera le numéro VIII des « Vers à la manière de plusieurs », donc pas nécessairement à la manière (habituelle) de Paul Verlaine.

V. 1 : on retrouvera ce motif de la tête de mort dans « L'impénitence finale ».

V. 8 : « Fredonne un refrain trop folâtre », dans la version adressée à Lepelletier.

V. 9 : motif qui ne peut que faire penser au Villon de la « Ballade des pendus » et au Rimbaud de « Bal des pendus ».

V. 12 : variante Lepelletier : « Avec une agilité rare ».

V. 20 : aller au diable. Comme le signale Olivier Bivort (2010, p. 162, n. 8), « on lit cette expression en contexte populaire chez Balzac (*Le Colonel Chabert*, 1832) et chez Hugo (*Les Misérables*, 1862).

ALMANACH POUR L'ANNÉE PASSÉE
(suite de la page 11, pages 12, 13, 14)

Le titre, corrigé sur le manuscrit par Verlaine lui-même, était « Almanach pour l'année 187ˣ ». Dans la lettre adressée à Lepelletier vers le 20 octobre 1873, les quatre poèmes sont les premiers à être donnés en post-scriptum sous le titre « Mon almanach 1874 », chacun d'entre eux étant sans numéro, mais pourvu d'un titre (PRINTEMPS/ÉTÉ/Automne/Hiver), avec ce commentaire de Verlaine lui-même : « C'est le système dont je te parlais de Jéhonville, les 3 derniers sonnets, mais ce n'est qu'un *essai*, ceci » (*Corr. I*, 352). Sur ce point voir p. 353.

L'« Almanach » se trouvera par la suite coupé, les deux premiers poèmes étant dissociés et placés dans un ordre inverse dans *Sagesse* (III, 11 et III, 3), les deux autres passant dans *Jadis et Naguère*.

I

L'épigraphe, ajoutée sur le manuscrit, est empruntée à l'*Iliade*, où cette formule, qu'on peut traduire par « Obéissons à la nuit noire », apparaît deux fois, dans le chant VIII, v. 502, et dans le chant IX, v. 65.

Verlaine avait déjà placé cette épigraphe pour ce qui est devenu (sans épigraphe) la deuxième des « Ariettes oubliées », « Je devine, à travers un murmure », dans la lettre à Émile Blémont du 22 septembre 1872 (*Corr. I*, 250). Elle s'intitulait alors « Escarpolette ».

Jean-Pierre Richard a commenté cette épigraphe dans *Poésie et profondeur*, p. 173 :

> « *Cédons à l'appel de la nuit noire* » : on devine bien les raisons pour lesquelles Verlaine fut si longtemps hanté par cet hémistiche apparemment inoffensif d'Homère. C'est que l'espace nocturne possède, malgré son opacité, ou peut-être à cause d'elle, une vertigineuse réalité sensible.

V. 14 : *Voici l'Avril !* Citation sans doute intentionnelle de la scène 1 de la pièce de François Coppée, *Le Passant*, comédie en un acte représentée pour la première fois le 14 janvier 1869 sur le théâtre de l'Odéon. Dans un « paysage lunaire » proche de Florence, Silvia entend dans le lointain une voix qui chante :

> *Mignonne, voici l'avril !*
> *Le soleil revient d'exil ;*
> *Tous les nids sont en querelles.*
> *L'air est pur, le ciel léger,*
> *Et partout on voit neiger*
> *Des plumes de tourterelles.*

II

Dans la version adressée à Lepelletier « ÉTÉ », on note quelques variantes : « Que ne t'asseyais-tu » (v. 4), « Rassure-toi », qui sera remplacé par le premier « Midi sonnent » (v. 9), « Midi », là où reviendra « Il dort » (v. 13). Mais la comparaison s'impose surtout avec la version sans titre publiée plus tard dans *Sagesse* (*OP*, 278), avec l'orthographe « Midi sonne » (v. 9-12), la variante « Il dort. C'est étonnant comme les pas de femme/Résonnent au cerveau des pauvres malheureux » (v. 10-11), et « Va, dors ! » au lieu de « Il dort » (v. 13).

Ce sonnet, dans la version de *Sagesse*, a été l'objet d'un commentaire très détaillé d'Antoine Fongaro, « Lecture de "L'espoir luit" » dans le numéro *Verlaine* de *L'École des Lettres*, 1996, pp. 153-165, avec le fac-similé d'un manuscrit qui n'est pas celui de *Cellulairement* conservé au musée des Lettres et Manuscrits (l'anticipation de « J'ai fait arroser dans la chambre », biffée au v. 9, laisse à penser qu'il s'agit du manuscrit considéré comme ayant appartenu à Delahaye).

Verlaine évoque-t-il son passé avec Rimbaud, et l'attente d'un retour ? Engage-t-il avec lui-même un dialogue intérieur, usant tour à tour du « tu », du « je » et du « il » ? La première interprétation correspondrait mieux à l'été 1873, la seconde à l'été 1874 et au sens que prendra le poème dans *Sagesse*.

V. 1 : A. Fongaro s'en tient à une vision campagnarde, mais on peut penser à l'étable où Jésus est né, entre l'âne et le bœuf. Et la lumière viendrait de là plus que de la couleur d'un brin de paille ordinaire.

V. 5 : pour certains commentateurs, Verlaine s'adresserait à lui-même ; pour A. Fongaro, ce *x* serait Rimbaud, en 1872 plutôt qu'en 1873. Mais Rimbaud était-il une « pauvre âme pâle » ?

V. 9 : « Madame » a pu paraître également énigmatique : la patronne de l'auberge ? la tante de Jéhonville, Julie Évrard ? L'une ou l'autre des Madame Verlaine (Mathilde venue à Bruxelles le 22 juillet 1872, la mère de Verlaine étant là en juillet-août 1873) ? une dame qui est venue rendre visite à Verlaine en prison ? Aucune des hypothèses n'est convaincante, pour des raisons différentes. Aucune n'est nécessaire.

V. 14 : qui d'autre que le poète peut parler de ce dernier vers ? Selon J. Robichez (éd. cit., p. 619), il serait resté « muet jusqu'alors » mais reprendrait la parole, « parole de dormeur fiévreux qui rêve de l'apaisement et de la fraîcheur d'on ne sait quelle arrière-saison ».

Généralement admiré, ce dernier vers a suscité la reprise maligne de Paul Celan dans cet étrange poème de *Die Niemandsrose* (1963), « *Huhediblu* » (mélange des lettres que Martine Broda a rendu par « Flhuerissentles », anagramme de « Fleurissent-elles », dans sa traduction, *La Rose de personne*, Le Nouveau Commerce, 1979, nouvelle édition José Corti, 2002, pp. 122-127). La troisième strophe (en allemand) pose la question :

> *Quand,*
> *Quand fleurissent, quand*
> *Quand fleurissent les,*
> *Flhuerissentles, oui, les,*
> *Roses de septembre ?*

Et le poème s'achève, en français, sur ce vers :

> *Oh quand refleuriront, oh roses, vos septembres ?*

III

Ce sonnet sera intégré sous le titre « Vendanges » à *Jadis et Naguère* (*OP*, 331), les vers 6 et 7 étant intervertis, ainsi que « sang » et « vin » dans les vers 9 et 10. C'était « Automne » dans la lettre à Lepelletier, le texte étant le même que *Cellulairement*, à quelques détails de ponctuation près.

Ce sonnet a paru en pré-originale dans la revue *Lutèce*, 8-15 mars 1884.

V. 3 : ce serait, selon J. Robichez (éd. cit., p. 642, n. 3), « la mémoire vitale » opposée à « la mémoire volontaire, intellectuelle » qui se relâche sous l'effet de l'ivresse. Olivier Bivort fait le rapprochement avec les vers 13-14 d'un poème « À qui de droit » qu'il a intégré à *Cellulairement* et qui est devenu « Conseil falot » dans *Jadis et Naguère* :

> *Ce que nous valons*
> *Notre sang le chante !*
> *(2010, p. 168, n. 2,*
> *pp. 209-210 et n. 5)*

V. 13 : *jusqu'aux ténèbres* : jusqu'à l'entrée dans la mort.

IV

« Hiver », dans la lettre à Lepelletier, présente des variantes importantes qui incitent à donner intégralement cette version :

> *Ah ! vraiment c'est triste, ah, vraiment, ça finit trop mal !*
> *On n'a pas le droit d'être à ce point infortuné.*
> *Ah vraiment c'est trop la mort du naïf animal*
> *Qui voit tout son sang couler sous son regard fané.*
> *Londres fume et crie, — ô quelle ville de la Bible !*
> *Le gaz est tout rouge et les enseignes sont vermeilles*
> *Et les maisons dans leur ratatinement terrible*
> *Épouvantent comme un tas noir de petites vieilles.*
> *Tout l'affreux passé saute, piaule, miaule, glapit*
> *Dans le brouillard sale et jaune et rose des Sohos*
> *Avec des allrigts [sic], et des indeeds et des hos ! hos !*
> *Ah vraiment cela finit trop mal, vraiment c'est triste*
> *Comme un vers sans rime et comme un fusil sans portée.*
> *Oh ! le feu du ciel sur cette ville de la Bible !*

Ce sera le « Sonnet boiteux » publié dans *La Nouvelle Lune*, le 11 février 1883, puis l'année suivante dans *Jadis et Naguère* (*OP*, 323-324) où il est dédié à Ernest Delahaye : « sénat » y remplacera « tas noir » au vers 8, le « martyre sans assurance » deviendra un « martyre sans espérance » au vers 12. Le nouveau titre se justifie par l'usage du vers de 13 syllabes pour l'ensemble du sonnet et l'absence de rimes dans le deuxième tercet.

Le plus important reste, dans tous les cas, l'association de Londres, ville maudite comme celles de la Bible, avec la présence de Rimbaud, lui-même poète maudit, quand ils y vécurent, et en particulier dans le quartier de Soho, où se regroupait la «*communard community*» (voir Jean-Jacques Lefrère, *Rimbaud*, pp. 527-535, 541). De Soho à Sodome, la distance (sonore) n'est d'ailleurs pas si grande.

V. 8 : les «petites vieilles» sont un thème baudelairien et, comme l'a fait observer Olivier Bivort, dans «Les Sept Vieillards», autre poème de la série «Tableaux parisiens» dans *Les Fleurs du Mal*, «un brouillard sale et jaune inondait tout l'espace», comme ici, au vers 10, «le brouillard rose et jaune et sale des Sohos» (du quartier de Soho, à Londres, et de ce qui lui ressemble).

V. 11 : autres pluriels insolites : après les *indeeds* (*indeed* : vraiment), *allrights* (*all right* : d'accord) est en un seul mot sur le manuscrit. Quant à *hâo*, il correspond, selon O. Bivort, à la prononciation anglaise de *ho*.

V. 14 : cf. Genèse, XIX, 24 : «Alors le Seigneur fit descendre sur Sodome et sur Gomorrhe une pluie de soufre et de feu» (trad. Lemaître de Sacy).

KALÉIDOSCOPE
(pages 15-16)

L'écriture sur le manuscrit est très nette et très appliquée, la disposition des quatrains très claire. À la différence d'Olivier Bivort (éd. de 2010, p. 173), j'ai conservé l'orthographe de Verlaine. Il n'y a pas d'autre manuscrit connu pour ce poème, qui par la suite a été publié dans *La Nouvelle Rive gauche*, numéro du 26 janvier au 2 février 1883, et inséré dans les deux éditions successives de *Jadis et Naguère* (1884 et 1891), avec, dans les trois cas, une dédicace à Germain Nouveau, et diverses variantes dont il ne sera pas rendu compte ici (voir Bivort, éd. de 2010, p. 326).

Thierry Chaucheyras, qui a publié une longue étude de ce poème

(« Logiques de l'aléatoire : "Kaléidoscope" »), dans le numéro spécial de *L'École des Lettres* consacré à Verlaine (1996, pp. 175-189), part de la définition donnée par Littré (qui use aussi de l'orthographe « caléidoscope ») dans l'édition de 1867 de son dictionnaire : « instrument d'optique qui, garni de petits fragments et diverses couleurs, montre, à chaque mouvement, des combinaisons toujours variées et toujours agréables ». L'instrument scientifique est devenu l'une des « inoffensives récréations de la bourgeoisie », mais, avec Verlaine, le voici promu en instrument poétique, offrant « le moyen artificiel de voir "la vie en beau" », comme le demandait Baudelaire au vitrier dans l'un de ses *Petits Poèmes en prose*. Littré n'ignore pas le sens figuré du mot, quand on peut « voir les choses avec le caléidoscope de l'espérance ». « Il s'agit donc », ajoute T. Chaucheyras, « de voir, comme à travers un cristal de temps, un monde non encore réalisé, rêve d'espérance tellement vif qu'il confine à l'hallucination. C'est une des significations temporelles, prospectives, du titre du poème » (p. 177).

On peut bien rappeler, comme l'a fait Jacques Robichez (éd. cit., p. 631), qu'à l'époque où Verlaine choisit ce titre « le Kaléidoscope est depuis longtemps un jouet très répandu » et qu' « il a été inventé vers 1815 en Angleterre par Sir David Brewster ». Ou signaler, comme l'a fait Olivier Bivort en s'appuyant sur le Robert (2010, p. 172, n. 1) que cet instrument d'optique bien connu a suscité très tôt, dès 1818, « un emploi figuré exprimant l'idée d'une succession rapide et changeante (de sensations, d'impressions) ». Repassent dans cette évocation des images de Londres mêlées à celles de Paris (voir J. Robichez, n. 5), et Verlaine a usé de l'emploi figuré au point de créer un verbe quand, évoquant dans les *Confessions* ses rêveries d'enfant, un soir d'hiver à Montpellier, il écrit que ses « cils se rapprochant » lui « kaléidoscopaient les choses » (*Pr.*, 446 ; et voir J. Robichez, n. 1).

Or ce n'est plus ni à Londres ni à Paris — ni à Montpellier — que se trouve Verlaine mais, à la date indiquée (octobre 1873), en prison à Bruxelles puis à Mons. Il se réfugie au futur, dans « une ville de rêve » où se multiplient des images kaléidoscopiques. Comme l'écrit Octave Nadal, « entre Mémoire et Rêve, sommeil et éveil, pour le rêveur, habitant désormais de *la ville de rêve*, l'existence n'offre plus qu'un cinéma d'images qui surgissent un instant et sombrent aussitôt comme au bout du kaléidoscope les naissances et les écroulements des miroirs magiques » (*Paul Verlaine*, pp. 57-58). Du moins ce jeu a-t-il permis la poésie.

Le jeu kaléidoscope présente-t-il pour le rêveur d'aujourd'hui les mêmes dangers que pour l'enfant de jadis (dans les *Confessions*, l'épisode se terminait sur « une effroyable brûlure »)? Le poème, devenu kaléidoscopique, multipliant les « contradictions », les « oscillations tant de référence que de registre », et s'organisant en une « structure où le surgissement hasardeux du sens hors du fragment dépend de la conjonction de la complexité de l'objet et de l'action du spectateur (du lecteur) » invite-t-il à une « lecture diffractée », comme l'a suggéré Thierry Chaucheyras (article cité, pp. 177-178)? Toujours est-il que l'abeille vole avec un bruit moiré, elle ne pique pas, dans le dernier vers. Jean-Pierre Richard, sans aller jusqu'à l'admirable dernier vers, trouve lui aussi l'illustration de la variante verlainienne sur le thème de la vie est un songe : « La vie est comme un rêve intermittent d'où l'on s'éveille en sursaut de temps à autre pour s'interroger sur le sens de ce qu'on est en train de rêver » (*Poésie et profondeur*, p. 179). C'est sous ce titre, qui est celui d'une célèbre *comedia* de Calderón, qu'Octave Nadal présente son analyse du poème (*op. cit.*, pp. 57-58) :

> *Dans « Kaléidoscope » le réel lui-même n'est plus senti autrement qu'en rêve. On ne distingue plus ce qui est déjà vécu de ce qu'on va vivre. Tout finit qui commence. Le jour mûrit sa nuit, le bruit son silence, le présent son passé. La vie ne parvient pas à être autre chose que du songe. Elle aussi fait du rêve. Le fil du réel et le fil du songe courent ensemble, tramés dans la même étoffe. Il n'y a plus endroit et envers ; ni alibi du rêve. La vie et le songe sont du même côté.*

V. 1 : tout commence à l'indéfini (« une rue », « une ville de rêve »).

V. 2 : c'est cette fois la temporalité qui est imprécise. « Que penser », demande T. Chaucheyras (p. 180), « de l'ancrage d'un apparent récit de rêve, décliné au futur, mais offrant toutes les similitudes d'un retour au passé ? ». Il rattache ceci à ce que Gilles Vannier a appelé l'« esthétique de l'impression fausse » et crée ainsi une continuité avec « Impression fausse » et « Autre ».

V. 3 : Jean-Pierre Richard, qui connaît ce poème par *Jadis et Naguère*, cite ce vers dans *Poésie et profondeur*, pp. 168-169, et considère cet « instant à la fois très vague et très aigu » — et lui aussi indéfini — comme « le moment type dans lequel se situe la rêverie verlainienne ». « Resterait », ajoute-t-il, « à décrire les modes selon lesquels se réalise cet *à la fois*, ce mariage du vague et de l'aigu », qu'il rapproche de la jonction de l'« indécis » au « précis » dans l'« Art poétique ». Mais, il en convient, « ces combinaisons sont aussi diverses et subtiles que le génie verlainien lui-même ».

V. 4-5 : ici, pour Jean-Pierre Richard, qui cite ces deux vers sans ménager le blanc strophique, « c'est l'acuité qui l'emporte, et l'on voit la sensation vague se déchirer soudain, comme crispée autour d'un centre de rupture » (p. 169).

V. 7 : *métempsychoses*, orthographe du manuscrit pour *métempsycoses*.

V. 8 : c'est l'inverse (souligné) de ce qui ne serait qu'une banalité (et formerait un alexandrin au lieu d'un hendécasyllabe) : « Les choses ne seront plus les mêmes qu'autrefois. » Dans la nouvelle vie telle qu'elle est envisagée ici, rien d'essentiel ne sera différent, mais tout sera plus intense.

V. 12 : *bandes de musique* : on trouvera la même expression dans « Vagabonds », le petit poème en prose des *Illuminations* où Rimbaud transpose son aventure décevante avec « le pitoyable frère » : « Je créais, par-delà la campagne traversée par des bandes de musique rare, les fantômes du futur luxe nocturne » (AR, 302-303). Ce n'est pas nécessairement un anglicisme (*band* : groupe de musiciens) — encore qu'il puisse y avoir un souvenir de Londres —, mais il y a bien plutôt déplacement de l'objet auditif dans l'ordre visuel, comme l'avait suggéré Albert Henry dans son commentaire de « Vagabonds » (*Contributions à la lecture de Rimbaud*, Bruxelles, Académie royale de Belgique, 1998, pp. 84-86, cité par André Guyaux, AR, 963).

V. 15 : *rires sanglotés* : à l'emploi original du passif s'allie l'alliance de termes contradictoires (*oxymoron*).

V. 19 : le rapprochement avec « le front cerclé de cuivre », dans « Les Sœurs de charité » (AR, 134-135), se justifie par le fait que

Verlaine appréciait bien ce poème de Rimbaud (on le connaît par une copie de sa main). Il n'y orne pas le front des femmes, fussent-elles sœurs de charité, mais celui d'un jeune homme « qu'eût, le front cerclé de cuivre, sous la lune/Adoré, dans la Perse un Génie inconnu ». C'était la Perse d'Ecbatane, qu'évoquera dans *Cellulairement* le début de « Crimen amoris » (v. 1).

V. 20 : *des traînées* : des prostituées (même si, comme le fait observer Olivier Bivort, Littré dans son dictionnaire ignore cette acception).

V. 24 : toute cette évocation peut faire penser à un autre poème de Rimbaud, décrivant et animant la place de la gare à Charleville, en 1870, « À la Musique » (AR, 94-96).

V. 28 : le rapprochement entre ce dernier vers et le deuxième vers de « L'espoir luit » (dans *Sagesse*) a été souvent fait, en particulier par J. Robichez (éd. cit., p. 633, n. 8) et par Thierry Chaucheyras (article cité, pp. 187-189, sixième et dernière partie, « Guêpes et abeilles »). Selon ce dernier, l'abeille serait la « version euphémisée » de la guêpe. Ce n'est pas sa piqûre qui est redoutée, mais son vol qui est évoqué, son *vol moiré* (avec peut-être un effet de double sens : l'effet chatoyant d'un tissu, la moire ; la crainte que peut inspirer la menace sournoise du Destin, la Moire). Ou si piqûre il y a, elle a quelque chose d'utile et de bienfaisant. C'est la piqûre de l'aigu, dans l'« instant à la fois très-vague et très-aigu » du vers 3. « Seule », commente Octave Nadal (p. 58), « la sensation aiguë du contact qu'entretient le rêve avec le monde ramasse dans un éclair la durée du vécu. L'acuité du réel senti, soleil, voix, larmes, permet à la conscience sans mémoire, un instant éveillée, d'éclairer le passé, ce qu'elle vit et ce qu'elle va vivre, à la manière d'un rayon de soleil qui déchire la brume, ou de quelque bourdonnement d'abeille traversant le sommeil :

> *Ce sera comme quand on rêve et qu'on s'éveille...*
> *L'été, dans l'herbe, au bruit moîré d'un vol d'abeille* ».

L'accent circonflexe (*moîré*) est de la main de Verlaine sur le manuscrit.

RÉVERSIBILITÉS
(page 17 et haut de la page 18)

L'un des poèmes des *Fleurs du Mal* avait pour titre « Réversibilité » (pièce XLIV dans l'édition de 1861). Baudelaire pensait au sens théologique du terme tel que l'employait Joseph de Maistre et le reprenait pour définir sa relation avec Mme Sabatier, « Ange » au « corps enchanté » dont il n'implorait pourtant que des prières. Comme le rappelle Jacques Dupont dans son édition des *Fleurs du Mal* (GF Flammarion, 1991, pp. 281-282), ce terme théologique désigne la possibilité de faire bénéficier d'autres êtres des mérites que l'on a, du bien que l'on fait, par une sorte de compensation, mais il marquait l'insistance, dans les *Soirées de Saint-Pétersbourg* (8e et 10e Entretiens), moins sur la réversibilité des grâces que sur la possibilité que l'innocence paie pour le crime, sur la « réversibilité des douleurs de l'innocence au profit des coupables » (ce sont les termes de Joseph de Maistre).

Le double sens du terme pourrait expliquer le pluriel dont use Verlaine. Mais, loin de donner une quelconque leçon de théologie, il évoque avec une indifférence attristée des équivalences, des rapports dépourvus de sens. À l'arrivée à Mons, fin octobre 1873 (c'est la date qu'il donne), donc avant la « conversion », ce ne sont encore que rengaines que tout cela, absurdités du même. Louis Forestier a vu juste quand il a noté que « Réversibilités » est un titre « baudelairien » (au pluriel près, qui n'est pas innocent) « pour un poème qui refuse, cependant, la doctrine chrétienne de la réversibilité des mérites » (éd. Poésie/Gallimard de *Parallèlement*, p. 229). C'était encore plus vrai dans *Cellulairement*, dans ces « piteux retraits », les cellules des prisonniers précisément, où « Les Jamais sont les Toujours », où « Les Toujours sont les Jamais », où l'incarcération — qui ne mérite pas ou pas encore d'être considérée comme une claustration — n'ouvre sur nul espoir et semble sans fin.

Ce poème a un titre tout différent dans la version adressée à Lepelletier et jointe à la lettre des 24-28 novembre 1873 (*Corr. I*, 359) : « Rengaines prisonnières ». Et Verlaine, à la suite de ces vers, ajoutait ce commentaire :

> *Tu devines qu'il s'agit des pompes de la prison, des signaux, de la Chapelle où l'on est dans des stalles isolées, etc.*

L'épigraphe latine, empruntée à la Ire Épître de saint Jean, v, 19, dans la version de la Vulgate n'y figurait pas. La traduction complète du verset est :

> *Nous savons que nous sommes de Dieu,*
> *Mais le monde tout entier gît sous l'empire du Mauvais*
> > (traduction œcuménique de la Bible,
> > Éd. du Cerf, 1984, p. 513)

Verlaine délaisse le début, qui exprime l'assurance du chrétien, pour ne garder que la conception d'un monde placé sous l'empire du Mal et de Satan. Mais il sait, par l'Épître aux Colossiens (I, 13-14) que Dieu le Père « nous a arrachés au pouvoir des ténèbres et nous a transférés dans le royaume du Fils de son amour, en qui nous avons la délivrance, pardon des péchés ». Et ce Fils est celui avec lequel s'engagera le dialogue dans le « Final », celui qui, visible, « est l'image du Dieu invisible » (*Ibid.*, I, 15).

Verlaine reprendra ce poème, sous le même titre, dans *Parallèlement* (1889 et 1894), où ce sera le quatrième morceau de la série « Révérence parler » (*OP*, 500), dans le *Choix de poésies* de 1891 et, avant cela, dans la revue *Lutèce* (4-11 octobre 1885), où le titre « Sur une gare » confirme la date de l'arrivée à la prison de Mons, dont la gare en effet était proche et par laquelle le prisonnier était arrivé en wagon cellulaire.

V. 3 : des sifflets dans la prison, mais qui peuvent provenir aussi de la gare.

V. 4 : Olivier Bivort interprète : « Comme s'ils se poursuivaient » (2010, p. 174).

V. 7 : l'adjectif, valorisant dans « L'Art poëtique », est ici dépréciatif pour des Angélus vagues, incertains, peut-être trompeurs.

V. 9-10 : c'est plutôt l'Enfer qu'on imagine comme un trou, et les flammes qui s'y allument. Peut-on, du fond de la prison, quand on est mis au trou, voir, même pas briller, mais poindre la lumière d'un Salut et attendre quelque chose, dans ces conditions, de la prière du soir ?

IMAGES D'UN SOU
(fin de la page 18, pages 21, 22, 23)

La numérotation discontinue des pages n'implique aucune discontinuité du texte, comme le confirme l'appel, en bas de chaque page, pour le premier mot du vers suivant.

Le titre initialement prévu semble avoir été « Le bon alchimiste ». C'est celui qui figure en tête du poème, réduit à ses quatorze premiers vers, dans la lettre à Lepelletier du 24 au 28 septembre 1873 (début du post-scriptum, où viendra seulement après le poème précédent, sous le titre « Rengaines prisonnières »).

Il doit bien y avoir une suite, que Verlaine renvoie « à un prochain n° » (*Corr. I*, 358). Le poème sera repris, sous le même titre, dans *La Revue critique* (24 février 1884) puis dans la section « Jadis » de *Jadis et Naguère*, à la fin de la série « Sonnets et autres vers ».

Ce sont là des « images d'un sou » comme la rime n'est qu'un « bijou d'un sou » à la fin de « L'Art poëtique ». Verlaine invite donc à ne pas accorder trop d'importance à ces images venues de la *littérature* (encore un mot dévalué dans « L'Art poëtique ») ou, si l'on veut, du fatras de ses souvenirs de lectures anciennes ou récentes. Pourtant elles peuvent être le miroir de tels moments de son existence et de ses propres états intérieurs. Ainsi, « de toutes les douleurs douces » assemblées il fera mieux que composer un pot-pourri, il composera « [s]es magies », celles qui attestent son pouvoir de poète, celles qui aussi apporteront peut-être un peu de baume à ses souffrances.

V. 3 : il joue sur ce prénom qui est à la fois le sien et celui du héros dans le roman de Bernardin de Saint-Pierre, *Paul et Virginie* (1787), où les funérailles de la bien-aimée, Virginie, qui va être enterrée dans l'île de France (l'île Maurice), ont lieu dans l'église des Pamplemousses, le quartier des Pamplemousses se trouvant à quelque distance de la capitale, Port-Louis. Après l'enterrement, Paul « regarda quelque temps dans la plaine l'église des Pamplemousses avec ses longues avenues de bambou », puis s'enfonça dans la forêt (Gallimard, « Folio classique » n° 4064, 2004, p. 232).

V. 5 : allusion à *Nina, ou la Folle par amour* (1786), comédie en un acte de Marsollier des Vivetières, mêlée d'ariettes sur la musique de Dalayrac. La plus touchante de ces ariettes, celle à laquelle pense Verlaine, est la romance de Nina : « Quand le bien-aimé reviendra/ Près de sa languissante amie ». Mais « Le bien-aimé ne revient pas ».

V. 21 : possible allusion à « la petite Inésille » dans le poème de Musset « Don Paez », écrit en 1829, publié pour la première fois dans les *Contes d'Espagne et d'Italie* cette année-là (elle est signalée par J.-L. Steinmetz, éd. cit., p. 91).

V. 25 : Malek-Adel, dont le nom apparaît aussi dans un sonnet de *Jadis et Naguère*, « L'Auberge » (*OP*, 328-329), composé dès 1866, fut un sultan oriental (1139-1218), frère du célèbre Saladin. Verlaine se souvient sans doute, et non sans intention, de ses amours avec Mathilde, la sœur de Richard Cœur de Lion, dans le roman de Mme Cottin, *Mathilde, ou Mémoires tirés de l'histoire des croisades*, qui, publié en 1805, avait eu un succès incroyable.

V. 26-27 : le transfert se fait de l'une et l'autre Mathilde sur Geneviève de Brabant, dans *La Légende dorée* de Jacques de Voragine (XIe siècle). Elle est le personnage central d'un opéra bouffe de Jacques Offenbach (1859). On la retrouvera chez Proust, dans *Du côté de chez Swann* (1913), avec le traître Golo. Et l'on pense au pouvoir de ces figures, qui valent plus pour lui que des images d'un sou, sur le Narrateur quand il était enfant :

> *Certes je leur trouvais du charme à ces brillantes projections qui semblaient émaner d'un passé mérovingien et promenaient autour de moi des reflets d'histoire si anciens. Mais je ne peux dire quel malaise me causait pourtant cette intrusion du mystère et de la beauté dans une chambre que j'avais fini par remplir de mon moi au point de ne pas faire plus attention à elle qu'à lui-même.*
>
> (À la recherche du temps perdu, *Gallimard*, « Bibliothèque de la Pléiade », tome I, 1987, p. 10)

V. 30 : Thisbé, l'amante de Pyrame qui, la croyant morte, se donna la mort avant qu'elle ne se tue à son tour. La légende des deux jeunes gens de Babylone est racontée dans le livre IV des *Métamorphoses* d'Ovide. Mais Verlaine, qui a beaucoup lu Shakespeare en prison, sait qu'à l'acte V du *Songe d'une nuit d'été* les artisans-comédiens jouent maladroitement, à l'occasion des noces du duc d'Athènes et de la reine des Amazones, une version bouffonne de *Pyrame et Thisbé*, qui constitue la pièce dans la pièce (« *the play within the play* »).

V. 32 : Geneviève de Brabant fut, dit-on, abandonnée dans la forêt des Ardennes. Mais il y a aussi, dans le théâtre de Shakespeare, la forêt d'Arden (qui se trouve en Angleterre) de *Comme il vous plaira*.

V. 40-41 : le comte Ory se déguise en nonne pour pénétrer dans le couvent. Après la romance du Comte Ory, publiée par La Place en 1765, il était devenu le sujet d'un opéra de Rossini en 1828, sur un livret de Scribe et Delestre-Poirson. Le jeu des équivoques va jusqu'à un moment où la fausse religieuse étreint son page en croyant que c'est une femme.

V. 62 : une bagasse est une femme de mauvaise vie.

V. 63 : le « bon enfant » de la chanson (fin du XVIIIe siècle) n'est qu'un bouffon, un paillasse.

VIEUX COPPÉES
(pages 24, 25, 26, 27, 28 et haut de la page 29)

Il importe d'écrire « coppée » sans majuscule, comme l'a fait Verlaine trop souvent trahi sur ce point par ses commentateurs et par ses éditeurs. Le « coppée » est un genre, dizain à vers longs et à rimes suivies, une forme inventée par Musset, comme l'a rappelé Jean-Louis Aroui dans un article très informé (« Quand Verlaine écrit des dizains : les "coppées" », dans le numéro 16 de *L'École des Lettres* consacré en 1996 à *Paul Verlaine*, pp. 137-150). François Coppée a publié en volume ses deux premiers dizains en 1867, dans *Intimités*, mais le dizain « à la Coppée » n'est vraiment devenu emblématique de l'auteur qu'en 1869 quand il a remis pour le deuxième *Parnasse contemporain* (qui ne paraîtra qu'après la guerre de la Commune, en juillet 1871) dix-huit dizains réunis sous le titre *Promenades et intérieurs*. Le recueil portant ce titre, publié aux éditions Lemerre en 1875, en comptera trente-neuf, et entre-temps

Coppée aura publié encore neuf dizains dans *Le Cahier rouge*, en 1874.

Dès l'hiver 1871-1872, les poètes réunis autour de Charles Cros et de ses frères dans le Cercle zutique ont joué à user de cette forme, baptisée « coppée » pour la parodier. Il n'y a pas moins de vingt-deux dizains en rimes plates, plus deux en rimes non suivies, dans l'*Album zutique*, dont huit de Rimbaud et quatre de Verlaine. Charles Cros, entre autres, est lui aussi de la partie, avec deux « coppées » dans l'*Album zutique*, quatorze dans son recueil de 1873, *Le Coffret de santal*, et quinze sur les cinquante *Dixains réalistes* publiés en 1876 par la Librairie de l'eau-forte et écrits par des fidèles du salon de Nina de Villard.

L'intention parodique a été immédiatement forte chez Rimbaud. Elle aura quelque chose de brutal, de violent, dans certains « coppées » de Verlaine (tels « Ultissima verba » ou « Dargnières nouvelles ») qui sont autant de flèches décochées contre celui qui désormais lui échappe et est devenu « l'homme aux semelles de vent » (*OP*, 298-301). Mais ce n'est pas le cas dans la série des dix « coppées » de *Cellulairement*, et c'était encore moins le cas dans les deux dizains en rimes suivies (XIV et XVI) qu'on trouve dans *La Bonne Chanson* (*OP*, 151, 152). Sans doute, à cette date de 1873, Verlaine s'était-il éloigné (de gré ou de force) et de Mathilde et de Rimbaud, et le titre « Vieux coppées » était déjà celui d'un genre très sollicité dans l'*Album zutique* (voir l'éd. de Pascal Pia, Le Cercle du Livre précieux, 1961). L'épithète, qu'on pourrait considérer comme dépréciative, renvoie surtout à un passé, vécu et poétique à la fois. En même temps le jeu, au meilleur sens du terme, continue cellulairement et d'ailleurs deux dizains titrés « Souvenirs de prison » et datés de 1874 seront publiés, après la mort de Verlaine, dans *Invectives*, en 1896 (*OP*, 932-933). Ces pièces, respectivement numérotées XXXV (« *Depuis un an et plus...* », mars 1874) et XXXVI (« *Les passages Choiseul...* ») correspondent aux « Vieux coppées » IX et II de *Cellulairement*. On y trouve aussi, sous le titre « Opportunistes », et avec la date de 1874, le vieux coppée IV (« *Assez de Gambettards!...* », *OP*, 929). L'ensemble des « Vieux coppées » a été mis au net de manière très soignée dans le manuscrit de *Cellulairement*. La date « Mons-1874, Janvier, Février, Mars et *passim* » ne fait apparaître une correction que pour le premier de ces mois (un mot biffé, « Janvier » étant inscrit au-dessus). L'épigraphe a été ajoutée après coup, d'une écriture plus fine en raison de l'espace étroit sur la page. Cela explique aussi que ce que Verlaine envoie sous la forme d'un quatrain dans sa lettre à Lepelletier du 8 septembre 1874, en le présentant, à défaut d'une « bonne blague », comme une « stupidité » — « la paraphrase d'un mot du grand Barbey [d'Aurevilly], quelque chose de bon pour un Pérodeau [marchand d'alcool] quelconque » :

> *Jules... non, au fait, ne nommons personne*
> *(Je le redis aux peuples étonnés)*
> *N'a pas de cartilages*[1] *dans le nez ;*
> *Comment voulez-vous que sa trompe sonne ?*
> (Corr. I, 377)

se réduise aux deux derniers vers, sans coupure, la deuxième ligne étant complétée par l'attribution à un critique connu (Francisque Sarcey, selon E. Dupuy) de l'« opinion inédite sur un bon jeune homme de lettres », peut-être Jules Claretie, dont le nez plat suscitait la moquerie. Je laisserai de côté la divergence de vues à propos de ce quatrain entre Benoît de Cornulier et Steve Murphy, et je renvoie sur ce point à la note 7 de Michael Pakenham dans *Corr. I*, pp. 382-383.

On trouvera dans ce même tome de la *Correspondance* de Verlaine les dix « coppées » tels que les a recopiés le poète en prison dans la lettre qu'il adressait à Lepelletier le 22 août 1874 (*Corr. I*, 367-371).

I

V. 1 : le second hémistiche de ce vers sera repris dans le premier poème sans titre de la section « Lunes », de *Parallèlement* (*OP*, 503). C'est encore un dizain, d'abord publié dans *Lutèce* (24-31 mai 1885), mais ce « coppée » s'achève sur une citation de Rimbaud, extraite de « Nuit de l'enfer », dans *Une saison en enfer* (AR, 256) :

> *Je veux, pour te tuer, ô temps qui me dévastes,*
> *Remonter jusqu'aux jours bleuis des amours chastes*

---

1. Verlaine a écrit, semble-t-il, « chartilages » (version donnée par Yves-Gérard Le Dantec dans son édition des « Poèmes divers » du volume des éditions de Cluny commençant par *Odes en son honneur*, p. 150).

> *Et bercer ma luxure et ma honte au bruit doux*
> *De baisers sur Sa main et non plus dans Leurs cous.*
> *Le Tibère effrayant que je suis à cette heure,*
> *Quoi que j'en aie, et que je rie ou que je pleure,*
> *Qu'il dorme! pour rêver, loin d'un cruel bonheur,*
> *Aux tendrons pâlots dont on ménageait l'honneur*
> *Ès-fêtes, dans, après le bal sur la pelouse,*
> *Le clair de lune quand le clocher sonnait douze.*

Selon André Guyaux (AR, 929, n. 2), qui rappelle que ces derniers mots, imprimés en italique, forment déjà un alexandrin dans le texte en prose de Rimbaud, « dans un langage codé et imagé, l'aiguille pointée vers le chiffre douze symbolise l'érection ».

V. 2 : *chastes*, contrairement au dizain de *Parallèlement* illustrant la luxure.

V. 6 : *ressouvenir* : c'était le titre d'un « coppée » de Rimbaud dans l'*Album zutique*, évoquant « Cette année où naquit le Prince impérial », l'Empereur et son épouse en « Sainte espagnole » (AR, 182).

II

V. 1 : ce vers sera repris dans « À François Coppée », l'une des *Dédicaces* (*OP*, 555), le « cher Coppée » étant placé « au sein du bon Lemerre » (v. 9), l'éditeur des Parnassiens, et en particulier du *Reliquaire* (1866), le premier recueil de Coppée. Alphonse Lemerre avait repris, en 1862, dans le passage Choiseul, la librairie religieuse de son employeur (voir Yann Mortelette, *Histoire du Parnasse*, Fayard, 2005, pp. 187-188). Ce poème, qui est un sonnet et non un dizain, a d'abord paru dans *Le Chat Noir*, le 7 décembre 1889, puis dans *La Plume*, le 1er mars 1890. Jacques Borel y voit « la seconde version, entièrement remaniée » du deuxième des « Vieux coppées » de *Cellulairement* (*OP*, 1230), la troisième étant « Souvenirs de prison », poème XXXVI dans *Invectives*, cette fois sous la forme d'un dizain, avec des variantes par rapport à la première.

V. 3 : Badingue, c'est-à-dire Napoléon III, qui avait pris le nom de l'ouvrier Badinguet quand celui-ci avait favorisé son évasion du fort de Ham, le 25 mai 1846.

V. 5 : Le Maître : Leconte de Lisle, « le *Lui* de chez Lemerre, M. "de l'Ile", pour ne pas le nommer » (lettre à Lepelletier du 22 août 1874, *Corr. I*, 368).

« Et l'on faisait chacun son acte-en-vers », comme Coppée dans *Le Passant* (1869) et Verlaine lui-même dans *Les Uns et les Autres* (1870), repris dans *Jadis et Naguère* (*OP*, 334-335), où cette comédie est dédiée à Théodore de Banville.

V. 6 : jeu de mots probable avec le vent, les autans. Verlaine lui-même a indiqué dans une note que c'était une « allusion au poète Émile Autran », en réalité Joseph Autran (1813-1877), poète d'inspiration rustique.

V. 7-8 : Leconte de Lisle avait été décoré de la Légion d'honneur le 15 août 1870.

V. 9 : comme la cigale (dont il était déjà question à la fin du coppée précédent) dans la fable de La Fontaine « La Cigale et la Fourmi » (I, 1).

III

Mathilde a raconté dans ses *Mémoires* (éd. cit., p. 157) cette promenade (un thème qui, il faut le rappeler, incitait François Coppée au dizain) :

> *Un jour il m'emmena à Saint-Denis. De tous les environs de Paris, c'est certes le côté le plus laid ; mais j'étais si contente de cette première sortie avec lui que je ne pensais qu'à me réjouir.*

Elle reproche à son ex-mari d'en avoir « mensongèrement parlé » (et elle cite alors les trois premiers vers de ce poème intitulé « Paysage » dans *Jadis et Naguère*). Elle-même dit en avoir gardé « un doux souvenir ».

V. 6 : le siège de Paris par les Prussiens, du 19 septembre 1870 au 20 janvier 1871. La datation se veut précise, mais est approximative dans la lettre à Lepelletier du 22 août 1874, « C'était vingt mois après "le siège" » et ajouté en note : « 21, en juillet 72, juste 8 jours avant notre fameux départ » — le brusque départ avec Rimbaud du 7 juillet 1872 (voir *Corr. I*, 368).

IV

V. 1 : ces Gambettards, ou grands bêtas, étaient les partisans de Léon Gambetta, ou ceux qui se conduisaient comme lui. Tel est le cas d'« un certain Eugène Mortain » dans le roman d'Octave Mirbeau, *Le Jardin des supplices* (1899 ; rééd. « Folio classique », Gallimard, 2009, p. 79).

V. 2 : Maxime Vuillaume, Eugène Vermersch et Alphonse Humbert avaient fait renaître cette figure du journal publié par Hébert entre 1790 et 1794, en donnant son nom à leur nouveau journal d'inspiration communarde, publié du 6 mars au 22 mai 1871.

V. 4 : *vessards* : péteurs, donc froussards.

V. 7 : *la foire* : la diarrhée.

V. 8-9 : Louis Bonaparte, le prince impérial né en 1856 et sujet d'un « coppée » de Rimbaud, « Ressouvenir » dans l'*Album zutique* (AR, 182), et d'un autre, le dizain inscrit par Rimbaud sur l'album de Félix Régamey, à Londres, en septembre 1872 (AR, 238) ; Louis-Philippe Ier, représenté par les caricaturistes avec la tête en forme de poire — ou son descendant ? ; et le comte de Chambord (1820-1883), le candidat monarchiste après la chute de l'Empire, devenu boiteux, et béquillard après une chute de cheval.

V. 10 : sans remonter jusqu'à Attila, comme dans le vers précédent, Verlaine rejette les opportunistes qui changent de parti comme d'autres de veste, tel Louis-Marie Larevellière-Lépeaux (1753-1824), qui fut tour à tour député du Tiers-État sous la Révolution, membre du Directoire, pro- et anti-Napoléon Ier. Volontairement ou involontairement il écorche légèrement son nom, orthographié Laréveillière.

V

V. 1-2 : Verlaine fait allusion à la prudence de Léon Valade, son ami pourtant, usant de la dédicace « à Paul V » pour son poème « Don Quichotte » dans *À mi-côte* (1874). Il le précise dans la note pour ce dizain à l'intention de Lepelletier (lettre du 22 août 1874, *Corr. I*, 369). Mais « à l'Index » il l'était depuis le temps des *Amies*, son recueil sapphique publié en 1867 par Poulet-Malassis, l'éditeur de Baudelaire, et condamné le 6 mai 1868 par le tribunal correctionnel de Lille.

V. 5 : *saponaire* : adjectif dérivé de « savon ».

V. 7 : *des fautes de quantité* : dans le compte des syllabes du vers.

V. 8 : *désisté* : détaché.

V. 10 : ce libraire non nommé est Lemerre, qui était l'éditeur du recueil de Valade.

VI

V. 1 : *romantique* : d'où le titre donné à ce dizain dans *Jadis et Naguère*, « Dizain mil huit cent trente » (*OP*, 322).

V. 4 : *Hablant español* : parlant l'espagnol (*hablando español*). Pour *Les Amies*, Verlaine s'était donné le pseudonyme de Pablo Maria de Herlagnez, calque espagnol de son propre nom. Il le reprendra plus tard pour *D'Aulcunes*, petit volume qui fut saisi par la police et mis au pilon (voir Pierre Petitfils, biographie citée, p. 68 et p. 380).

V. 9 : Verlaine avait évoqué le palais de l'Escurial et son « orgueil de granit » vers la fin des *Poèmes saturniens*, dans « La mort de Philippe II » (*OP*, 88-93).

VII

V. 1 : *L'aile* de la prison de Mons.
Cf. « Écrit en 1875 », poème dédié à Edmond Lepelletier, dans *Amour* (*OP*, 408-409) « Quatre tours s'élevaient sur le front d'autant d'ailes, / Et j'ai longtemps, longtemps habité l'une d'elles ».

V. 2 : ces insomnies sont le supplice de Tantale que justifie le titre anglais de ce dizain dans *Parallèlement*, « *Tantalized* » (*OP*, 501). Le mot anglais exprime la déception d'un désir inassouvi, d'un espoir envolé. Le bruit des trains invite au départ, mais Verlaine est prisonnier dans cette tour proche de la gare. Son désir d'évasion renaît sans cesse et est sans cesse déçu.

V. 7 : des efforts (impuissants) d'oiselets.

V. 10 : dans le dizain XXXV de *Promenades et intérieurs*, Coppée lui-même avait évoqué la maison de l'aiguilleur, — « l'humble logis qui tressaille » au fracas des trains, comme l'indique M. Pakenham (*Corr. I*, 370).

VIII

V. 2 : ce *Merci !* pourrait clore le bilan positif du séjour imposé « dans le silence doux et blanc » des cellules successives dans les prisons belges, en particulier dans celles de la prison de Mons. D'où le titre « Le Dernier Dizain » donné à ce « coppée » dans *Parallèlement* (*OP*, 502), où deux villes, deux dates sont inscrites : « Bruxelles, août 1873 — Mons, janvier 1875 ».

V. 9-10 : *Mais* introduit l'opposition : à la date où a été composé ce dizain, qui n'est que le huitième dans *Cellulairement*, le moment de la libération n'était pas venu et l'action de grâces aurait été prématurée. Aux lecteurs de Sartre ce « huis clos » apparaîtra encore comme un enfer.

IX

Comme le deuxième des « Vieux coppées », celui-ci sera repris avec des variantes dans *Invectives* (n° XXXV), où il le précède. Il est alors daté de mars 1874 (*OP*, 932)

V. 2 : bibliothèque bleue : la littérature populaire de toute espèce.

V. 3 : le calembour (Lustucru) est indéniable. Le compère Lustucru de la mère Michel, dans la célèbre chanson, était évoqué dans la sixième des « Ariettes oubliées » (*OP*, 194).

V. 10 : pessimisme politique qui ira en s'accentuant chez Verlaine.

X

Ce poème est le seul de *Cellulairement* que Verlaine n'ait jamais repris.

V. 1 : traduction presque littérale d'un vers de Virgile, le dernier dans la troisième des *Bucoliques* : « *Claudite jam rivos, pueri, sat prata biberunt* ». Palémon préfère ne pas trancher le différend entre les deux bergers Damète et Ménalque : « Maintenant, les gars, fermez les rigoles ; les prés ont assez bu » (trad. Eugène de Saint-Denis, nouvelle éd. Les Belles Lettres, 1997, p. 37).

V. 3 : Worth était un grand couturier de la rue de la Paix.

V. 6 : *équilistant* : cet adjectif serait, selon Ernest Dupuy, le résultat d'un télescopage entre « équidistant » et « équilatéral ».

V. 10 : l'accent circonflexe sur « nâvrantes » rend compte de la prononciation des gens du Nord.

L'ART POÉTIQUE
(suite de la page 29, pages 30, 31)

La date d'avril 1874, inscrite à la fin du poème, trouve sa justification dans un événement littéraire, qui se situe en dehors de la prison. C'est peu avant ce mois que Lepelletier fait paraître, chez Maurice L'Hermitte, un imprimeur de Sens, les *Romances sans paroles*. Cette publication, indique Pierre Petitfils, « ne lui cause qu'un plaisir dilué » et, « comme Émile Blémont avait écrit dans *Le Rappel* que sa poésie est surtout de la musique, il se justifie en composant son célèbre "Art poétique" (« De la musique avant toute chose »), mais déjà la poésie s'éloigne de lui » (*Album Verlaine*, Gallimard, « Bibliothèque de la Pléiade », 1981, p. 216).

Pierre Petitfils met sous les yeux du lecteur le fac-similé du manuscrit d'« Art poétique », tel qu'il devait paraître dans *Jadis et Naguère*, en 1884, avec — pour la première fois — la dédicace à Charles Morice. Elle était absente de la pré-originale, dans *Paris-Moderne*, le 12 novembre 1882, et du manuscrit de *Cellulairement*, où le titre est deux fois différent, par l'article et par le tréma sur le *e*, au lieu de l'accent aigu.

Charles Morice (1860-1919) avait publié, sous le pseudonyme de Karl Mohr, un compte rendu du poème, dans *La Nouvelle Rive gauche* (numéro du 1er au 8 décembre 1882). On le trouvera dans le dossier « Réception de l'œuvre » dans la seconde édition d'Olivier Bivort (2010, pp. 350-352), et Verlaine lui avait répondu dans le numéro suivant de la même revue (*ibid.*, pp. 352-354). Le titre de Karl Mohr, « Boileau-Verlaine », renvoyait à *L'Art poétique* de 1674. Mais il faudrait remonter jusqu'à l'*Ars poetica* d'Horace que Verlaine (futur professeur de latin) connaissait assurément.

Jacques Bienvenu y a vu « Une réponse au traité de Banville » (son *Petit Traité de poésie française*, 1872), et affirme « que Verlaine pensait surtout à Banville quand il composa l'"Art poétique" » (numéro *Verlaine* de la revue *Europe*, avril 2007, pp. 97-108). Dans ce même numéro, l'article d'Olivier Bivort, « L'Art poétique du XIXe siècle » diversifie les références et élève le débat. Il a aussi le grand mérite de revenir à la version première. En voici la conclusion :

> *Inséré dans* Cellulairement *à la charnière entre deux périodes, celle qui précède et celle qui suit la conversion* [une nuance est à apporter ici], *l'« Art poétique » est un poème où Verlaine fait le point sur sa poésie et sur celle de son temps. En 1874, il n'était ni question de décadence, ni de symbole. Il lui importait de prendre position dans l'histoire de la poésie moderne, une histoire qui avait pour protagonistes Hugo, Gautier, Baudelaire, Banville, Leconte de Lisle et tant d'autres. En adhérant à un système éprouvé, il assurait à son poème une place dans le débat de longue haleine, tant du point de vue de l'histoire des formes que des contenus. Son « Art poétique » ne pouvait être mieux intitulé.*
>
> (p. 117)

L'épigraphe est empruntée à la comédie de Shakespeare *Twelfth Night, or what you will*, représentée pour la première fois en 1602. À l'acte II, scène 4 de cette *Nuit des Rois*, le duc Orsino demande à Feste le bouffon de chanter pour lui et Viola (alors déguisée en Césario) une vieille chanson, qu'il va en effet chanter (*Come away, come away death*) et qui est un appel à la mort désirée par l'amoureux victime d'une jeune beauté que rien ne touche.

Victor Bourgy a donné la traduction suivante des vers retenus par Verlaine :

> *Écoute bien, cet air ancien et simple,*
> *Fileuses et tricoteuses à l'ouvrage, au soleil,*
> *Et tisseuses qui gaiement manient leurs fuseaux d'os*
> *Aiment se le fredonner. C'est un chant simple et vrai*
> *Et qui se plaît à dire l'innocence de l'amour,*
> *Ainsi qu'au bon vieux temps*[1].

---

1. Shakespeare, *Comédies II*, édition bilingue, Robert Laffont, « Bouquins », 2000, p. 729.

V. 2 : c'est le cas dans ce poème lui-même, ce « morcel de vers nomipèdes », comme l'écrira plaisamment Verlaine dans une lettre à Léon Valade, de janvier 1881 (*Corr. I*, 686).

V. 3 : *soluble* : au sens que donnera le Robert et que cite O. Bivort (éd. cit., 2010, p. 204), « qui se fond dans ce qui l'entoure ».

V. 9-12 : « C'est », écrit Jean-Pierre Richard commentant ce quatrain, « le thème profondément verlainien et déjà tout symboliste de la vision ou de la conscience à travers un écran d'apparences, de brumes, de souvenirs » (*Poésie et profondeur*, p. 169).

V. 8 : Verlaine le confirmera dans une lettre à Cazals du 26 août 1889 : « j'admets et j'adore en certains cas certain, *cer-tain* vague, de l'"indécis" (mais dans indécis il y a *décis* qui vient de *décision*) mais qui "au précis se joint" » (*Œuvres complètes*, t. II, p. 1604).

V. 12 : *bleu* : excellent exemple de l'emploi « non sans quelque méprise » de cet adjectif pour une couleur inattendue du ciel nocturne.

V. 14 : selon Verlaine, on a abusé de la couleur.

V. 16 : dans « Pauvre Lélian », Verlaine déguisera les *Romances sans paroles* sous le titre *Flûte et cor* (*Pr.*, 688).

V. 17-18 : cf. la réponse citée de Verlaine à Karl Mohr : « Pourquoi le Rire en poésie puisqu'on peut rire en prose et dans la vie ? [...] Pourquoi la Pointe, puisqu'elle est dans tous les journaux du matin ? »

V. 22 : *en train d'énergie* : quand tu te laisses aller à l'énergie.

V. 31-32 : comme le note Jean-Pierre Richard (p. 178), commentant cette expression, « la conscience se sent alors à la fois présente et absente à elle-même ».

V. 33-35 : Ernest Dupuy, dans son article de 1912, a vu dans ce vers la reprise d'une autre image qui se trouve dans *La Nuit des Rois* : « Le souffle doux du vent, qui a passé sur une rangée de violettes... » (signalé par J.-L. Steinmetz, éd. cit., p. 101).

V. 36 : Jean-Pierre Richard s'est contenté du début du vers « Et tout le reste... » pour le placer en épigraphe à son essai « Fadeur de Verlaine ».

VIA DOLOROSA
(pages 35, 36, 37, 38)

La *via dolorosa* est la voie douloureuse de la Passion du Christ. Elle est aussi celle du pécheur et, selon les premiers vers de l'*Enfer* de Dante, de l'homme au milieu du chemin de sa vie (*Nel mezzo del cammin di nostra vita*), quand il traverse la forêt obscure (*selva oscura*) des vices et de l'erreur, également dénoncée par Dante dans le *Convivio* (IV, 34, 12).

Le poème sera repris sans titre et sans épigraphe dans *Sagesse* (III, 2, *OP*, 274-278).

On retrouvera l'expression qui sert de titre à ce poème de *Cellulairement* dans les *Confessions* (II, 2, *Pr.*, 494-495) :

> *Puisque décidément je suis entré dans la* Via dolorosa *des plus intimes aveux et que je me plais dorénavant à cette franchise qui fait l'honnête homme, parlons du peut-être seul vice impardonnable que j'ai, parmi tant et tant d'autres :*
> *— La manie, la fureur de boire, — là !*

L'épigraphe est extraite du psaume XC (versets 5 et 6) dans la version latine de la Vulgate, sensiblement différente du texte hébreu. Voici la traduction de Lemaître de Sacy :

> *Sa vérité vous environnera comme un bouclier ; vous ne craindrez rien de tout ce qui effraie durant la nuit ;*
> *Ni la flèche qui vole durant le jour, ni les maux que l'on prépare dans les ténèbres, ni les attaques du démon de midi.*

Cette dernière expression sera reprise par Paul Bourget comme titre de son roman, *Le Démon de midi*, publié en 1914, et elle est à l'arrière-plan du drame où Claudel a transposé sa passion pour Rosalie Vetch *Partage de midi* (première version, Bibliothèque de l'Occident, septembre 1906 ; nouvelle version pour la scène, 1948, et version définitive, Gallimard, 1949). Ce psaume XC dénonce le démon de midi comme une des puissances mauvaises les plus dangereuses. C'est la tentation qui s'empare des hommes, même ceux qu'on pouvait croire les meilleurs, vers le milieu de leur vie, pour les faire tomber dans le péché, et en particulier dans le péché de luxure.

V. 1 : c'est le grabat de la cellule du prisonnier bien plutôt que celui de la chambre louée pour Rimbaud rue Campagne-Première, même si Verlaine a noté en marge de cette strophe dans l'exemplaire de *Sagesse* dédié au comte Kessler en 1893 « Impressions de Paris, en décembre 1871 ». À cette date, il n'en était d'ailleurs pas à une approximation près puisqu'il indique sur le même exemplaire et pour ce même poème « Écrit à Paris, hiver 1879 ».

V. 9-10 : ils sont intervertis dans le texte de *Sagesse*, mais aussi dans celui de *Cellulairement* tant dans l'édition Steinmetz (p. 54) que dans la première édition Bivort (p. 201) ; l'erreur a été corrigée dans la seconde (p. 213).

V. 11-20 : souvenir nostalgique d'un séjour dans les Ardennes, sans que ce soit nécessairement à Charleville en octobre (de quelle année d'ailleurs ?), comme l'indiquera Verlaine en marge de l'exemplaire Kessler en face des troisième et quatrième strophes.

V. 21-30 : cette évocation du froid de l'hiver peut faire penser au séjour que fit Verlaine à Paliseul en décembre 1871 pour recueillir sa part de l'héritage laissé par sa tante Louise Grandjean. À cette occasion en effet, comme le rappelle Jean-Luc Steinmetz (éd. cit., p. 102), il s'était arrêté à Charleville et y avait retrouvé Delahaye et Bretagne (mais il avait laissé Rimbaud à Paris).

V. 24 : peut-être le cadre étroit d'une vitre de wagon de chemin de fer, comme l'a suggéré Jacques Robichez (éd. cit., p. 617).

V. 26, 30 : Arkhangelsk (dont Verlaine angélise le nom), ville et port au nord de la Russie.

V. 31-40 : en face de cette strophe, Verlaine a indiqué sur l'exemplaire Kessler « Charleroi 1872 ». Cela renverrait donc au début de l'évasion avec Rimbaud vers la Belgique, après un passage par Charleville, en juillet 1872. Voir le poème des *Romances sans paroles*, « Charleroi », le deuxième des « Paysages belges » (*OP*, 197-198). Cette ville industrielle du « pays noir » (le bassin houiller) y était peuplée de « Kobolds », créatures malfaisantes dans la mythologie germanique. Mais bien solitaire semble ici le « voyageur si triste » abandonné à un « souffle mauvais » qui fait penser au « vent mauvais » de « Chanson d'automne » dans les *Poèmes saturniens* (*OP*, 72-73 ; c'était, dans le recueil de 1866, le cinquième des « Paysages tristes »).

V. 41-50 : de cette « Ivresse à mort », conduisant à la « noire Orgie », Verlaine s'accusera dans les *Confessions* quand, en 1895, il reviendra sur son passé (voir le passage déjà cité, *Pr.* 494-495). Cette passion de boire aurait été précoce (« dans les dix-sept, dix-huit ans ») et serait née, non à Paris, mais à Fampoux. Elle s'est aggravée par la suite et a pu conduire au « seuil du crime », ou ce qui a été considéré comme tel, l'incident du 10 juillet 1873, dont l'emprisonnement est la conséquence.

V. 50 : la mère de Mathilde, Mme Mauté, qui accompagnait sa fille venue rechercher Verlaine à Bruxelles le 22 juillet 1872 (si l'on suit l'indication en marge de cette cinquième strophe dans l'exemplaire Kessler « Bruxelles, 1872 »). La mère de Verlaine lui-même, si l'on se rappelle qu'elle eut, plus que tout autre peut-être, à souffrir de l'ivrognerie de son fils.

V. 51-60 : sur le manuscrit la séparation est nette : trois points en triangle, puis passage à la colonne de droite avec une première ligne de cinq points, qui pourrait être l'indice d'une coupure. Si l'on suit l'indication de l'exemplaire Kessler, cette sixième strophe évoquerait la « Traversée d'Ostende à Douvres, 1872 », donc avec Rimbaud, le 7 septembre.

V. 53 : *bon* surcharge *gr[and]* sur le manuscrit.

V. 60 : on peut penser à la « Chanson de la plus haute tour » de Rimbaud :

> *Est-ce que l'on prie*
> *La Vierge Marie ?*
> (*AR, 213, manuscrit daté de mai 1872*)

Mais l'allusion à Verlaine pouvait y être ironique, en ce temps d'exil à Charleville, puisque Paul-Marie Verlaine a été placé, dès sa naissance et son baptême, sous la protection de la Vierge Marie.

Verlaine pourrait ici se citer lui-même bien plus qu'il ne cite Rimbaud. Qu'on pense à cet ajout aux *Confessions*, qui ne sera publié que le 7 janvier 1923 par Adolphe Van Bever dans le supplément littéraire du *Figaro* :

> *J'ai, de là, vu du haut de la falaise, des lieues et des lieues de mer, et j'ai fait des vers de ce genre :*
>
>> La mer est plus belle
>> Que les cathédrales,
>> Nourrice fidèle,
>> Berceuse de râles,
>> La mer sur qui prie
>> La Vierge Marie !
>>   *(Pr., 440)*

Olivier Bivort indique que cette strophe de la pièce XV de la troisième partie de *Sagesse*, datée de 1877, est une transposition de cette sixième strophe de « Via dolorosa » (éd. cit., p. 216).

On peut aussi penser à « Beams », le dernier poème des *Romances sans paroles*.

V. 61-70 : « Londres 1872 » : cette indication de l'exemplaire Kessler inviterait à considérer cette strophe comme l'évocation des séjours londoniens des deux compagnons, du 8 septembre 1872 au début de juillet 1873. Le « tu » ne me semble pas s'adresser à Rimbaud, mais à un Verlaine qui n'avait pas encore conscience de ses erreurs, de ses péchés, de ce « jeu » pervers qui l'amenait à tout dépenser sans compter (peut-être même son sperme, ce « lait suprême » selon un poème de *Hombres*, en 1891), sans que son âme fût prête à la « dédicace », c'est-à-dire à la consécration, au vrai don de soi, comme au moment de la « conversion » qu'il vit en prison.

V. 71-80 : il s'agit toujours de la vie agitée, d'une « frénésie » qui n'est pas sans faire penser à ce que Rimbaud appelle « délires » dans *Une saison en enfer*. Mais à partir de là se dessine une évolution qui, pour Verlaine en prison, est toute différente.

V. 77 : *Effluve* est un substantif masculin, et Littré met en garde contre la faute que commet ici Verlaine.

V. 91-100 : tel serait donc l'enfer de Verlaine et telle la (longue) saison qu'il va y vivre, un « adroit enfer », dont le calme est suspect et peut-être pourtant efficace, placé sous la protection des

« édiles » — sans idylle aucune. Cette strophe sera remplacée dans *Sagesse* par celle-ci :

> *Voici le Malheur*
> *Dans sa plénitude.*
> *Mais à sa main rude*
> *Quelle belle fleur !*
> *« La brûlante épine ! »*
> *Un lis est moins blanc.*
> *« Elle m'entre au flanc. »*
> *Et l'odeur divine !*
> *« Elle m'entre au cœur. »*
> *Le parfum vainqueur !*
> (OP, 276-277)

V. 101-110 : cette strophe est au contraire intégralement conservée dans *Sagesse*, ainsi que la suivante. Dans l'exemplaire Kessler, Verlaine les date de « Mons, août 1874 », et il date la suivante de septembre.

V. 123 : allusion peut-être à Mathilde, comme dans la strophe ajoutée de *Sagesse* citée plus haut.

V. 127 : c'est-à-dire « Qu'importe au poète ? ».

V. 130 : il y a donc eu pour Verlaine, comme pour le Rimbaud de « Délires II. — Alchimie du verbe », une crainte du passage de la frénésie et des doutes à la folie.

V. 131-140 : cette dernière strophe est précédée de trois lignes de cinq points, respectées dans cette édition. Malgré le mot odyssée (comme est odysséenne l'approche de la Cimmérie dans « Alchimie du verbe »), c'est l'approche de Jésus qui est ici essentielle, avec un passage de l'Ancien Testament (Abel) au Nouveau Testament. Le frère innocent de Caïn serait une « figure » (au sens pascalien) de Jésus-Christ.

CRIMEN AMORIS
(pages 39, 40, 41, 42, 45)

C'est de la main même de Verlaine et avec la garantie des initiales P.V qu'est indiqué sur le manuscrit, en haut de la page 45, que c'est la « suite à 42 ». Les blancs strophiques ne sont indiqués que par des traits marginaux : au discours poétique suivi Verlaine lui-même a préféré finalement l'aération en quatrains. Il en va de même dans les versions ultérieures publiées par Verlaine dans *La Libre Revue* (1er-15 mars 1884), *Jadis et Naguère* (éditions de 1884 et de 1891), *Le Chat Noir* (numéro du 28 novembre 1885) et le *Choix de poésies* de 1891.

Le titre latin de ce poème vient, comme l'a montré Claude Cuénot dans son étude sur *Le Style de Paul Verlaine* (CDU, 2 volumes, 1963, t. I, p. 56), d'une élégie de Properce, poète latin de la fin du Ier siècle av. J.-C., très exactement au vers 34 de la troisième élégie du livre II, où s'expriment les tourments de son amour pour la jeune Cynthia.

Hoc si crimen erit, crimen amoris erit.

Si c'est une faute, ce sera une faute d'amour. *Crimen*, en latin, n'a pas nécessairement le sens de « crime ».

Le sous-titre « vision » n'est inscrit que sur le manuscrit autographe publié dans ce volume. Il est remplacé par « mystère » dans une autre version (voir *OP*, 1161-1164, et éd. Bivort, 2010, pp. 295-298) et dans la copie de la main de Rimbaud (voir le fac-similé des 30 premiers vers dans Henry de Bouillane de Lacoste, *Rimbaud et le problème des* Illuminations, Mercure de France, 1949, p. 107).

Il n'y a pas de sous-titre pour le manuscrit figurant dans le dossier *Jadis et Naguère* de la Bibliothèque Jacques Doucet. De même dans les éditions dont Verlaine lui-même fut responsable.

L'épigraphe latine, en caractères gras, surcharge sur le manuscrit de *Cellulairement* ce qui en était la version française : « vous ne tenterez pas le Seigneur Votre Dieu ». Absente des différentes éditions de ce poème publiées par Verlaine, elle se trouve et dans l'Ancien Testament (Deutéronome, VI, 16) et dans le Nouveau Testament (Matthieu, IV, 7).

V. 1 : Octave Nadal (*op. cit.*, p. 157) est sensible à ce qu'il y a de « provocante brutalité » dans ce premier hendécasyllabe, correspondant pour lui à « un mode majeur du rythme » auquel succédera « un rythme de mode mineur » à partir du vers 85. Brutalité dans l'évocation du décor (un « palais » réduit à « soie et or »), dans la sonorité du nom de lieu (Ecbatane, capitale de l'ancien Empire perse), dans l'Orient rêvé et plus tard connu de Rimbaud. La brutalité reparaîtra dans les « feux brutaux » du soleil des « Désirs » au vers 6.

V. 7 : *harcelle* (au lieu de harcèle) : orthographe pour la rime.

V. 13 : *s'en allait* et, au-dessus d'un mot biffé, peut-être *émanait*.

V. 14 : *charmante* : au sens fort du terme.

V. 16 : cf. Baudelaire, « Les Litanies de Satan », dans *Les Fleurs du Mal* : « Ô toi, le plus savant et le plus beau des Anges ».

V. 17 : c'était l'âge de Rimbaud quand, à Douai, à la fin d'octobre 1870, il laissait à Paul Demeny le manuscrit de son recueil sans titre.
Mais le 24 mai précédent il écrivait à Théodore de Banville, en se vieillissant un peu : « j'ai presque dix-sept ans » (AR, 323).

V. 23 : *qui les désole* et non *qui le désole* (Bivort, 2002, p. 213, 2010, p. 225). Dans la copie Rimbaud, ce quatrain se présente ainsi :

> *En vain la joie alentour était immense,*
> *En vain les Satans ses frères et ses sœurs,*
> *Pour dissiper cette morose démence*
> *Le consolaient avec des mots caresseurs.*

V. 46 : *ce schisme têtu* : cette volonté de séparer le Bien et le Mal, le Pire et le Mieux (v. 42), les Péchés et les Vertus (v. 51).

V. 55 : le palais oriental devient un palais infernal, et il est donc voué aux flammes de l'enfer.

V. 65 : *les satans mourants* : donc des satans humains, trop humains.

V. 68 : *parmi l'ouragan des bruits ignés* remplace *avec les longs tourbillons ignés*, biffé.

V. 72 : *Qui va mourir* surcharge trois mots indéchiffrables.

V. 79 : *la malice* remplace *l'artifice*, biffé.

V. 80 : de même *l'artifice* se substitue à *la malice*, les deux termes étant intervertis.

V. 85 : *la nuit bleue* : on sait l'importance, pour Verlaine, de cet adjectif et de cette couleur.

V. 95 : *qui s'essore* = qui monte.

V. 100 : *gardera* surcharge *sauvera*.

On retrouve « le Dieu clément » dans « Un crucifix », poème daté du 3 octobre 1880, dédié à Germain Nouveau, et publié en 1888 dans *Amour* (*OP*, 416), après une pré-publication sans dédicace dans la revue *Lutèce* (22-29 juin 1883). Le sous-titre (qui fut le premier titre) indique que ce crucifix se trouvait dans l'église Saint-Géry, d'Arras. Peut-être Germain Nouveau, qui était aussi dessinateur, en avait-il fait la copie.

LA GRÂCE
(pages 46, 47, 48)

Une version légèrement différente de ce poème a paru dans *La Libre Revue* (numéro du 1er au 15 janvier 1884), avec une illustration de Henri Ravier, puis, la même année, dans la section « Naguère » de *Jadis et Naguère* (*OP*, 381-384).

La date qui est inscrite sur le manuscrit de *Cellulairement* a suscité des doutes, soit qu'on ait considéré cette pièce comme largement antérieure, soit que, comme Antoine Adam dans son *Verlaine* (pp. 122-123), on mentionne un « peut-être » et qu'on soit « tenté de dire que plus probablement il a mis au net, dans la cellule des Petits-Carmes » ce poème, que comme « Don Juan pipé » et « L'impénitence finale », il aurait « ébauché au cours des mois précédents ».

Mais Antoine Adam réduit ce délai, s'il existe. Pour lui, « le texte essentiel et central de "La Grâce" développe, sur l'amour, le thème que Verlaine venait de chanter dans l'admirable sonnet d'"Invocation" le 16 mai 1873 [envoyé à Lepelletier], et "Don Juan" reprend sur la sainteté de la Chair l'idée qu'il avait affirmée dans le même sonnet ». De là à retrouver Verlaine et Rimbaud dans ces deux âmes « damnées à deux » et appelées à « trouv[er] ensemble le bonheur », « feux de l'Enfer [et] feux de l'Amour se confond[a]nt et se multipli[a]nt », il y a un pas qu'il vaut mieux ne pas franchir.

Sur le manuscrit le poème occupe trois pages, d'une écriture serrée et qui parfois va se resserrant encore. Sur chacune de ces pages le texte est disposé sur deux colonnes.

L'épigraphe est empruntée à l'hymne liturgique des complies du dimanche « *Te lucis ante terminum* ».

Ces quatre vers peuvent être traduits de la manière suivante :

> *Qu'au loin reculent les songes*
> *Et les fantasmes des nuits*
> *Et retiens prisonnier notre ennemi*
> *Pour que nos corps ne soient pas pollués.*

Cette épigraphe disparaîtra de *Jadis et Naguère*, où le titre « La Grâce » est conservé, et où le poème est dédié à Armand Silvestre (1837-1901), qu'on a trop souvent réduit à la relative platitude de certains de ses vers et aux gauloiseries de ses contes.

V. 1 : ce point de départ « Un cachot » est essentiel. À lui seul il justifiait l'insertion du poème dans *Cellulairement,* même si c'est d'une prisonnière qu'il s'agit, enfermée dans une « juste prison » (v. 23).

V. 7 : la scansion oblige à ne pas distinguer les deux syllabes de *ouïr*.

V. 10 : J.-L. Steinmetz (éd. cit., p. 108) rappelle la surnaturelle survie de la tête de Don Juan dans *L'Élixir de longue vie* de Balzac et « La tête du comte » dans les *Poèmes barbares* de Leconte de Lisle. Louis Forestier (dans son édition de *Jadis et Naguère*, Poésie/Gallimard, p. 224), de son côté, indique que Verlaine traite ici « l'un des thèmes les plus rebattus de la décadence et du symbolisme : celui de la tête coupée. Il foisonne en peinture et en littérature ; il est spécialement illustré par l'histoire de Salomé ». Avant tout cela on peut penser au poème de John Keats, « Isabelle ou le Pot de basilic » (« *Isabella or the Pot of basil* », 1818), présenté comme un « conte d'après Boccace ».

V. 13 : voir le livre de Jacques Lafitte-Houssat, *Troubadours et cours d'amour*, PUF, Que sais-je n° 422, 1950, se fondant sur un ouvrage considéré par l'auteur de l'étude comme le seul document capital : le *De arte amandi* (Art d'aimer) d'André Le Chapelain (XIIe siècle), véritable « catéchisme de l'amour courtois » (chapitre III), dont le manuscrit se trouve à la Bibliothèque nationale. L'existence de tribunaux amoureux, cours d'amour, où seules les femmes rendaient des jugements, a été passionnément discutée au XIXe siècle. Stendhal y fait allusion dans *De l'Amour*. Pour certains, il s'agissait de véritables tribunaux, pour d'autres, de simples jeux de société. Pour J. Lafitte-Houssat, et avant lui pour Gaston Paris, le grand médiéviste auquel il se réfère, « c'était seulement des divertissements de société, où, en manière de jeu, des dames illustres, acceptées comme suzeraines par les galants chevaliers, donnaient aux hommes des règles de conduite conformes à un Code d'amour entré dans les mœurs de cette bizarre société » (p. 73). Le châtelain qui s'exprime ici se prêtait donc à ce jeu, sans être aucunement membre du tribunal.

V. 15 : Chateaubriand a écrit, dans *Génie du christianisme* (I, I, 4) : « Si le fils de l'homme trouva le calice amer, comment un ange l'eût-il porté à ses lèvres ? »

V. 18 : comme est tué le roi Duncan par Macbeth et Lady Macbeth.

V. 19-20 : La Dame, juge de son amant, s'est condamnée elle-même.

V. 25 : *Par ainsi* surcharge *Afin que*, biffé.

V. 42 : c'est-à-dire cette tête (*caput*) horrible.

V. 47 : Henry : on notera l'orthographe anglaise, là encore shakespearienne.

V. 65 : *alme* : adjectif cher à Verlaine, expression de la douceur ou de ce que Jean-Pierre Richard a appelé la « fadeur » ; cf. « À Clymène » dans *Fêtes galantes*, où l'amant s'adresse aussi à son amante :

> *Ah ! puisque tout ton être,*
> *Musique qui pénètre,*

Nimbes d'anges défunts,
Tons et parfums,

A, sur d'almes cadences,
En ses correspondances
Induit mon cœur subtil,
Ainsi soit-il!

(OP, *116*)

V. 102 : *cesse* est substitué à *laisse*, biffé.

V. 120 : *éclairs* remplace *regards*, biffé.

V. 127 : *des deux mains* corrigé en *une main*.

V. 149 : *Sautèle* est un archaïsme : le verbe signifie tressaillir ou palpiter.

DON JUAN PIPÉ
(*pages 49-50-51-52*)

Ce poème, qui occupe quatre pages et demie du manuscrit et qui est disposé lui aussi sur deux colonnes par page, a paru plus tard dans la revue *Lutèce* (30 novembre-7 décembre 1884), puis dans la partie « Naguère » de *Jadis et Naguère*, la même année (*OP*, 389-392). Dans les deux cas le sous-titre, « mystère », et l'épigraphe ont disparu. Dans *Jadis et Naguère*, le poème est dédié à François Coppée, récemment élu à l'Académie française.

L'épigraphe est empruntée à la tragédie historique de Shakespeare, *Le roi Jean*, acte III, scène 1, où ces vers sont adressés par Constance, mère d'Arthur de Bretagne, à l'archiduc d'Autriche. François-Victor Hugo traduisait ainsi ces deux vers : « Tu portes une peau de lion ; jette-la par pudeur, — et pends une peau de veau à ces lâches épaules ! » (*Œuvres complètes* de Shakespeare, tome III, *Les Tyrans*, Pagnerre, 1866, pp. 215-216).

V. 2 : l'allusion au « Don Juan aux enfers » de Baudelaire est d'autant plus indéniable que Verlaine semble avoir posé à ce sujet une question à Germain Nouveau qui lui répond le 17 août 1875 : « *Don Juan aux Enfers* ne veut rien dire — qu'aux Enfers Est-ce bête ! » (*Corr. I*, 415).

V. 14 : *allège* est une surcharge au-dessus de deux mots biffés tour à tour et illisibles.

V. 16 : rappel de la chanson de Mignon, dans *Les Années d'apprentissage de Wilhelm Meister* de Goethe, mais d'après le livret de Jules Barbier et Michel Carré pour l'opéra-comique d'Ambroise Thomas (1866), où l'oranger a été substitué au citronnier du texte allemand.

V. 23 : *geôlier* surcharge sans doute *bourreau*, difficilement lisible.

V. 24 : *las* surcharge un mot illisible, peut-être *là*.

V. 26 : *bourreau* surcharge *geôlier*.

V. 48 : presque comme Bayard (1476-1525), le chevalier sans peur et sans reproche.

V. 56 : *Faux hérétique* : barré sur le manuscrit. Dès la version parue dans *Lutèce* en 1884, l'expression *Prêchant en chaire* lui a été substituée.

V. 72 : rappel de la scène du Pauvre dans le *Dom Juan* de Molière, acte III, scène 2.

V. 82 : le mot auquel se substitue *enfants* est biffé et illisible sur le manuscrit (peut-être *enfant*, au singulier, comme le suggère Olivier Bivort).

V. 98 : Verlaine remplacera *son foudre* par *sa foudre* dans les versions imprimées.

V. 119 : rappel du défi d'Eugène de Rastignac à Paris, de ce que Balzac appelle « ces mots grandioses » à la fin du *Père Goriot* (1835) : « — À nous deux maintenant ! »

V. 131 : pas de majuscule à *quelqu'un* sur le manuscrit. Elle sera restituée dans les versions imprimées. Ce *Quelqu'un* (avec majuscule) désignait Satan dans « L'Imprévu » de Baudelaire, poème dédié à Barbey d'Aurevilly lors de sa première publication, le 25 janvier 1863, dans *Le Boulevard*, repris dans *Les Épaves* (pièce 18) et dans l'édition posthume des *Fleurs du Mal* (pièce 88).

Dans le poème de Baudelaire, ce « Quelqu'un » paraissait enfin au vers 21, après Harpagon, Célimène, « un gazetier fumeux » déjà méprisant à l'égard d'un pauvre, « certain voluptueux » (qui n'est pas Don Juan, et remet à plus tard d'être vertueux) et l'horloge avertissant celui qui est déjà mûr pour la damnation. À tous il disait, « railleur et fier » :

> [...] « *Dans mon ciboire,*
> *Vous avez, que je crois, assez communié,*
>   *À la joyeuse Messe noire ?*
>
> *Chacun de vous m'a fait un temple dans son cœur ;*
> *Vous avez, en secret, baisé ma fesse immonde !*
> *Reconnaissez Satan à son rire vainqueur,*
>   *Énorme et laid comme le monde !*
>
> *Avez-vous donc pu croire, hypocrites surpris,*
> *Qu'on se moque du maître, et qu'avec lui l'on triche,*
> *Et qu'il soit naturel de recevoir deux prix,*
>   *D'aller au Ciel et d'être riche ?*
>
> *Il faut que le gibier paye le vieux chasseur*
> *Qui se morfond longtemps à l'affût de la proie.*
> *Je vais vous emporter à travers l'épaisseur,*
>   *Compagnons de ma triste joie,*
>
> *À travers l'épaisseur de la terre et du roc,*
> *À travers les amas confus de votre cendre,*
> *Dans un palais aussi grand que moi, d'un seul bloc,*
>   *Et qui n'est pas de pierre tendre ;*
>
> *Car il est fait avec l'universel Péché,*
> *Et contient mon orgueil, ma douleur et ma gloire !* »

Mais un Ange — qui est l'Imprévu — sonne la victoire et chante les louanges de Dieu.

L'IMPÉNITENCE FINALE
(pages 53, 54, 55, 56, 57, 58, 59)

Sur ces sept pages d'une écriture soignée, Verlaine a ménagé, sans doute dans un second temps, des blancs indiqués par de simples traits. La lecture en a été ainsi volontairement aérée.

Il existe de ce texte une copie de la main de Rimbaud (fonds

Doucet). Olivier Bivort l'a placée en appendice de son édition (2002, pp. 288-292, 2010, pp. 299-304), et Steve Murphy en a donné le fac-similé dans *Parade sauvage*, n° 9, février 1994, pp. 65-68. Le poème, dépourvu de sous-titre, a été publié par Verlaine dans la revue *Lutèce* (7-14 septembre 1884), dans la section « Naguère » de *Jadis et Naguère* (éd. de 1884 et de 1891), où il est dédié à Catulle Mendès, compagnon de ses débuts dont il aimait beaucoup *Philoméla* et à qui il a rendu hommage dans les *Confessions* (*OP*, 385-389). Mendès avait eu lui-même la pratique du long poème que reprend Verlaine dans la série de poèmes à laquelle appartient « L'impénitence finale ».

L'impénitence finale est un trait caractéristique, essentiel même du Dom Juan de Molière. Jacques Truchet a insisté à juste titre sur ce point et sur les dernières paroles qu'adresse la Statue au libertin avant qu'il ne devienne la proie du feu de l'enfer :

> *Dom Juan, l'endurcissement au péché traîne une mort funeste, et les grâces du Ciel que l'on renvoie ouvrent un chemin à sa foudre.*
>
> *(acte V, scène 6)*

La continuité est donc établie avec le poème précédent dans *Cellulairement*, « Don Juan pipé », qui lui succédera au contraire dans *Jadis et Naguère*. Mais on ne peut oublier que Verlaine se désignera lui-même, avec ironie, comme « L'Impénitent » dans un poème qui figure dans *Parallèlement* (*OP*, 510-512), si du moins il est bien ce « vieux faune en l'air guettant [s]on dû ».

L'épigraphe, supprimée dans *Jadis et Naguère*, est de Paul de Rességuier, et non de son père, Jules de Rességuier (1789-1862), à qui Verlaine l'attribue. Elle est extraite, comme l'a précisé Jean-Luc Steinmetz (éd. cit., pp. 110-111), d'un sonnet monosyllabique, « Épitaphe d'une jeune fille », que Louis de Veyrrières avait retenu dans sa *Monographie du sonnet* (Bachelin-Deflorenne, 1869, tome II, pp. 182-183), que les Zutistes avaient apprécié, s'adonnant volontiers eux-mêmes au sonnet monosyllabique, comme Rimbaud dans « Cocher ivre » (AR, 175), déjà cité à propos de « Un pouacre ».

Voici le texte complet :

Fort
Belle

Elle
Dort

Sort
Frêle!
Quelle
Mort!

Rose
Close
La

Brise
L'a
Prise.

V. 3 : Antoine Watteau (1684-1721), le peintre des « fêtes galantes », mieux connu après l'ouverture de la galerie La Caze au Louvre en 1869 (voir Paul Rosenberg, *Dictionnaire amoureux du Louvre*, Plon, 2007, pp. 508-511).

V. 9 : *il* surcharge *elle*.

V. 11 : *Seize ans*, l'âge de Mathilde quand Verlaine l'épousa, de Rimbaud quand il l'accueillit à Paris, du plus beau des mauvais anges dans « Crimen amoris » (v. 17-18).

V. 14 : *à Paris*, biffé, est remplacé, dans la marge de gauche, par *au Jockey*. Ce cercle aristocratique, parisien en effet, malgré son nom anglais, le Jockey-Club, avait été fondé en 1833. Son siège était situé à l'angle du boulevard des Capucines et de la rue Scribe et, comme le rappelle Olivier Bivort (éd. cit., 2010, p. 250), Pierre Larousse dans son dictionnaire le présentait comme le cercle du « viveur aristocratique, gros joueur et coureur d'aventures et de frivolités ».

V. 23 : rappel de la célèbre exclamation de Cicéron dans les *Catilinaires* : « *o tempora! o mores!* ».

Le couvent des Oiseaux, pensionnat pour jeunes filles de bonne famille, se trouvait à l'angle de la rue de Sèvres et du boulevard des Invalides. Il passait pour donner une éducation stricte, sur laquelle Verlaine semble avoir des doutes.

V. 24 : allusion possible au roman d'Octave Feuillet, alors célèbre, *Le Roman d'un jeune homme pauvre* (Michel Lévy, 1868).

V. 26-27 : *sa légitime*, au sens de « sa fortune » ; *sa menotte* : diminutif pour « sa main », mais le mot, dans l'autre sens qu'il peut avoir, surtout pour un prisonnier, a une résonance ambiguë dans *Cellulairement*.

V. 30 : *passer sage* : devenir sage, plutôt que passer pour sage.

V. 34 : le bonheur conjugal de Verlaine et de Mathilde dura moins de deux ans, entre leur mariage en l'église Notre-Dame de Clignancourt, le 11 août 1870, et l'arrivée de Rimbaud que, dans ses *Mémoires*, elle situe en octobre 1871. C'est quelques jours avant la naissance de leur fils Georges, le 30 octobre, qu'elle place le premier acte de violence dont elle fut victime (éd. cit., p. 141).

V. 62 : le thème de « La Grâce » est ainsi retrouvé, à la faveur de cette apparition du Christ et de l'avertissement qu'il donne à la petite marquise pécheresse.

V. 69 : on trouvait plus haut le même adjectif créé par Verlaine, « habitueux » dans le neuvième des « Vieux coppées », vers 5. Cette désinence a généralement chez lui quelque chose de péjoratif.

V. 98 : le miracle, c'est-à-dire l'apparition du Christ — pour l'instant la première.

V. 106 : *volant* corrige *volaient*.

V. 112 : c'est la deuxième apparition de celui qui est désigné comme « le Juste ».

AMOUREUSE DU DIABLE
(pages 60, 61, 62, 63, 64, 65, 66)

Daté sur le manuscrit d'août 1874, comme le « Final » l'est du 21 août, ce poème me semble pourtant très différent, et l'on a pu s'en étonner, comme Jacques Robichez dans son livre *Verlaine entre Rimbaud et Dieu* (pp. 118-120), d'autant plus que Verlaine l'a adressé à Lepelletier en même temps que « JÉSUS m'a dit », le 8 septembre 1874, avec cette indication :

> *Le poème, « Amoureuse du diable » fait partie d'une série dont tu as déjà « L'impénitence finale », et qui contient trois autres petits poèmes: « Crimen amoris », « La Grâce », « Don Juan pipé », dont je t'ai, je crois, parlé.*
>
> (Corr. I, 373)

« Amoureuse du diable », note J. Robichez, « fait, en effet, tellement *partie de cette série*, qu'on serait tenté d'en reporter la rédaction à l'année précédente: même thème, même ton, même médiocrité prosaïque. Si, faute de preuve externe, on y renonce, que peut-on y trouver qui ne jure pas avec les émotions religieuses de ce mois d'août? *L'immense repentir*, peut-être, dans la mise en scène d'un foyer saccagé, avec des détails qui ressemblent à des aveux [v. 81-85] et le dernier vers, le moins éloigné de *Sagesse*. »

L'épigraphe est empruntée à *Éloa, ou la Sœur des anges*, long poème d'Alfred de Vigny, publié en 1824, et donc une de ses œuvres de jeunesse. C'est le vers 136 du chant II. Comme le rappelle Olivier Bivort (éd. cit., 2010, p. 260), « dans ce *mystère*, le Tentateur emporte en enfer l'ange Éloa qui, abusée par sa beauté, est tombée "amoureuse du diable" ».

V. 1: comme l'a fait observer Jean-Luc Steinmetz (éd. cit., p. 112), ce premier vers reprend en les contractant les troisième et quatrième vers d'« Une grande dame », dans les *Poèmes saturniens* (*OP*, 76-77). Voici le début de ce sonnet, qui est le quatrième des « Caprices »:

> *Belle « à damner les saints », à troubler sous l'aumusse*
> *Un vieux juge! Elle marche impérialement.*
> *Elle parle — et ses dents font un miroitement —*
> *Italien, avec un léger accent russe.*

V. 4: *monnayé*: converti en monnaie.

V. 8: *Felice* est sans accent sur le manuscrit, comme il convient pour un Italien (ou du moins quelqu'un qui le parle).

V. 81-82: on ne peut s'empêcher de penser aux reproches que fait Mathilde à Verlaine lui-même.

V. 86: *Mia*: ma chérie.

V. 94 : *verres à pattes* : variante cocasse pour verres à pied.

V. 98 : *un bon Dieu de bois* : c'est à cela, ou à peu près, que se réduisait aussi le crucifix des cellules de Mons.

V. 102 : un de ces vers dont la coupe étonnait Verlaine lui-même. C'était aussi le cas du vers 95.

V. 105-112 : J. Robichez (*Verlaine entre Rimbaud et Dieu*, p. 119) cite ces vers avec ce commentaire :

> Il est difficile d'imaginer que Verlaine ne parle pas, ici, d'après ses propres souvenirs. En tout cas, le plaidoyer pour l'ivrognerie, sans nul doute, est bien de lui. Mais, il est vrai, l'âme du vin parle, là, si éloquemment qu'on se demande si le repentir est total et si quelque nostalgie ne s'y trouve pas mêlée !

V. 119 : *un écoute-s'il-pleut* : une promesse illusoire.

V. 134 : *Altro !* = Ah ! oui, alors (J.-L. Steinmetz, éd. cit., p. 112).

V. 139 : *diletta* : choisie ; donc « ma chérie ».

V. 154 : autre allusion à *Éloa*, chant I, v. 19-20 :

> *Fils de l'homme et sujet aux maux de la naissance,*
> *Il les commençait tous par le plus grand, l'absence.*

Jacques Robichez, sévère pour l'ensemble de ce poème, sauve ce dernier vers d'« Amoureuse du diable », qu'il commente ainsi, dans *Verlaine entre Rimbaud et Dieu*, p. 120 :

> Il faut lire ce vers de moraliste sous deux éclairages, sans lesquels Verlaine se laisserait mal comprendre, au cours de cet été [l'été 1874] où tout change pour lui : c'est d'abord une confidence qui le sépare de sa propre expérience, mais elle approche de son terme. C'est aussi, de la façon la plus orthodoxe, une évocation du supplice des damnés : la privation éternelle de Dieu. Il est en train, miraculeusement, d'y échapper.

FINAL
(pages 67, 68, 69, 70, 71, 72, 73, 74, 75)

Annoncé comme « conclusion » dans la lettre que Verlaine avait voulu (sans y parvenir) adresser de Mons à Lepelletier, le 22 août 1874, et comme ayant « quelques [*sic*] cent vers » (*Corr. I*, 371), ce « final » de « 10 sonnets, coupés selon le dialogue », est livré au même destinataire dans une lettre du 8 septembre suivant présentée comme le — long — « post-scriptum » de la précédente, celle-ci « pour des raisons sérieuses n'ayant pas été expédiée » (*Corr. I*, 374-377).

Cette série de dix sonnets (trois constituant toujours la section VII) a été reprise dans une version nouvelle intégrée à la seconde partie de *Sagesse* en 1881, 1889 et 1891 (IV, 1 à 9, *OP*, 268-272). Pierre-Henri Simon l'a considérée comme « le sommet de *Sagesse*, et sans doute aussi la première cime du lyrisme authentiquement chrétien atteinte par la poésie française », et il ajoutait : « Le seul texte littéraire — mais est-ce bien un texte littéraire ? — auquel ces sonnets se rattachent dans le passé, c'est le *Mystère de Jésus* de Pascal. » Il n'éludait pas pour autant certaines réserves qui peuvent être faites, « le génie verlainien s'affirm[ant] ici dans sa complexité la plus spécifique » (Sagesse *de Paul Verlaine,* Fribourg, Suisse, Éditions universitaires, 1982, pp. 198-211).

Jacques Robichez, tout en considérant que ces dix sonnets « touchent au plus profond de l'expérience mystique », porte sur cet ensemble un jugement nuancé tant du point de vue spirituel que du point de vue poétique (*Verlaine entre Rimbaud et Dieu*, pp. 120-125). Mais il n'irait pas jusqu'à écrire, comme Jean-Pierre Richard (*Poésie et profondeur,* p. 183), que « le sentiment religieux n'est guère chez Verlaine qu'une idolâtrie ». D'ailleurs, si critique soit-il, l'auteur de « Fadeur de Verlaine » n'est pas insensible à cette « nouvelle voix, vibrante et rassurante, puisqu'elle lui arrive d'un lieu précis, soigneusement exploré et reconnu : la personne même du Christ vers laquelle en retour pourront converger les prières » (p. 182).

Une nouvelle voix. Une nouvelle voie aussi : non pas l'impair retrouvant la sécurité du pair, comme à la fin de « Crimen amoris » (selon l'analyse d'Octave Nadal, p. 156), mais le vers pair au service de l'expression d' « un échange incompréhensible entre l'infime mouvement d'amour qui est demandé à l'homme et la violence démesurée de l'amour divin » (J. Robichez, *op. cit.,* p. 122).

L'épigraphe est une parole de sainte Catherine de Sienne (1347-1380), mystique italienne qui a laissé un *Dialogue de la divine Providence ou livre de la doctrine divine* (1378). Peut-être ce livre avait-il été fourni à Verlaine par l'aumônier de la prison de Mons. Il retient cette phrase en latin : « Je suis allée au sang du Christ. » C'est le mouvement de ce « Final » et de ce qu'il est convenu d'appeler sa « conversion ».

Au-dessus de cette citation, une autre épigraphe plus longue a été biffée. Elle était empruntée à saint Bonaventure et a été ainsi à peu près reconstituée par Olivier Bivort (éd. 2002, p. 320 ; 2010, p. 346) :

> *Nihil me judicans scire vel amare vel spectare nisi Dominum Jesus Cristum et* [un mot illisible].

Sur le manuscrit isolé du fonds Doucet (« Final d'un livre intitulé *Cellulairement* »), à la citation de Catherine de Sienne est jointe une autre épigraphe empruntée au psaume CXV, 4, *Calicem salutaris accipiam* : « Je prendrai le calice du salut. »

Ces épigraphes ont disparu de *Sagesse.*

Le VIII qui figure en haut de la dernière page du manuscrit principal et précède l'ultime réponse pourrait être considéré comme une erreur de graphie. Jean-Luc Steinmetz (p. 81) et Olivier Bivort (pp. 277, 287), dans leurs éditions respectives, lui ont substitué un IX. Mais on peut voir là un rappel du VIII de la page précédente, ce dernier sonnet n'en faisant qu'un seul, même si la dernière phrase est détachée par l'alinéa.

La date a été corrigée par Verlaine sur le manuscrit. C'était d'abord 21 août 1874. La nouvelle date correspond à la sortie de prison, et la fin de *Cellulairement* à la libération du poète.

I

V 1 : Jésus, écrit en lettres plus grosses et souligné de deux traits, fait d'abord entendre sa voix et va devenir l'interlocuteur du prisonnier solitaire.

V. 2-8 : à partir de l'humble crucifix de la cellule, Verlaine recompose une vision de la Passion du Christ, en reprenant des éléments et des images de l'Évangile, les larmes de Marie de Magdala (Jean, XX, 11), le fiel mêlé au vin (Matthieu, XXVII, 34), l'éponge imbibée de vinaigre (Matthieu, XXVII, 48), le sang qu'un soldat a fait jaillir de son flanc d'un coup de lance (Jean, XIX, 34).

V. 11 : *comme c'était écrit* : formule fréquente dans les Évangiles.

V. 12 : *Lamentable* : pitoyable, digne de pitié ; *qui Me cherches où Je suis* : « *Tu me cherches là où je suis, dans ton cœur,* et où tu aurais dû, déjà, me trouver si tes yeux s'étaient ouverts » (interprétation à laquelle J. Robichez donne sa préférence, éd. cit., p. 613, n. 6).

II

V. 2 : cf. Jean, VII, 34 « Jésus dit : [...] Vous me chercherez et ne me trouverez pas ; car là où je suis, vous, vous ne pouvez venir. »

V. 5 : Jean, VII, 37-38 « Jésus se tint dans le Temple et il se mit à proclamer à haute voix : "Si quelqu'un a soif, qu'il vienne à moi, et que boive celui qui croit en moi." »

V. 9 : telle est bien la « chasse spirituelle » de Verlaine, comme l'a fait observer Octave Nadal (*Paul Verlaine,* p. 88), reprenant le titre de l'œuvre perdue de Rimbaud.

V. 14 : interprétation de J.-L. Steinmetz (éd. cit., p. 114) : « dont la paupière est retenue par un lourd baiser, celui de l'aveuglement charnel ».

III

V. 1 : *l'universel Baiser,* et non, comme l'a fait observer J.-L. Steinmetz (éd. cit., p. 114), le « baiser [qui] dort » dans la feuillée parmi les fleurs, le « Baiser d'or du Bois, qui se recueille » dans « Tête de faune », poème de Rimbaud « à la manière de » Verlaine », — du premier Verlaine du moins (AR, 165-166) — il a été copié par lui et révélé par lui dans « Pauvre Lélian ». J. Robichez pense plutôt au « baiser de l'être illimité » dans *Les Contemplations* de Victor Hugo (« Mugitusque boum », v. 31), mais « universel » a chez Verlaine son sens et sa dimension de « catholique ».

V. 2-3 : réponse au dernier vers du sonnet précédent.

V. 7 : Georges Zayed dans son édition des lettres de Verlaine à Charles Morice (Droz, 1964) a cru retrouver ici une image venue de l'*Énéide* (III, 563-564) : « Comme l'aigle de Jupiter volant dans les airs enlève dans ses serres un lièvre ou un cygne blanc ». Ce n'est pas, en tout cas, l'enlèvement de Ganymède, cher à l'« autre » Verlaine.

V. 11 : *reposoir* : « autel dressé sur le parcours d'une procession pour faire reposer le Saint Sacrement » (définition donnée par P.-H Simon, éd. cit. de *Sagesse*, p. 308). C'est le mot sur lequel s'achevait « Harmonie du soir » de Baudelaire et Saint-Pol-Roux écrira *Les Reposoirs de la procession* (1893).

IV

V. 3 : *Je suis indigne* : cf. dans l'office catholique, au moment de l'Eucharistie, « Seigneur, je ne suis pas digne de te recevoir ».

V. 4 : la Trinité (cf. vers 9).

V. 5-6 : *le Jaloux/De Juda* : raccourci audacieux. Le Dieu de l'Ancien Testament veillait jalousement sur les enfants de la tribu de Juda (Exode, XX, 5).

V. 10 : *Ce superbe* : cet orgueilleux.

V. 8 : cf. « Dieu nous a aimés jusqu'à la folie », phrase que Verlaine attribue à saint Augustin et qu'il a plusieurs fois citée (en particulier dans la lettre à Lepelletier du 8 septembre 1874 ; *Corr. I*, 383). Voir à ce sujet la longue note de J. Robichez dans son édition, p. 614, n. 12.

V

V. 2 : le Christ peut être considéré comme le nouvel Adam dans le texte même de la Bible, dans les Épîtres de saint Paul (Ire Épître aux Corinthiens, XV, 45, aux Romains, V, 12-31). Mais Jean-Luc Steinmetz (éd. cit, p. 115) a bien montré l'insistance sur ce point dans le *Catéchisme de persévérance* de Mgr Gaume dont disposait Verlaine dans la prison de Mons : « Unis au premier Adam de la manière la plus intime [...] nous avons tous péché en lui [...] pour être régénérés dans les parties de notre être, il faut donc nous unir tout entiers au nouvel Adam. »

V. 12 : *Sors de ta mort* : sors d'une vision de l'existence enfermée dans l'idée d'une mort sans issue.

VI

V. 11 : l'accolade du Christ comme étant le « bon chevalier ». Cf. le premier poème de *Sagesse* (*OP*, 240).

V. 14 : l'apôtre Jean, « le plus grand, après l'autre/Jean, le Baptiste » selon Verlaine dans *Liturgies intimes* (« *In initio* », *OP*, 750-751).

VII

Cette section est constituée de trois sonnets non numérotés, séparés par un trait horizontal dans le manuscrit principal.

Premier sonnet

V. 5-8 : c'est le quatrain où s'exprime la nécessité d'un mot et d'une date qui deviennent chers à Verlaine : la confession.

V. 9-10 : l'Eucharistie (cf. Matthieu, XXVI, 26-28).

V. 12 : cf. Jean, XV, 1.

Deuxième sonnet

V. 10 : *amour propre* est sans trait d'union sur le manuscrit.

V. 14 : *une mort scélérate* : la mort sur la croix qui était réservée en principe aux scélérats (interprétation de Louis Morice, dans son édition critique de *Sagesse*, Nizet, 1964, p. 328).

Troisième sonnet

V. 1 : *ton zèle* : ton ardeur religieuse.

V. 3 : *Mes prémices* : mes premiers dons.

V. 6-7 : *Calice/Éternel* : cf. Jean, VI, 54-56.

V. 9 : on ne peut pas ne pas penser, dans un registre évidemment très différent, à la fin de « Délires I — Vierge folle », dans *Une saison en enfer* : « Un jour peut-être il disparaîtra merveilleusement ; mais il faut que je sache, s'il doit remonter à un ciel, que je voie un peu l'assomption de mon petit ami ! » (AR, 262).

VIII

V. 9 : ce n'est plus l'extase de « Mandoline » dans les *Fêtes galantes* (*OP*, 115), ni « l'extase langoureuse » de la première des « Ariettes oubliées », dans *Romances sans paroles* (*OP*, 191). Et il convient même d'être plus prudent que J. Robichez (éd. cit., p. 615) quand, distinguant ce dernier sonnet des précédents, il écrit : « Après l'hésitation, l'argumentation : l'extase. » Il s'agit à la fois de l'extase et de son contraire, la terreur, d'une joie mêlée de larmes, d'une sensation de bien et de mal à la fois, d'un espoir mêlé d'un « trouble immense ».

V. 14 : et précisément cette union des contraires, « c'est cela », comme le confirme Jésus-Christ lui-même, l'interlocuteur de la « pauvre âme ».

MES PRISONS

INTRODUCTION

Le titre, *Mes Prisons*, est emprunté consciemment à l'écrivain italien Silvio Pellico (1789-1854) qui fut incarcéré sous les plombs de Venise, puis passa quinze années de cachot dans la forteresse autrichienne de Spielberg, à Brno. *Le Mie Prigioni* avait été publié en 1832 et traduit en français dès l'année suivante. Pellico avait été condamné (et même d'abord condamné à mort) pour des raisons politiques. Ce n'est pas tout à fait le cas de Verlaine, même si son passé sous la Commune a joué contre lui lors du procès de Bruxelles. Comme l'a fait observer Arnaud Bernadet, il a lui-même qualifié globalement son entreprise autobiographique de « travail quasiment silviopelliqueste »[1].

Cette entreprise autobiographique, si l'on s'en tient aux textes écrits en prose, va principalement des

---

1. *Mes Hôpitaux*, *Pr.*, 250 ; Arnaud Bernadet, « Tragédie à huis-clos : *Cellulairement* (1873-1875) et la philosophie du criminel », dans le numéro 11 de la *Revue Verlaine* (2013).

Mémoires d'un veuf (1886) aux *Dernières chroniques de l'hôpital* (1895). Mais deux titres, deux temps sont particulièrement marquants, *Mes Hôpitaux* (1891) et *Mes Prisons* (1893), dans l'attente de quelque chose qui, comme l'a suggéré Edmond Lepelletier, aurait dû, depuis son retour de Coulommes à Paris en 1885, être intitulé *Mes Taudis*[1].

Le volume publié par Léon Vanier en mars 1893 reprenait des textes publiés dans le journal de Rodolphe Salis, *Le Chat Noir*, où, comme l'a rappelé André Velter, Verlaine a placé des poèmes — les seuls que Jules Laforgue semble avoir retenus des numéros qu'il put avoir en main, « tant ils s'imposent par grâce singulière »[2]. Parmi les neuf poèmes publiés dans *Le Chat Noir* en 1883 sous le titre « Vers à la manière de plusieurs » (numéros du 26 mai, du 14 juillet et du 18 août) figuraient des « chutes » de *Cellulairement* (IV. « Paysage », le troisième, sans titre, des « Vieux coppées » ; VIII. « Un pouacre ») et, le 26 décembre 1885, on y trouvait « Crimen amoris ».

Tour à tour, quelques années plus tard, *Le Chat Noir* publiait « *Mes Prisons* (la première) » (numéro du 12 décembre 1891) ; puis « la deuxième » (2 janvier 1892) ; « Une... manquée » (23 janvier 1892) ; « la troisième » (6 février 1892), qui deviendra

---

1. Edmond Lepelletier, *Paul Verlaine Sa Vie Son Œuvre*, Mercure de France, 1907, p. 500.
2. Notice sur Verlaine, p. 499 dans *Les Poètes du Chat Noir*, présentation et choix d'André Velter, Poésie/Gallimard, 1996. Les poèmes de Verlaine occupent dans ce volume les pages 290 à 307.

le chapitre 4 ; « *Mes Prisons*. Prime Prévention » (5 mars 1892), futur chapitre 5 ; « Prime Prévention, suite » (16 avril 1892), futur chapitre 6.

Les chapitres suivants ne viennent pas du *Chat Noir*. Avec le chapitre 7 commence le manuscrit autographe conservé au fonds Doucet, sur du papier de l'Assistance publique. Ce chapitre 7 a un titre, « À la pistole », dans la table annexée au manuscrit. On constate des variantes entre ce manuscrit et le texte définitif de 1893, tant pour le chapitre 7 que pour les suivants.

Le chapitre 18 fut d'abord publié dans la revue *La Plume* le 1er juillet 1892 sous le simple titre *Mes Prisons*. Pour le chapitre 19 n'existent ni manuscrit ni pré-originale, mais à la suite du manuscrit du fonds Doucet se trouvent trois morceaux dont le premier porte, de la main de Verlaine, le titre *Mes Prisons* suivi du chiffre xix et dont les deux autres sont numérotés xx et xxi. Jacques Borel, dans le volume d'*Œuvres en prose* de la Bibliothèque de la Pléiade, a suggéré que le chapitre 19 et dernier du texte définitif pouvait être une refonte de ces trois chapitres (p. 1259).

L'édition de 1893 donne la série complète des titres de chapitres, qui se présente ainsi :

1. Rue Chaptal
2. « Or ceci se passait » en 1870
3. Une... manquée
4. L'Amigo
5. Les petits carmes
6. En cellule

7. À la pistole
8. La XXe chambre du tribunal correctionnel
9. En appel
10. Mons
11. Nouvelle mise à la pistole
12. Jugement en séparation
13. Sacrement de l'Eucharistie
14. Confession
15. Communion
16. Libération
17. La prison de V***
18. Rue Bochard-de-Saron
19. Place du Panthéon. — Conclusion

Le texte est repris du volume de la Pléiade (*Pr.*, 319-360), lui-même conforme à l'édition originale (Léon Vanier, 1893) et revu tant sur le manuscrit de Verlaine que sur les coupures du *Chat Noir* corrigées de la main de Verlaine.

Antoine Adam s'est montré sévère pour *Mes Prisons*, non tant à cause des inexactitudes dont, selon lui, « ces pages fourmillent » qu'en raison de défauts formels :

> [...] *la phrase se désarticule, devient louche et tortueuse, s'alourdit d'inutiles surcharges. Ce n'est plus la bonhomie des* Mémoires d'un veuf. *Ce sont les fausses malices d'un goguenard qui vous lance des clins d'œil et pense vous arracher un sourire complice*[1].

---

1. Ouvrage cité, p. 276.

Mais on taxe trop aisément de médiocrité le dernier Verlaine, et on démembre l'ensemble de son œuvre bien plus qu'il n'a lui-même démembré *Cellulairement*.

Rien n'est plus stimulant qu'une lecture du recueil poétique de 1873-1875 et des récits publiés vingt ans après qui conduisent d'un incident scolaire à un retour sans panthéonade en passant et en repassant par Bruxelles et par Mons — sans oublier Arras, ou Vouziers ou un commissariat proche de la Bastille. Verlaine est conscient et des transformations qui se sont opérées en lui et des chutes qui ont suivi, appelant une nouvelle fois la miséricorde de Jésus.

Verlaine a parfois parlé de son expérience cellulaire ; parfois il a préféré la laisser dans l'ombre et faire silence. Publier *Mes Prisons*, c'était ne plus faire silence sur *Cellulairement*. C'était peut-être aussi, comme l'écrit aujourd'hui Arnaud Bernadet, « exhauss[er] la prison au rang d'emblème dans son œuvre ». C'était assurément rechercher et retrouver une continuité.

P. B.

Mes Prisons

1

Rue Chaptal. Presque au coin de la rue Blanche, à droite en venant de Notre-Dame de Lorette. Une grille monumentale sur une cour pavée, menant au réfectoire de la pension L... À main droite, une petite porte donnant accès à l'intérieur de l'établissement, aux côtés de laquelle, accrochés, deux panneaux noirs portaient en lettres d'or les sciences et arts divers enseignés dans l'établissement. Un immense mur avec des défenses interminablement longues, en lourds caractères officiels à demi effacés par les intempéries, d'afficher et de déposer des ordures, en vertu de telles et telles lois de telles années déjà très anciennes, et, derrière, le dépassant d'à peu près un mètre et demi, les constructions basses des études et des dortoirs.

Tout cela disparu depuis cinq ou six ans pour faire place, bien entendu, à de *belles* maisons de rapport à des trente-six étages au-dessus de l'entresol.

C'était là qu'il y a trop longtemps je commençais mes « études » après avoir achevé d'apprendre à lire, à écrire — et à compter (mal) dans une petite classe élémentaire...

J'étais en septième au lycée Bonaparte où la pension nous conduisait deux fois par jour ; mais comme je me trouvais en retard, vu quelque fièvre muqueuse que j'avais eue, on me donnait des répétitions, et c'était le maître de pension, le père L... qui nous inculquait, car nous étions plusieurs, dont quelques cancres — desquels pas encore moi — les principes de la latinité, non sans une extrême patience parfois, tout de même, en défaut, témoin ce qui va brièvement suivre.

Rosa, la rose, n'avait plus que peu de mystère pour moi. *Puer bonus, mater bona..., pensum bonum*, non plus. J'avais franchi, non sans encombres, cette passe dangereuse du *qui, quae, quod*, et, en attendant l'affre déjà soupçonnée de ce « *que* retranché ! » non moins que les écueils d'une heureusement encore lointaine syntaxe, j'en étais à la seconde conjugaison des verbes actifs.

C'est de *legere* qu'il retournait un certain jour.

J'ai encore présent le théâtre de ces matinées plutôt ennuyeuses en somme pour des gamins à peine sevrés de papa et de maman. Un cabinet garni d'un vaste bureau, d'une chaise-fauteuil, dossier d'acajou, siège de cuir, d'un banc et d'une table percée de trous où des encriers en plomb à l'usage des « élèves » que nous étions. De temps en temps la leçon se trouvait interrompue par l'entrée d'un tambour de la Garde Nationale, bonnet de police noir à bordures quadrillées et à gland rouge et blanc, venant déposer quelque rapport au bas duquel notre maître, capitaine adjudant-major, mettait sa signature, et disparaissant dans le salut militaire auquel le père L... répondait en soulevant sa calotte de velours ramagée de soie bleue.

Ce jour-là :

« Verlaine, conjuguez *legere*.

— *Lego*, je lis, *legus*, tu lis, etc.

— Bien. L'imparfait ?

— *Legebam*, je lisais, etc.

— Parfait. Le prétérit ? »

Moi, tout frais émoulu de la première conjugaison :

« *Legavi*.

— *Legavi* ? »

« *Lexi* », me souffla un de mes camarades, plus « fort » que moi, de la meilleure foi du monde.

Moi, sûr de mon fait :

« *Lexi*, m'sieu.

— *Legavi ! Lexi !* » hurla littéralement le patron, dressé sur ses chaussons à talons, pourpre, presque écumant, tandis que sa robe de chambre bleu marine à doublure capitonnée rouge flottait autour de ses assez maigres jambes atteintes de vagues rhumatismes, et qu'un trousseau de clefs vigoureusement lancé allait frapper le mur à gauche de ma tête prise à deux mains et renfoncée dans mes épaules, tôt suivi d'un dictionnaire de Noël et Quicherat, presque un

Bottin, qui vint s'écrabouiller à droite de ma tête sur le mur en question. Une double maladresse sans doute intentionnelle après tout.

Et après quelques pas trépidants de male rage peut-être sincère.

« Au cachot, monsieur ! »

Un timbre fut sonné et le *cuistre* (lisez le garçon de cour, un peu à tout faire : on l'appelait familièrement *Suce-Mèche*, à cause des lampes qu'il allumait pour l'étude du soir) apparut.

« Conduisez ce paresseux au cachot. »

Et m'y voici, au « cachot », muni de *legere* à copier dix fois avec le français en regard. Un cachot d'ailleurs sortable, lumineux, sans rats ni souris, sans verrous (un tour de clef avait suffi), de quoi s'asseoir, et — moindre chance — de quoi écrire, et d'où je sortis au bout de deux petites heures, probablement aussi savant qu'auparavant, mais à coup sûr plein d'appétit, tôt assouvi, d'amour de la liberté (la bonne, qui est l'indépendance) et qui sait ? de cet esprit, vraisemblable, d'aventure, qui, trop débridé, m'aura jeté dans les casse-cou d'un peu tous les genres !

Quelles impressions furent miennes dans cette miniature de captivité ? Je ne saurais naturellement bien les préciser en ce moment de mon âge mûr, déjà ! après tant d'années et tant d'un peu plus sérieux verrous sur ma liberté d'homme pour telles et telles causes au nombre desquelles faut-il compter précisément l'abus de la conjugaison en question plus haut, et l'humble anecdote que je viens de rapporter ne serait-elle par hasard qu'un symbole ? Ne constituait-elle pas, à l'époque, comme l'annonce et le pressentiment de malheurs dus à LA LECTURE ? Estampillait-elle déjà mon enfance du mot fatidique de ce détestable si savoureux Vallès : « Victime du Livre », en bon latin cette fois : *Legi* ?

2

« OR CECI SE PASSAIT... »

en 1870 au mois de décembre. J'étais garde national au 160ᵉ bataillon, secteur je ne sais plus quantième, vers Montrouge et Vanves. De plus, je remplissais depuis déjà longtemps les fonctions d'expéditionnaire à la Préfecture de la Seine, emploi qui m'eût exempté de tout service « militaire », n'eût été mon patriotisme (un peu *patrouillotte*, entre nous, cas, en ces temps de fièvre obsidionale, de plusieurs d'entre les Parisiens, d'ailleurs). Quelque amour de l'uniforme — de quel uniforme ! — et un peu de curiosité, aussi, me poussaient. Bref, le Rempart et le Bureau alternaient plus ou moins agréablement dans ma vie assez confortable d'alors *(Quantum mutata !)*. Journée de bureau impliquait pour moi nuit de jeune ménage ; tour de rempart comportait du sommeil à la dure, — excellente condition pour ne pas s'aguerrir ès travaux de Mars. Aussi le premier feu jeté, bien savourée la joie de porter le képi de fantaisie et de manier le flingot à tabatière, le Bureau, tant honni aux jours pacifiques de cet « infâme » second Empire, me parut en dépit de la sainte République tant appétée, obtenue, et du danger couru par une patrie pour laquelle ma bonne volonté de « pantouflard » ne pouvait que vraiment trop peu, le Bureau finit par l'emporter dans mes préférences sur le Rempart, ses parties de bouchon dans la neige, son froid aux pieds, et cet ennui ! Et je négligeai quelque peu mon service et ses inconvénients pour mon emploi et ses compensations, conduite qui me valut bientôt la visite de mon caporal, un brave petit cordonnier de la rue Cardinal-Lemoine ; l'excellent garçon m'apportait un ordre de me rendre à la prison du secteur pour deux jours et deux nuits. J'accueillis le caporal très cordialement, mais l'ordre mal, et refusai de suivre le premier. Le lendemain, celui-ci sonnait de nouveau chez moi, convoyeur encore de celui-là doublé.

Résister n'était plus de mise, et, dûment emmitouflé d'un passe-montagne, de moufles, « couverte » en bandoulière, bidon plein, muni en outre d'une terrine de pâté de perdreau (!) par ma femme (*quantum*, celle-là, aussi, *mutata !*), je m'acheminai, flanqué de mon supérieur, vers le poste, aujourd'hui démoli pour faire place aux bâtiments d'école de l'avenue d'Orléans, tout contre la chapelle Bréa, restée debout et servant de paroisse auxiliaire au quartier, — lieu de détention devenu depuis odieusement célèbre par le massacre par Serizier, en mai 1871, des Pères dominicains d'Arcueil.

Nous arrivâmes environ deux heures après notre assez matinal départ de chez moi, car nous nous étions arrêtés chez de vagues camarades de bataillon un peu marchands de vins, et entre autres stations, à l'entrepôt, tout voisin, des Vins, où d'autres camarades, employés là, nous régalèrent « aux frais de la Princesse » en me souhaitant bon courage pendant ma « captivité ».

Il y avait un greffe où quelques sous-officiers de l'armée citoyenne procédèrent à mon écrou, et une sorte d'immense hangar qui eût été une grange qui eût été l'atelier d'une tribu de peintres ou de sculpteurs en gros, prenant jour d'en haut par un vitrage démesuré mal joint, sommairement meublé de lits de camp tout autour d'un poêle entretenu du dehors et d'un « cabinet » dans un coin, où le *Jules* traditionnel sommeillait, utile et mal odorant.

J'entrai dans cette gigantesque salle de police où une trentaine, au bas mot, de prisonniers, képis et vareuses, causaient et chantaient, fumaient et jouaient, dominos, dames et échecs — ou les cartes ! en un mot, menaient un train des moins maussades... pour eux-mêmes... Le poêle faisait rage, le vitrage aussi, et c'était une touffeur dans les bises, trop efficaces véhicules de bronchites prochaines et de rhumatismes à l'horizon, dont j'attrapai ma juste part rétributive aux temps voulus. La connaissance entre mes compagnons et moi fut vite faite, grâce à une humeur spécialement communicative et relativement toute ronde que j'ai. La grande majorité, disons la totalité de mes compagnons, se composait d'ouvriers affalés là pour menues fautes contre la discipline, du genre de la mienne (dans toute garde nationale bien entendue, la discipline, vous savez... et puis, c'est le cas de le dire... à rebours : « À la guerre comme à la guerre ! ») Le plus « attigé » d'entre ces braves s'appelait Chincholle, tout comme l'illustre reporter, déjà connu à cette lointaine époque, et même ce nom me frappa, — à preuve ! C'était un peintre en bâtiment, beau parleur, virtuose de la romance et de la scie, le boute-en-train du lieu. Son cas, un mois, provenait précisément de ce tour d'esprit, et quelque intempérance de langue vis-à-vis de quelque observation lui avait attiré ces foudres, dont il ne paraissait d'ailleurs pas plus affecté que cela. Ô le plaisant garçon, plein, aussi bien, de jugeotte, et qui s'emballait mal sur l'article « sortie torrentielle », et manifestant peu d'enthousiasme pour « le Truc » au pouvoir. Et quel débrouillard ! Du dehors, par la complicité achetée, grâce à ses ruses et à sa faconde (en parisien, *jactance*), des factionnaires successifs, c'était, chez nous, à travers l'espace occupé au passage du tuyau du poêle à sa naissance, des arrivages de gouttes et d'apéritifs de tout acabit, activement expédiés, croyez-le. Le soir venu, chacun, enveloppé de sa couverte, s'étendait sur la planche, et des histoires, cric-crac ! des contes où les femmes et le clergé tenaient le rôle prépondérant, défilaient en longs récits parfois amusants, permettant au sommeil de ne pas venir trop tôt. De temps en temps un obus venu de Châtillon ou d'ailleurs sifflait au-dessus du vitrage, aboyait, hennissait, et s'allait épater plus loin, « dans le tas ». J'avouerai ici à ma honte que je profitai de l'ombre et du repos des deux nuits passées dans ces fers et sur cette paille, pour manger, que dis-je ? déguster, savourer le bienheureux pâté de perdreau, en cachette, en *suisse*. Tiens, eux, les autres, à ma place !...

On parlait parfois politique, et c'est une chose qui me frappa d'autant plus qu'à cette période de mon existence si contradictoire, apparemment au moins, j'étais d'une nuance révolutionnaire des plus foncées, hébertiste, babouviste, que sais-je ? — que l'extrême modération légèrement sceptique et blagueuse, aussi bien, de tous ces dignes travailleurs dont la plupart, je le crains, durent, cinq mois plus tard, expier le coup de soleil de la Commune, exaspérant leur bon sens initial en une insurrection juste, après tout, en principe.

Dans ces conditions, acceptables en somme, mes quarante-huit heures se passèrent vite, et ce fut sans peine, mais en toute sympathie, que je me séparai du citoyen Chincholle, sorte de Doyen de la Maréchaussée (rappelez-vous Dickens et *La Petite Dorrit*) et de ses en quelque sorte subordonnés, qui m'escortèrent jusqu'à la porte, selon l'usage, d'un vigoureux et retentissant :

> *Tu t'en vas et tu nous quittes.*
> *Tu nous quittes et tu t'en vas !*

Au retour dans mes pénates, on m'accueillit, comme de juste, gentiment, sans oublier de demander comment j'avais trouvé le pâté de perdreau. À quoi ayant, moi, répondu : « Délicieux ! comme c'est gentil d'avoir... », il me fut répliqué :

« J'avais, en effet, toujours entendu dire que le rat était une viande des plus friandes. »

3

UNE... MANQUÉE

Le regretté Arthur Rimbaud et moi, férus d'une male rage de voyage, partîmes par un beau jour, si je ne me trompe, de juillet 187..., par A..., où j'avais fait et devais faire depuis de nombreux séjours en famille, et d'autres. Ville curieuse, maisons espagnoles du bon XVIIe siècle et quelques monuments dont le plus bel hôtel de ville gothique de France, caserne et couvent, cloches et tambours. Nul commerce et peu d'industrie. Quelques richards confinés derrière les hautes fenêtres à volets blancs de leurs petits hôtels à beaux jardins. La population, aisée ou pauvre, casanière, mais de bonne composition.

Nous nous mîmes dans le train vers dix heures du soir et arrivâmes au jour. Le tour de la ville fut vite fait, ces places fortes sont resserrées, et en attendant que fussent levées les personnes susceptibles de nous accueillir amicalement sans trop de dérangement pour elles, nous résolûmes d'aller déjeuner au buffet de la gare où nous prîmes préalablement chacun un ou plusieurs apéritifs... en causant de choses et d'autres. Rimbaud, malgré son extraordinairement précoce sérieux qui allait quelquefois jusqu'à de la maussaderie traversée par foucades d'assez macabres ou de très particulières fantaisies, et moi, resté gamin en dépit de mes vingt-six ans sonnés, avions ce jour-là l'esprit tourné au comique lugubre, et, cabrionesques, n'allâmes-nous pas nous aviser de vouloir « épater » les quelques « bonnes têtes » de voyageurs là consommant bouillons, pains fourrés et galantines arrosés de vin d'Algérie trop cher ! Parmi les types présents se trouvait à droite, je m'en souviens encore, sur notre banquette, à peu de distance, un bonhomme presque vieux, médiocrement mis, un chapeau de paille défraîchi sur une tête plutôt à claques rasée, niaise et sournoise, suçotant un cigare d'un sou en humotant une chope à dix centimes, toussant et graillonnant, qui prêtait à notre conversation une attention encore moins bête que malveillante. Je le signalai à Rimbaud qui se mit à rire, comme ça lui arrivait souvent, à la muette, en sourdine. Ô l'affreuse apparition, qui s'évanouit soudain (comme par magie, des chaussons *en voisin* et notre distraction aidant, pour être de bon compte et ne verser point dans le fantastique à la mode.) Nous avions causé d'assassinat, de vol, comme *personnellement* et dans de truculents détails, on eût dit plus encore qu'oculaires, et continuions sur le thème une fois donné, comme il arrive — quand surgirent en quelque sorte devant nous, comme poussés là *subito*, deux gendarmes du plus positif acabit, eux, qui nous invitèrent sommairement à les suivre.

Nous suivîmes, comme dû, les représentants, d'ailleurs respectés, d'une autorité que nous nous permîmes néanmoins de trouver un peu bien pressée d'avoir affaire à nous, *si nullement* répréhensibles. Enfin ! et nous franchîmes, après un bon ou plutôt mauvais quart d'heure de marche dans d'étroites rues maraîchères, les trois ou quatre marches d'une entrée latérale de l'Hôtel de Ville, où, je ne sais pourquoi ni comment, siégeait le chef du Parquet du ressort, dans un cabinet précédé d'une antichambre où nous dûmes attendre quelque peu. Très bien, cette entrée latérale. Voûte cintrée, pierre grise et bois noir avec pendentifs assortis. Des gardes nationaux (c'était si peu après la guerre et avant la suppression de cette milice-là) montaient la garde, à peu près vêtus, mais plus cossument que nous, les paquets-de-couenne du siège de Paris ; des « agents de ville », ils sont partout les mêmes, à quelques détails d'uniforme près, circulaient indolemment, comme chez eux, au fait... Rimbaud, après m'avoir fait signe, entama une partie de sanglots qui devait attendrir et attendrit nos bons garçons de gendarmes (ils ne sont pas tous aussi aimables non plus que très sensés d'aucunes fois, même à travers leur irresponsabilité) en attendant l'effet sur M. le Procureur de la République. Ce fut lui qu'on appela le premier, et il ressortit bientôt de l'important cabinet les yeux moites encore et avec un clin d'œil comme d'alarme à mon adresse. Je pénétrai à mon tour chez le premier magistrat *debout* de l'endroit, lequel, assis dans un rond de cuir où il semblait plutôt vissé, m'interrogea, coupant cette formalité de pas mal rogues observations sur la tenue de mon pantalon blanc un peu terni, de fait, par la poussière du voyage, en outre de quelque usage préalable et subséquent. Quelques objurgations furent ensuite mâchonnées : « Une exécution vient d'avoir lieu à A... Regrettables, ces conversations topiques [*sic*] en un endroit public et dans de telles conjonctures... Peuvent donner prise à des soupçons *peut-être* justes... À preuve... Vous voyez... Après tout, qu'est-ce que vous veniez faire ici ? Avec ce jeune homme qui semble d'ailleurs convenable et respectueux de la justice ? Mais encore une fois, que veniez-vous faire ici ? Mis ainsi tous deux, et sans bagages, n'est-ce pas ?... Oui... Eh bien ? vous voyez. »

J'expliquai mon cas, fantaisie, promenade en compagnie d'un ami, — ce, nettement, assez carrément même. J'étais plus républicain qu'à présent, je sortais d'être un peu communard, et j'avais le verbe passablement haut. Après références en ville données, « papiers » montrés, lettres, passeports, billets de banque (ô Temps, suspends ton vol !), j'ajoutai que j'étais Messin, que j'avais à opter entre la France et l'Allemagne, et que, ma foi ! maintenant, j'hésitais, vrai ! en présence de cette arrestation ar-bi-traire, etc., etc. (M. le Procureur, — à présent, M. le Président, pourrait témoigner de la véracité de tout ce récit.)

Après un peu de silence orageux, un coup de timbre du magistrat, figure à favoris, jeune encore, le cheveu brun et frisé et de précoces lunettes, fit entrer les gendarmes auxquels il fut dit : « Vous reconduirez ces individus à la gare, d'où ils devront partir par le premier train pour Paris. » J'objectai que nous n'avions pas déjeuné. « Vous les conduirez déjeuner, mais qu'ils partent aussitôt, et ne les perdez pas de vue que le train ne s'ébranle. »

Aussitôt dit, aussitôt fait. Peu soucieux de nous exhiber de nouveau au buffet entre nos acolytes officiels, non plus d'ailleurs que de retraverser à jeun les rues encombrées de tout à l'heure, nous cassâmes une croûte dans un « bon endroit » que nous désigna le brigadier, prîmes le café, puis la goutte auxquels nous conviâmes les gendarmes, et, non sans ennui à cause de nos pantalons que l'escorte autour devait faire paraître « patibulaires » aux encore nombreux passants rencontrés, parvînmes à notre destination. Après de cordiaux adieux aux, somme toute, gentils alguazils, nous nous enfournâmes dans une seconde, pleins d'admiration pour la manière, pour le procédé, plus encore que pour la judiciaire, de M. le Procureur P...

Et ce fut avec une nouvelle vaillance qu'à Paris, le soir même, lestés d'un repas sérieux cette fois, voire un peu mieux, nous repartîmes, par une autre gare, pour de plus sérieuses aventures.

4

L'AMIGO

Courte, mais bonne.
D'ailleurs un pur prélude.
Voici. En juillet 1873, à Bruxelles, par suite d'une dispute dans la rue, consécutive à deux coups de revolver dont le premier avait blessé sans gravité l'un des interlocuteurs et sur lesquels ceux-ci, deux amis, avaient passé outre, en vertu d'un pardon demandé et accordé dès la chose faite, — celui qui avait eu le si regrettable geste, d'ailleurs dans l'absinthe auparavant et depuis, eut un mot tellement énergique et fouilla dans la poche droite de son veston où l'arme encore chargée de quatre balles et dégagée du cran d'arrêt, se trouvait, par malchance, — ce d'une tellement significative façon — que l'autre, pris de peur, s'enfuit à toutes jambes par la vaste chaussée (de Hall, si ma mémoire est bonne), poursuivi par le furieux, à l'ébahissement des pons Pelches traînant leur flemme d'après-midi sous un soleil qui faisait rage.

Un sergent de ville qui flânait par là ne tarda pas à cueillir délinquant et témoin. Après un très sommaire interrogatoire au cours duquel l'agresseur se dénonça plutôt que l'autre ne l'accusait, et tous deux, sur l'injonction du représentant de la force armée, se rendirent en sa compagnie à l'hôtel de ville, l'agent me tenant par le bras, car il n'est que temps de dire que c'était moi l'auteur de l'attentat et de l'essai de récidive dont l'objet se trouvait n'être autre qu'Arthur Rimbaud, l'étrange et grand poète mort si malheureusement le 23 novembre dernier.

Très bien, l'hôtel de ville de Bruxelles dans son gothique un peu trop terriblement Renaissance. Pendant que je ne le vois pas, dame! depuis cette aventure, je lui rends cet hommage impartial auquel je ne pensais, vous vous en doutez, guère, tandis qu'amené sous son porche ou plutôt sous l'un de ses porches, au bureau d'un commissaire de police des plus stricts, guindés et raides, comme le sont communément les cinq sixièmes de ces fonctionnaires ou de leurs semblables, un peu d'ailleurs pour la forme dans les cas ordinaires tandis que dans l'espèce, ici, c'était du sérieux, non du *chiqué*.

Après le plus court, mais, grâce à un insouci à moi plus peut-être qu'à mon compagnon, des conséquences qui pouvaient s'ensuivre pour votre serviteur, le plus circonstancié des procès-verbaux (est-ce bien l'expression?), le magistrat relâcha Rimbaud, tout naturellement, mais en le prévenant d'avoir à se tenir à la disposition et décida que je serais conduit sur-le-champ à «l'Amigo».

Ce nom cordial, vestige de l'occupation espagnole aux XVIe et XVIIe siècles, rend bien notre mot français

« violon » pour désigner un poste de police. Cet Amigo n'étant qu'à quelques pas de l'hôtel de ville, j'y fus bientôt, escorté de deux sbires dont cette fois un brigadier ou sous-brigadier, ces galons-là m'indifférant fort à cette époque et, le dirai-je ? — depuis. Pas beau, par exemple, l'Amigo. Propre tout au plus, et le fier mérite au pays de la propreté à outrance ! Comme j'avais de l'argent sur moi — c'est tout, avec mes habits, ce qu'on m'avait laissé au commissariat — on me mit *d'office* à la pistole, ce qui au fond est bien. Mais la cellule de cette pistole, prenant air et jour par un vasistas situé trop haut, avec, dedans, deux lits, deux tables et deux chaises, et toutes autres commodités, une exceptée, omises, ne me procura pas la paix comportée : un ivrogne bien mis, fléau pire ! n'ayant pas tardé à partager mon sort, se rendit insupportable de toute façon toute la nuit. Et du dehors, des chants, des cris, des braillements, parvenaient jusqu'à des heures très avancées. Des airs surtout de *La Fille de la Mère Angot*, alors dans la fleur de sa nouveauté... belge, me tympanisèrent jusqu'à l'aube. Un litre de faro, du fromage et du pain, avec l'espoir qu'on me donnait ou plutôt me vendait, en outre, d'une prompte mise en liberté me laissèrent paraître néanmoins le temps bien long. Vers sept heures du matin, ma porte s'ouvrit — quels verrous ! — et l'on me fit descendre de quelques marches, dans une petite cour pavée où me furent apportés le café au lait et le petit pain nommé *pistolet*, traditionnels en Bruxelles. Les heures passèrent très nombreuses, me semblait-il ; à toutes mes questions sur ma délivrance prochaine, de vagues, je dis vagues geôliers, moitié en « civils », moitié en policiers, en pantoufles, flemmards, impolis et patelins, répondaient : « Oui, tout à l'heure, savez, ils vont v'nir, soyez sûr, tu verras... », si bien qu'après, vers une heure, des pommes de terre en purée et je ne sais plus quelle viande mi-partie bouillie et rôtie de veau ou d'agneau avalées sans appétit, je fus appelé... vers une voiture cellulaire, assez semblable aux « paniers à salades » affectés chez nous à certains transports féminins pour la Préfecture, c'est-à-dire à panneaux métalliques peints en jaune et noir extérieurement et donnant quelque prise aux yeux sur le dehors. C'est ainsi que je parcourus une partie, inconnue de moi, de Bruxelles, le regard errant sur des rues montueuses pleines de foules pauvres, de marchés chétifs, qui grimpent de la ville centrale jusqu'à l'ancienne prison des Petits-Carmes, où je me vis écroué, non sans brutalité, mais, enfin ! débarrassé du *cabriolet* qu'au sortir de la maussade roulotte m'avait « foutu » au poing un ins-pec-teur, pour le moins, tant ce... salop ! était chamarré d'argent et armé d'un sabre qui n'en finissait pas, — écroué, dis-je, sous la rubrique, qui me fut transmise ès un papier où il y avait imprimé en tête sous une balance avec « *pro justitia* » en exergue, rubrique écrite par le gendarme qui me remit la feuille d'écrou :

« Tentatiffe d'asacinat. »

5

LES PETITS-CARMES

Quelque chose comme, paraît-il, le « Dépôt » de Paris. Une vaste cour pavée, plutôt longue. D'affreux types en général. Beaucoup d'Allemands, majorité de Belges, naturellement, des Italiens, comme de juste, et trop de Français assez hideux, hélas! J'arrive là, ahuri, timide et comme ivre encore. D'ailleurs, bien mis, je suis l'objet, de la part de mes camarades! de quolibets, de ricanements, de quels regards, qui me tuent, vraiment. Le gardien de service, une brute très chamarrée, me bouscule, par surcroît, de paroles flamandes que je comprends à leur intonation. Il m'indique du doigt un groupe où l'on pèle des pommes de terre. Très fatigant, debout, pendant une heure, ce turbin. On sonne une cloche. C'est le déjeuner. Le réfectoire est crépi à la chaux. Des tables et des bancs pas propres. L'*adjudant*, encore plus chamarré que le gardien, dit *sergent*, aiguillette d'argent énorme et képi extraordinairement surchargé de galons, fait le signe de la croix et dit d'une voix terrible :

Benedicite,

tous répondent, sauf moi qui avais depuis longtemps oublié cette liturgie comme toutes les autres :

Dominus!

et l'adjudant de reprendre plus farouchement encore: *Nos et ea quæ sumus sumpturi benedicat dextera Christi.*

Tous, dont moi, cette fois:

Amen.

Et l'on s'attable devant des gamelles d'étain et des cuillers de fer. Cette pâtée! De l'orge à la graisse, évidemment, de cheval: je m'y connais, moi, Parisien du Siège. J'y goûte du bout de la langue: j'en ai avalé, enfin, environ un quart, quand l'adjudant:

Gratias, etc.

et l'on rentre dans la cour, où je suis à peine que l'on m'appelle chez le Directeur. À travers beaucoup de couloirs (les Petits-Carmes étant, comme le nom l'indique, un ancien couvent), j'arrive, à la longue, accompagné d'un gardien, la main sur son coupe-choux, chez ce potentat qui, après avoir congédié l'estafier, me dit:

« Veuillez vous asseoir, monsieur Verlaine. »

Enfin, une parole de politesse après tout ce torrent d'humiliations. Je regardai le Directeur, un petit homme tout en moustaches et les favoris grisonnants, binocle derrière quoi des yeux perçants, pas méchants, dans une chaise-fauteuil. Extraordinairement, lui, alors, argenté. Tel, vers 1850-1851, un général de la garde nationale, et des torsades à n'en plus finir ! Il tient à la main une lettre à moi adressée par Victor Hugo.

(De l'Amigo j'avais écrit au Maître pour le prier d'une intervention auprès d'une personne chère, alors.)

Le Directeur : — Je viens de lire ces quelques mots qui vous sont adressés, et je m'étonne, ayant de tels correspondants, de vous voir ici. Du reste, prenez connaissance.

(J'ai donné la lettre à un ami, un Anglais, en Lincolnshire. Elle portait ceci :

Mon pauvre poète,

Je verrai votre charmante femme et lui parlerai en votre faveur au nom de votre doux petit garçon. Courage et revenez au vrai.

VICTOR HUGO.

Le Directeur, encore :
— Madame votre mère (ma pauvre bonne vieille mère devant qui s'était passée l'affreuse scène, ma mère que j'ai tant fait souffrir et qui est morte d'une fluxion de poitrine par suite d'un chaud et froid contracté en me soignant lors d'une maladie où j'étais entièrement paralysé !), Madame votre mère a sollicité de M. le Procureur du Roi qu'il vous autorisât

à être à la pistole. En présence de cette lettre-ci, je prends sur moi de vous y autoriser dès maintenant, en attendant des ordres qui vont m'arriver et qui, j'en suis sûr, vous seront favorables.

Et, comme sur un coup de timbre rentrait le gardien :

— Conduisez *Monsieur* à la pistole des prévenus.

6

Ma mémoire qui commencerait à devenir déplorable si je n'y mettais bon ordre et le scandaleux manque de soin que j'apporte dans le rangement de mes « notes » littéraires m'ont naguère fait oublier tout simplement de consigner à sa place un épisode, des plus cuisants d'ailleurs, de ma vie de prisonnier.

Pour boucher bien vite cette lacune, je dirai très vite qu'aussitôt sorti du « dépôt » des Petits-Carmes, je fus mis, dans la même prison, en cellule, sur l'ordre du juge d'instruction, comme qui dirait à Mazas sur place. Ameublement : un hamac et une couverture, une table, un tabouret, un lavabo... et un seau. Nourriture, une pâtée d'orge ; le dimanche, une pâtée de pois concassés. Boisson, de l'eau à discrétion. Signe particulier, dès le premier jour j'attrapai des... poux.

Avec un peu d'encre soigneusement économisé d'après un encrier prêté par l'administration pour de stricts usages épistolaires, et conservé, au frais, dans un interstice de carrelage, j'écrivis, durant les huit jours environ qu'eut lieu cette peu douce prévention, à l'aide d'un petit morceau de bois, les quelques récits diaboliques qui parurent dans mon livre *Jadis et naguère*, — *Crimen Amoris*, qui commence par:

Dans un palais, soie et or, dans Ecbatane

et quatre autres, dont D*on Juan pipé* que mon ami Ernest Raynaud, l'excellent poète, a en manuscrit primitif, sur du papier ayant servi à envelopper quoi déjà de la cantine, manuscrit mis au monde grâce au barbare procédé ci-dessus.

Une fois par jour, le matin, les prévenus, par sections, descendaient dans une cour pavée, «ornée» au milieu d'un petit «jardin» tout en la fleur jaune nommée souci, munis de leur seau... mieux et pis qu'hygiénique, qu'ils devaient vider à un endroit désigné et rincer avant de commencer leur promenade à la queue-leu-leu sous l'œil d'un gardien tout au plus humain.

J'ai fait là-dessus des strophes:

. . . .
Ils vont et leurs pauvres souliers
Font un bruit sec,
Humiliés,
La pipe au bec.
Pas un mot, sinon le cachot;
Pas un soupir!

*Il fait si chaud
Qu'on croit mourir.*

Les dimanches, messe basse en une chapelle trop laide vraiment, sans un chant, sans un sermon ! C'est bon quelquefois un sermon, même pour des gredins comme moi !...

Ce ne fut, je le répète, qu'après huit jours de ces joies qu'on m'appela chez le Directeur et que je devins un *pistolier* par suite de la lettre de Victor Hugo, et après mon entrevue avec le Directeur de la prison telle que je l'ai racontée précédemment.

Entre temps, j'avais comparu deux ou trois fois chez le juge d'instruction, homme insinuamment bienveillant *cosi son tutti* qui n'avait aucun aveu à obtenir de moi et, en conséquence de ma franchise dès le commissariat de police... me maintint en état d'emprisonnement et me fit citer par le procureur du Roi en police correctionnelle sous la prévention de coups et blessures volontaires ayant occasionné, etc., etc.

C'était-il meilleur que celle, de prévention, d'*asacinat* ?

Non.

7

Tout le monde sait ce que c'est qu'être à *la pistole*. Moyennant finances, on peut faire venir sa nourriture et sa boisson (ô peu!) du dehors; on jouit d'un lit sortable, d'une chaise au lieu d'un escabeau, et autres « douceurs ». Mais la captivité, dans des cas graves comme le mien, reste aussi étroite, la surveillance aussi stricte que pour les prisonniers que leur pauvreté ou la nature de leur faute laisse dans l'horreur toute nue du Règlement. C'est ainsi que la cellule que j'occupais dans un bâtiment à part ne s'ouvrait qu'une heure par jour pour une promenade solitaire dans une cour pavée que durement! et triste!

Par-dessus le mur de devant ma fenêtre (j'avais une fenêtre, une vraie! munie, par exemple, de longs et rapprochés barreaux), au fond de la si triste cour où s'ébattait, si j'ose ainsi parler, mon mortel ennui, je voyais, c'était en août, se balancer la cime aux feuilles voluptueusement frémissantes de quelque haut peuplier d'un square ou d'un boulevard voisin. En même temps m'arrivaient des rumeurs lointaines, adoucies, de fête (Bruxelles est la ville la plus bonhommement rieuse et rigoleuse que je sache). Et je fis, à ce propos, ces vers qui se trouvent dans *Sagesse* :

. . . .
Un oiseau sur l'arbre qu'on voit
Chante sa plainte.

. . . .
> *Cette paisible rumeur-là*
> *Vient de la ville.*

. . . .
> *Qu'as-tu fait, ô toi que voilà*
> *Pleurant sans cesse,*
> *Qu'as-tu fait, ô toi que voilà,*
> *De ta jeunesse ?*

. . . .

Je voyais aussi, spectacle également mélancolique, monter la garde, de long en large, au ras du mur, à l'intérieur bien entendu (et pourquoi à l'intérieur ?), un chasseur-éclaireur, chapeau de soie à plumes de coq, tunique vert foncé, je crois, pantalon gris, qui paraissait s'embêter ferme durant les deux heures de sa faction. Et il avait beau être relevé et remplacé, son successeur ne présentait pas plus que lui ni que son prédécesseur les symptômes d'un trop vif enthousiasme dans l'accomplissement de cette, d'ailleurs, assez absurde consigne. Les braves garçons semblaient se dire : « À quoi bon se promener ainsi, avec un fusil sur l'épaule et sac au dos pour surveiller et tuer au besoin de pauvres diables si bien cadenassés et verrouillés et morts à moitié déjà ? »

Mais j'avais d'autres distractions dont la principale consistait à correspondre avec mon « voisin », un notaire. L'alphabet *phonétique* proprement dit, alors, fut largement pratiqué par nous. Le connaissez-vous, au moins de réputation ? Ça consiste à taper sur un mur un coup pour A, ou au contraire, — ou autrement un coup pour Z, ou au contraire ou autrement, et ainsi de suite. Que de petites joies *volées* ainsi, assaisonnées de la crainte d'être surpris par l'adjudant, assez bonhomme d'ailleurs et que la *Pièce* ne laissait que guère indifférent.

Vint enfin le jour de l'audience.

Risum teneatis.

8

Il me revient que le nouveau Palais de Justice de Bruxelles est babéliquement monumental, et je veux bien le croire.

L'ancien était hideux d'incommodité, de laideur et même de pauvreté lépreuse, littéralement. On y accédait, je ne sais plus comme, tant je déteste encore les deux visites que j'y fis, au « débotté » de l'infâme véhicule dont il fut question tout à l'heure ; mais je puis certifier qu'on pénétrait là dedans mal à l'aise, à travers des corridors sans nombre, sur des espèces de passerelles, de ponts, véritablement assommants, entre deux gendarmes terriblement coiffés de bonnets à poil à rendre des points à feu la vieille garde du premier Empire. — Pas méchants, du reste, les gendarmes belges. Vous savez, sans doute, qu'ils se recrutent, contrairement à ce qui se pratique chez nous, comme le reste de l'armée, — de sorte que ce sont de tout jeunes gens accessibles encore à la pitié ou tout au moins à quelque compassion pour leurs quasi-justiciables. J'en fis l'expérience comme on va voir, et j'envoie d'ici à ce corps, qui n'est là-bas point d'élite, mais tout bonnement spécial, mon très cordial bonjour, non pas au revoir, tout de même, en dépit des procédés gentils, dont voici quittance.

Quoi qu'il en soit, ils me conduisirent, ces excellents alguazils, haut coiffés et fort bottés, après un stage ès un vestibule assez pauvrement meublé, dans la ...^{me} Chambre (le souvenir du numéro me fait défaut) du Tribunal correctionnel.

Vilaine, étroite et galeuse cette chambre, ou plutôt cette salle, jadis crépie à la chaux, alors tout écaillée, lézardée et comme menaçant ruine. Au mur d'en face (le public assis sur des bancs de bois, munis juste de dossiers, qu'il semblait qu'on eût pleuré pour mettre là) un Christ dartreux pendait qui paraissait se faire des cheveux trop longs et n'avoir été perché en ce lieu que pour regarder les prévenus

« D'un air fâché. »

Les trois conseillers chargés de me faire mon affaire siégeaient en des fauteuils cachés par leurs larges manches, vêtus à peu de chose près comme nos juges français, derrière une table à tapis vert uni, sur laquelle des codes, des papiers, des écritoires et un pupitre central pour M. le Président.

On me fit asseoir en face du tribunal sur un simple tabouret sans gendarmes à mes côtés, mon avocat derrière moi, en costume presque pareil à celui des avocats que l'Europe nous envie et que la France nous envoie, en masses profondes, à la Chambre et au pouvoir.

« Mon audience » commença. Même cérémonie qu'en France :

« Accusé, levez-vous.

— Vos nom et prénoms ?

— Profession ?

— Vous êtes accusé d'avoir », etc.

et, après un interrogatoire, d'ailleurs court et pas trop féroce, le traditionnel : « Allez vous asseoir. »

Et tandis que j'obtempérais, le procureur du Roi se leva.

Je vois encore le personnage, petites moustaches en crocs, petits favoris dits « Cambronne », une main dans la poche de son pantalon de coutil blanc (pourquoi pas de treillis ?), retroussant comme cavalièrement, à la houzarde, la robe noire, tandis que son autre main retirait de dessus sa petite tête la disgracieuse lourde toque de l'emploi et la posait sur sa table étroite, recouverte d'un tapis vert comme celle du tribunal et, comme elle, chargée de codes, de papiers, d'une écritoire, et d'un pupitre.

« Messieurs, débuta-t-il, en me désignant, l'homme que vous avez devant vous est un étranger... »

Et c'était comique d'entendre, en français, cet accent par trop belge que vous avait ce jeune à peine sorti de quelque Louvain ou de quelque Gand ou de quelque autre université du cru.

Puis, passant aux faits de la cause et après avoir déploré qu'il n'en fût pas en justice civile comme devant les conseils de guerre pour lesquels « l'ivresse n'est pas une excuse », il me flétrit en me traitant de lâche (quelle logique !) : « Oui, messieurs, l'assassin » — il oubliait que l'accusation d'*asacinat* avait été abandonnée, « oui, l'assassin tire de sa poche un revolver à six coups chargé (simplet, s'il n'avait pas été chargé, à quoi bon le tirer de ma poche ? raisonnons un peu tout de même), il vise sa victime (prononcez victimne), deux coups partent dont l'un atteint l'infortuné. » (Ô Rimbaud alors confortablement soigné pour ton bobo que je déplorerai quand même toute ma vie de t'avoir fait, en voulant d'ailleurs faire pire, comme tu eusses ri, pauvre ami disparu à jamais, de t'entendre ainsi qualifier !) « Et ensuite, messieurs, non content de ce premier crime (lisez délit)... »

Et le « magistrat debout » raconte en son langage et à sa manière la scène, d'ailleurs déplorable, de la rue, et finalement réclame pour moi « toutes les sévérités dont la loi est armée ».

Se conformant à ces conclusions, malgré une bonne plaidoirie de mon défenseur, le tribunal, sans en avoir plus mûrement que de droit délibéré, m'appliqua le maximum, deux ans d'emprisonnement.

Sur le moment, et devant le public, je fis bonne contenance. Mais une fois rentré sous la garde d'un huissier à chaîne d'acier, dans le vestibule où les gendarmes m'attendaient, je me pris à pleurer comme un enfant, si bien que « mes anges gardiens » se mirent à me consoler en ces termes textuels :

« C'est pour une fois, ça, mais il y a l'appel, tiens. »

Et mon avocat, survenu, me fit, en effet, signer un acte en appel.

Puis, fouette, cocher (de la cellulaire) pour les Petits-Carmes, *iterum*.

9

J'adore les costumes et je raffole des symboles. Aussi, en dépit de l'absurdité tant et si odieusement fréquente des cinq sixièmes des jugements rendus par telles et telles et telles et quelles Cours, j'aime, malgré ma haine de la mauvaise action, la bonne tenue des gens de justice (guillotine comprise, en attendant mieux).

Une robe noire bien portée, un rabat bien assumé, une épitoge, en cas d'assises, bien épauletée, séduisent mon esprit, sinon moi-même.

Et je leur rendrai toujours hommage, comme je porterais les armes, à ces choses, rappel, aussi, de notre origine divine, plumes noires puis blanches, aigrettes, plumets blancs et tricolores, pompons de diverses couleurs, épaulettes comparées, galons gradués, chevrons, — et simple bouton (en cas de capitulation glorieuse !).

Aussi me targué-je d'un immense respect à la Magistrature et je ne veux pas qu'on se méprenne sur mon opinion à cet égard.

Elle, aussi, a — outre sa discipline admirable ! ses insignes, ses galons, ses rabats qui sont ses jugulaires (puisqu'il n'y a plus de hausse-col), — et, bref ! son drapeau, qui est le Christ en croix !...

C'est pourquoi j'acceptai sans maudire ce jugement juste, indulgent, puisque je méritais l'échafaud, au fond.

Mais comme j'en avais appelé, il me fallait bien me résigner, ne pouvant pas faire autrement, à cette perspective, encore consolante ! Dix-huit mois !!...

Et le jour de l'appel luisit, si j'ose m'exprimer ainsi.

Luisit ! Car quel beau temps, ce jour-là, quel soleil ! — Moi, du Nord, j'admire, j'aime peu le soleil, il me cause des nausées, il m'étourdit, M'AVEUGLE et je lui préfère absolument

« *L'hiver lucide* »

comme mon cher grand Stéphane Mallarmé.

Doncques, pour orthographier judiciairement, à une heure, — comme oubliée ? — de relevée, je fus, par la scélérate locomotion dont question plus haut, ramené une fois de plus, moyennant l'appareil policier et quasi militaire de naguère, dans ce palais de justice-là.

Local tapissé de papier. On eût dit, cette fois, de la salle à manger d'un hôtel de village. Nul Christ au mur, — et vrai ! ça faisait mieux que la caricature en première instance.

Tapissé de papier avec des dessins dessus. Quels motifs ? J'en ignore. Fleurs, chasses, pêches ou fêtes galantes ? — J'en ignore, vous dis-je, occupé, moi, d'autre chose. Tiens ! Aussi !

Et derechef, avec quelque variante :

— Condamné, levez-vous ?

— Vos nom et prénoms !

— Profession ?

— Vous avez été condamné en vertu de l'article, etc...

— Asseyez-vous.

Je m'assieds — et en dépit d'un réquisitoire étonnant qui me déchargeait, en bonne logique, et narguait ce bébé de procureur en première instance, lui mettant sous le nez ceci :

« *On a appliqué au condamné le maximum, et M. le Procureur du Roi en appelle à minima. Où est la loi, Messieurs ?* »

Et nonobstant une excellente plaidoirie de mon avocat — le même qu'en première instance — à qui j'envoie d'ici mes meilleures sympathies, on me confirma.

10

MONS

Cette fois j'étais bel et bien coffré. Et je fus admis à la pistole des condamnés. Une liberté relative : les portes des chambres ouvertes de six heures du matin à huit heures du soir, et l'accès des prisonniers les uns chez les autres. Une vingtaine environ de « camarades » dont plusieurs Français, ce qui me flatta peu d'ailleurs.

Je restai là un mois environ et ce fut, matériellement, le moment le plus heureux de ma captivité. Et puis, en wagon cellulaire, pour... Mons.

La prison, cellulaire aussi, de la capitale du Hainaut, est, je dois le confesser, une chose jolie au possible. De brique rouge pâle, presque rose, à l'extérieur, ce monument, ce véritable monument, est blanc de chaux et noir de goudron intérieurement avec des architectures sobres d'acier et de fer. J'ai exprimé l'espèce d'admiration causée en moi par la vue, ô la toute première vue de ce désormais mien « château » dans des vers qu'on a bien voulu trouver amusants, au livre *Sagesse* dont la plupart des poèmes, d'ailleurs, datent de là...

. . . .
J'ai longtemps habité le meilleur des châteaux.
. . . .

À ma descente du train, je fus en voiture, toujours cellulaire, conduit vers cette presque aimable prison, où l'on me reçut en toute simplicité, il faut bien le dire ; après quoi on m'invita — péremptoirement — à prendre un bain, et des vêtements bien bizarres me furent apportés, consistant en une casquette de cuir de la forme qu'on pourrait dire dite Louis XI, une veste, un gilet et un pantalon d'une étoffe dont le nom m'échappe, verdâtre, dure, pareille assez à du reps très épais, très grossier et en somme très laid, un gros tour de cou en laine, des chaussettes et des sabots.

Ainsi affublé, on me fit monter dans la cellule qui m'était destinée. Sommaire, l'ameublement, — car je retombais dans le cas des prisonniers ordinaires, en attendant que de nouvelles démarches eussent lieu à l'effet d'encore m'empistoliser, pour oser ce néologisme.

On compléta mon costume par l'apport d'une cagoule en toile bleue destinée à cacher le visage des prisonniers dans leur passage par les corridors pour les promenades dans les préaux, — et d'une large plaque de cuivre verni en noir, en forme un peu de cœur, avec mon numéro en relief, étincelant comme de l'or plus beau. Je devais accrocher cette enseigne, lors de chaque promenade, à un bouton de ma veste.

Puis le barbier de l'établissement me rasa conformément au règlement. J'étais élégant et joli, je vous assure.

Mais revenons à l'ameublement de la cellule.

Un lit-table qu'on ne devait déployer et *faire* que le soir un peu avant le coucher. Un escabeau attaché au mur, un lavabo et une sorte de tour dans le mur, pour les usages intimes. Un petit crucifix de cuivre, avec qui je devais plus tard faire connaissance, complétait ce luxe sommaire.

Ô ce crucifix !

11

Ce ne devait pas être lui, précisément, ce crucifix de ma première cellule à Mons, à qui j'eus affaire, mais un similaire crucifix pareil d'ailleurs à tous ceux qui sanctifiaient tous les locaux du vaste pénitencier.

Mais revenons à l'ameublement. J'en avais omis une pièce, et non la moins importante. Je veux parler de l'adjudant ou gardien-chef de l'aile où j'étais alors (les gardiens subalternes avaient le titre de sergent, je l'ai dit déjà). Cet adjudant, dis-je, ne m'avait pas pris en affection, et s'il me visitait souvent, ce n'était pas pour me voir, mais bel et bien pour m'inspecter. Et s'ensuivaient des observations sans nombre, voire des menaces de cachot, à propos d'un grain de poussière, d'un pli mal fait à la couverte repliée dans mon lit-table quand le lit redevenait table, même de quelque chose, à son sens, d'irrégulier sur ma personne, mon tour de cou pas à l'ordonnance, tel bouton de ma veste branlant, etc. Ce qu'il m'a fait souffrir, cet animal-là, avec ses féroces minuties ! D'ailleurs bon diable et qui devait s'humaniser un peu plus tard, à mon égard du moins.

La nourriture ? Eh, parbleu, toujours de la soupe... à l'orge, et les dimanches de la purée de pois. Pain de munition, eau à discrétion.

Le dimanche, messe, vêpres et salut chantés par des détenus. Harmonium tenu par une dame de la ville. Sermons bien faits par l'aumônier, homme charmant dont j'ai gardé le meilleur et le plus reconnaissant souvenir.

La chapelle, très extraordinaire : au contraire de ce qui a lieu dans la plupart des prisons cellulaires, l'autel et ses accessoires se trouvent au milieu naturellement des *boxes* destinés aux « fidèles », mais très élevés sur une plate-forme aux quatre coins de quoi se tiennent les gardiens chargés de la bonne tenue et du respect dû au Lieu saint...

C'est même à quoi font allusion mes vers de *Parallèlement*.

. . . .
Vois s'allumer les saluts
Du fond d'un trou.

Les préaux forment une roue dont une rotonde centrale est le moyeu d'où rayonnent en V une dizaine de murs enserrant autant de petits jardinets, assez funèbres, qu'il y a de V en maçonnerie. Un gardien se tient dans la rotonde et donne du feu aux prisonniers, qui ont une heure pour fumer une pipe et se promener en loups dans chacun son préau. Après quoi retour aux cellules, en file indienne, cagoules en tête — et en voilà pour jusqu'au lendemain, à la même heure.

Mais au bout de huit ou dix jours de ce régime peu agréable, si confortable et suffisant, au fond ! je suis appelé chez le Directeur, encore un homme charmant, déjà blanchissant, très bienveillant et à qui je devins sympathique du premier coup.

Veine ! il s'agissait de ma mise en pistole.

Je fus mené dans un autre corps de bâtiment. Ma nouvelle cellule, un peu plus grande que l'autre, mais meublée de même, sauf le lit, bon, large, et permettant cette fraîcheur de s'étirer enfin, me plut dès l'abord.

Elle n'était pourtant qu'au juste confortable. Et surtout cet éclairage, d'ailleurs suffisant, filtrant à travers des barreaux horizontaux, mais venu de trop haut et barrant, — c'est le cas de le dire au risque de deux répétitions — l'horizon. Mais quel bonheur d'enfin coucher dans un lit proprement dit ! Mais quelle félicité que ce semblant plus que modeste, de l'ancienne modeste, mais commode chambre, naguère hélas ! conjugale, avec son lit « de milieu ».

Il faut savoir se contenter de peu, surtout en prison, et comme toute idée de femme m'était interdite de par la force, force me fut donc de me résigner. Ce que je fis.

Je demandai des livres. On me permit d'avoir toute une bibliothèque. Dictionnaires, classiques, un Shakespeare en anglais, que je lus en entier (j'avais tant de temps, pensez!). De précieuses notes d'après Johnson et tous commentateurs anglais, allemands et autres, m'aidèrent à bien comprendre l'immense poète, qui néanmoins ne me fit jamais oublier Racine non plus que Fénelon ni que La Fontaine, sans compter Corneille et Victor Hugo, Lamartine et Musset. Et pas de journaux!

Ces diversions néanmoins n'étaient pas mes seules.

J'inventai un jeu.

Ça consistait à mâcher du papier en deux boulettes, à supposer deux adversaires, A et B, à lancer ces projectiles alternativement vers un but qui était le judas de la cellule et à marquer *loyalement* les coups.

Double plaisir. D'abord de perdre ou de gagner. Ce que A détestait B, B le lui rendait si bien! Puis de redouter le passage de l'adjudant ou d'un sergent. Ou, alors! du Directeur lui-même.

Il est vrai que c'est celui-ci que je redoutais le moins.

12

Jésus, comme vous vous y prîtes-vous pour me prendre?

Ah!

Un matin, le bon Directeur lui-même entra dans ma cellule.

« Mon pauvre ami, me dit-il, je vous apporte un mauvais message. Du courage. Lisez ! »

C'était une feuille de papier timbré, la copie du jugement en séparation de corps et de biens, si mérité quand même (de corps ! et peut-être aussi de biens ? mais dur dans l'espèce !) que me décernait le tribunal civil de la Seine. Je tombai en larmes sur mon pauvre dos sur mon pauvre lit.

Une poignée de main et une tape sur l'épaule du Directeur me rendirent un peu, néanmoins, de courage, — et, une heure ou deux après cette scène, ne voilà-t-il pas que je me pris à dire à mon « sergent » de prier monsieur l'Aumônier de venir me parler.

Celui-ci vint et je lui demandai un catéchisme. Il me donna aussitôt celui de persévérance de Mgr Gaume.

Je suis littérateur, je goûte la correction, la subtilité, toute la cuisine du style, comme de droit et de devoir. Même, ces corrections, ces subtilités, je les prise, je les renifle, si vous voulez bien. Et j'ai horreur de toutes platitudes écrites.

Mais, en dépit d'un art déplorable en fait d'écriture d'une syntaxe à peine en vie, Mgr Gaume fut pour moi, pourri d'orgueil, de syntaxe et de parisienne sottise, l'apôtre.

13

Les preuves assez médiocres apportées par Mgr Gaume en faveur de l'existence de Dieu et de l'immortalité de l'âme me plurent peu et ne me convertirent pas du tout, je l'avoue, en dépit des efforts de l'aumônier pour les corroborer de ses meilleurs et ses plus cordiaux commentaires.

C'est alors que ce dernier s'avisa d'une idée suprême et me dit : « Sautez les chapitres et passez tout de suite au sacrement de l'Eucharistie. »

Et je lus la centaine de pages consacrées par le bon prélat au sacrement de l'Eucharistie.

Je ne sais si ces pages constituent un chef-d'œuvre. J'en doute même. Mais, dans la situation d'esprit où je me trouvais, l'ennui profond où je plongeais, en dépit de tous bons égards et de la vie relativement heureuse que ces bons égards me faisaient, et le désespoir de n'être pas libre et comme, aussi, de la honte de me trouver là, déterminèrent, un certain petit matin de juin, après quelle nuit douce-amère passée à méditer sur la Présence réelle et la multiplicité sans nombre des hosties figurée aux saints Évangiles par la multiplication des pains et des poissons — tout cela, dis-je, détermina en moi une extraordinaire révolution — vraiment !

Il y avait depuis quelques jours, pendu au mur de ma cellule, au-dessous du petit crucifix de cuivre semblable à celui dont il a été précédemment parlé, une image lithographique assez affreuse, aussi bien, du Sacré-Cœur : une longue tête chevaline de Christ, un grand buste émacié sous de larges plis de vêtement, les mains effilées montrant le cœur

Qui rayonne et qui saigne,

comme je devais l'écrire un peu plus tard dans le livre *Sagesse*.

Je ne sais quoi ou Qui me souleva soudain, me jeta hors de mon lit, sans que je pusse prendre le temps de m'habiller et me prosterna en larmes, en sanglots, aux pieds du Crucifix et de l'image surérogatoire, évocatrice de la plus étrange mais à mes yeux de la plus sublime dévotion des temps modernes de l'Église catholique.

L'heure seule du lever, deux heures au moins peut-être après ce véritable petit (ou grand ?) miracle moral, me fit me relever, et je vaquai, selon le règlement, aux soins de mon ménage (faire mon lit, balayer la chambre...) lorsque le gardien de jour entra qui m'adressa la phrase traditionnelle : « Tout va bien ? »

Je lui répondis aussitôt :

« Dites à monsieur l'Aumônier de venir. »

Celui-ci entrait dans ma cellule quelques minutes après. Je lui fis part de ma « conversion ».

C'en était une sérieusement. Je croyais, je voyais, il me semblait que je savais, j'étais illuminé. Je fusse allé au martyre pour de bon, — et j'avais d'immenses repentirs évidemment proportionnés à la grandeur de l'Offensé, mais sans nul doute pour mon examen d'à présent, fort exagérés.

D'ailleurs on est fier souvent quand on se compare.

Et je suis comme la généralité des hommes.

L'aumônier, un homme d'expérience prisonnière et pour sûr habitué à ces sortes de conversions, vraies ou fausses, mais, j'en suis convaincu, persuadé de ma sincérité, néanmoins me calma, après m'avoir félicité de la grâce reçue, puis, comme, dans mon ardeur probablement indiscrète et imprudente de néophyte hier encore littéralement tout mécréance et tout péché, je demandai, j'implorai de me confesser sur-le-champ, dans ma crainte de mourir impénitent, disais-je, il me répliqua en souriant un peu :

« N'ayez crainte. Vous n'êtes déjà plus impénitent, c'est moi qui vous l'assure. Quant à l'absolution et même à la simple bénédiction, veuillez attendre encore quelques jours ; Dieu est patient et il saura bien vous faire encore un petit crédit, lui qui attend son dû depuis pas mal de temps déjà, n'est-ce pas ?

« Et à très, très prochainement, aujourd'hui même. »

14

Et le digne, très digne homme de Dieu, me laissa tranquille.

J'obtempérais à son système et me résignais, priant.

Priant, à travers mes larmes, à travers les sourires comme d'enfant, de comme un criminel racheté, priant, ô, à deux genoux, à deux mains, de tout mon cœur, de toute mon âme, de toutes mes forces, selon mon catéchisme ressuscité !

Combien est-ce que je réfléchissais sur l'essence et l'évolution même de la chose qui s'opérait en moi ! Pourquoi, comment ?

Et j'avais de ces ardeurs, de ces, comme on dirait en nos odieux temps, dispositions ! Comme j'étais bon, simple, petit !

Et ignorant !

« *Domine, noverim te !* »

Quelle candeur d'enfant de chœur, quelle gentillesse de vieux — et jeune ! alors pécheur converti, d'orgueilleux s'humiliant, d'homme violent devenu un agneau !

J'abdiquai dès lors toute lecture « profane ». Shakespeare, entre autres, déjà lu et relu dans le texte à coups de dictionnaire et enfin su par cœur, pour ainsi dire. Et je me plongeai dans des de Maistre, des Auguste Nicolas plus spéciaux...

J'avais néanmoins de timides objections que l'aumônier réfutait plus ou moins bien, admirablement pour le moi de cette époque.

« Mais les animaux, après leur mort ?... Il n'en est pas question dans les livres saints.

— Mon cher ami, si les livres saints n'en parlent pas plus que des filles d'Adam, par exemple, c'est que c'était superflu. D'ailleurs, Dieu étant l'infinie bonté, n'a créé les bêtes que pour leur bien autant que pour le nôtre.

— Mais l'enfer éternel ?

— Dieu est l'infinie justice et s'il punit éternellement, c'est qu'il a ses raisons pour ça, raisons précellentes devant lesquelles notre unique droit est de nous incliner même sans les connaître. Car, en effet, les peines éternelles sont une espèce de mystère... Mais non, puisque le Dogme ne les met pas à ce rang. »

Et ainsi de suite.

Le grand jour, tant attendu, si impatiemment souhaité, de la confession, arriva enfin...

Elle fut longue, détaillée à l'infini, cette confession, ma première depuis celle du renouvellement de ma première communion. Torts sensuels, surtout, torts de colère, torts d'intempérance, nombreux aussi, ceux-ci, torts de petits mensonges, de vagues et comme inconscientes tromperies, torts sensuels, j'y insiste...

Le prêtre, de temps en temps, m'aidait dans les aveux, toujours un peu pénibles en tel cas, du néophyte bizarre que j'étais.

Entre autres questions, ne me posa-t-il pas celle-ci, d'un ton calme et point étonnant non plus qu'étonné :

« Vous n'avez jamais *été* avec les animaux ? »

15

Après avoir répondu, non! non sans stupéfaction de l'interrogation posée, je reçus d'un front humble et contrit tout de même après ma très véridique et consciencieuse, je vous assure, confession, la bénédiction, mais point encore l'absolution si convoitée.

Et en attendant cette dernière, je repris, sur le conseil de mon directeur spirituel, mes travaux, lectures variées et vers miens principalement.

De cette époque date à peu près tout *Sagesse* :

Mon Dieu m'a dit...

entre autres poèmes qu'on veut bien approuver généralement.

Mes lectures, à partir de cette époque, en outre d'intenses théologies, se reportèrent de l'anglais au latin, non seulement des Pères, saint Augustin, ce sublime *congénère*, dont j'étais ou me croyais alors l'infime succédané, mais, parmi les profanes et les classiques, Virgile, et toutes les *Églogues*, toutes les *Géorgiques*, une grande partie de *L'Énéide* y passèrent.

Le bon directeur de la prison et l'excellent aumônier potassaient avec moi presque tous les jours.

Enfin, j'avais un gardien, qui, voulant quitter « la boîte », comme il disait, « complétait son instruction » en vue d'entrer ailleurs, me demanda un beau jour de lui donner des leçons de français. Et nous voilà, moi dictant, lui, écrivant de sa grosse écriture, d'abord des exemples de grammaire :

Êtes-vous Madame de Genlis ? etc.

et, quand des progrès réels furent accomplis, des tranches soigneusement choisies des *Aventures du Jeune Télémaque* par M. de Salignac-Fénelon, archevêque de Cambrai.

En échange de ces leçons, le brave garçon me procurait des douceurs, journaux locaux, gâteaux, chocolat, parfois la goutte et très souvent, — ô joie, ô reconnaissance ! — de la chique (or, la chique était défendue) et la difficulté d'en dissimuler les traces, après usage accompli, la rendait plus délicieuse encore.

Que de ruses, que d'astuces

pour, lors de chaque salivation dans le petit bassin destiné à mes ablutions, faire couler un mince et aussi silencieux que possible filet d'eau, à l'effet de diluer et faire disparaître par la grille d'évacuation les preuves de l'affreux délit.

Les jeudis et les dimanches, ma mère, munie chaque fois d'une permission du procureur du Roi, venait me voir. Ô que pénibles (et douces !) ces visites à travers deux grillages distants d'environ un mètre. Nul moyen de s'embrasser que d'un signe de la main aux lèvres, de se parler qu'épiés derrière une porte tout contre, pourvue d'un judas d'où on vous observe à loisir. N'importe ! ma brave mère tirait de sa poche un *Figaro* acheté à la gare, ledit *Figaro* arrangé ou plutôt allongé par torsion, en forme de très fin fleuret, et me le passait à travers les grillages. Quelles émotions, jugez ! et quelles émotions à déployer, puis à lire ce journal qui, s'il m'avait été surpris ès mains, m'eût valu le cachot, la privation de visite, la suppression de la pistole et autres inconvénients !

Et mille autres menues joies et petites misères auxquelles, grâce à mes nouvelles idées, je me résignais et finissais par m'habituer, chrétiennement ! quand se leva l'aurore du grand jour où je devais « recevoir mon Sauveur... ».

J'ai fait sur la Communion des vers qu'on m'a dit bons tant dans *Sagesse*, mon livre de néophyte, si j'ose ainsi le qualifier, que dans les volumes subséquents, plus apaisés mais non moins sincères, *Amour*, *Bonheur*, et mon plus récent, *Liturgies intimes* :

... Laisse aller l'ignorance indécise,
. . . .
. . . .
Pour souffrir et mourir d'une mort scélérate.

(Je ne parle pas, bien entendu, de *Parallèlement*, où je *feins* de communier plutôt avec le Diable.) Je ne puis, comme je n'ai pu alors, mieux exprimer les poèmes que par l'immense sensation de fraîcheur, de renoncement, de résignation, éprouvée en cet inoubliable jour de l'Assomption 1874.

À partir de ce jour, ma captivité, qui devait se prolonger jusqu'au 16 janvier 1875, me parut courte, et si n'eût été ma mère, je dirais trop courte !

16

Oui, à partir de ce jour, je fus, c'est le cas de le dire, « comme pas un ». Nul ne m'eût insulté que je ne lui eusse pardonné, fait, tout au moins, sentir — non comme je ferais aujourd'hui, ressentir — son tort, nulle ne m'eût regardé que je ne lui aie répliqué par une prière intérieure pour le salut de son âme et ce vœu pensé latinement : « *Vade retro.* »

Ô oui ! je fus dès cette Assomption jusqu'au jour de ma littérale et matérielle, et comme physique, « libération », heureux.

Oui !

Pensez-y : se sentir innocent, se le croire, tout au moins, croire, par-dessus le marché se le savoir ! *Innocent*, pensez-y donc !

Et je voguai dans cette en sorte de nacelle, — dans ce « bateau » ainsi que blasphémerait le sale esprit contemporain, — jusqu'en janvier quatre-vingt-cinq, le seize, — tel un Don Quichotte, plus bête encore, en partance... pour d'autres moulins à vent.

Je voguai ainsi vers ma « libération » qui n'eut lieu qu'en ce jour humide de ce janvier-là.

La veille, on m'avait remis ma montre (j'en eus une et même plusieurs, devers ces temps et même depuis), mon portefeuille, garni de quelques billets de banque, dont j'étais également coutumier d'être un porteur, ma chemise et son faux-col et de vagues habits élégants.

Maman m'accompagnant, après la levée d'écrou, le serrement de mains des employés du bureau, celui aussi, préalable, de l'aumônier, du directeur et des gardiens, je sortis de cette « boîte » presque capitonnée, pour l'enfin gare de Mons ! — entre, maman et moi, deux gendarmes avec des bonnets à poil sur des têtes imberbes.

Et nous voilà partis pour la France où, comme de coutume, et de juste ! la gendarmerie avec le chapeau en bataille qu'on sait, *nous* recueillit des mains de la jeune maréchaussée, barbue χατα χεφχλην dont question ci-dessus.

Notre nationale armée de l'ordre *nous* reçut (je dis et répète *nous*, parce que nous étions quelques Français libérés, assassins, voleurs, et moi, expulsés) sans grande cordialité. Même, quant à ce qui me concerne, après, moi, avoir décliné (pourquoi pas conjugué ?) mes nom, prénoms et qualité, j'obtins du brigadier mon compatriote, cet accueil si, n'est-ce pas ? rageant, encourageant, « encore ageant ».

« Et surtout, n'y revenez plus.

— Non, mon brigadier... »

Douai ! Ma mère qui me fut jusqu'au bout, si dévouée, si bonne, — si clémente ! m'accompagnait, ainsi que je l'ai dit plus haut. Douai ! Ville sainte ! où Desbordes-Valmore est née à l'ombre de la Notre-Dame de là-bas, dont elle s'est toujours souvenue parmi tant d'ennuis et de préoccupations parisiens — et que *d'étages*, la pauvre femme ! — Douai et ton carillon tendre et larron.

> *Batelier, dit Lisette...*
> . . . .
> — *Turlututu, Gayant qui pète,*
> *Turlututu, par l' trou d' son cul !*

Douai, salut !

17

En V***. — Ville gentille à l'extrême, presque vosgeoise où je fus interné sous l'inculpation de menaces sous condition contre ma mère, crime, d'après le Code pénal, puni de mort, — poing coupé, nu-pieds... Ô Maman !

Ô Maman, en effet ! Pardonne-moi ce seul mot : — Si tu ne reviens pas chez nous, je ME tue !

Des Belges affreux qui avaient accaparé ta confiance ne me dénoncèrent-ils pas, après plainte mienne, au parquet de V***, — G*** procureur — à propos d'un viol de domicile par les Belges ci-dessus, domiciliés, après plusieurs incendies en divers lieux, à C..., par A..., département des Ardennes.

Si bien qu'un jour je reçus une assignation et, huit jours après, comparus devant le tribunal de première instance du ressort !

Le chemin, — dirai-je le Calvaire ? non ! — fut charmant. Une femme mariée et son mari et moi, plus un chien qui aboyait après des corbeaux perchés sur la plus haute branche, étions cahotés dans ce qu'on appelle vulgairement un tape-cul et ce que l'usage

Au boulevard de Gand,

intitule *buggy*.

Le *Lion d'Or* — Le Lyon d'Or de la région — nous accueillit, cheval et tout. Puis nous fûmes au Tribunal, ce mari et sa dame m'étant des témoins à décharge.

La plus jolie trinité de juges que j'aie jamais vue dans ma délictueuse et criminelle sorte de vie.

Le président s'appelait Adam. Son assesseur de droite s'appelait Marie. J'oublie, — et je lui en demande excuse, le nom de l'autre assesseur qui, par une dérogation rogatoire, m'avait servi de juge d'instruction.

Mais je me souviens, ô qu'oui ! du nom du procureur de la République :

« G***. »

J'ai d'ailleurs fait sur lui des vers pour un volume,

qualifié d'*Invectives*, pour paraître chez mon ennemi naturel, Léon Vanier, 19, quai Saint-Michel.

Mais entrons au palais de Justice de cette minuscule sous-préfecture, et admirons-en la superbe nullité architecturale, *rara avis* en ce temps de prétentions de tout ordre.

Admirons aussi la non moindre nullité de ce monsieur G***, procureur de la République, radical zélé, bien, m'a-t-on dit, que clérical, catholique bien, paraît-il, que libre-penseur, et, en quelque sorte, ma muse... d'acajou...

Jugez-en.

L'archi-connu mobilier de n'importe quel tribunal : du chêne, du papier à tenture sombre, des rideaux de même nuance et trois messieurs en robe noire et rabats blancs. À gauche une table avec le procureur derrière, même costume que ci-dessus plus une toque à galons d'or généralement sur la tête, en arrière, crânesquement.

L'audience commença par des broutilles, vagabonds, braconniers, petits voleurs, etc. Quand vint mon affaire, une espèce de silence se fit dans l'auditoire assez nombreux ce jour-là. J'étais une espèce de monsieur dans la région, en outre d'une réputation assez détestable que j'y avais : un de Rais mâtiné de plusieurs Edgar Poe qui auraient compliqué leur rhum et leur cas d'absinthe et de Picon : tel moi dans l'imagination de passablement de mes voisins de campagne accourus à la ville pour voir juger « le Parisien ».

L'interrogatoire fut ce que sont toutes ces formalités. Mais le réquisitoire manqua de ce qu'on appelle modération. J'eusse été un Hérode fondu avec un Héliogabale que les épithètes énormes n'auraient point volé plus dru sur les lèvres de ce G*** avec qui les abeilles de l'Hymette n'ont jamais, je le crains, eu affaire : « le plus infâme des hommes, le fléau du pays, venu pour déshonorer nos campagnes ». (Ça se passait dans les Ardennes et ce G*** est Auvergnat.) « Je ne sais comment qualifier cet individu et je renonce à trouver une expression qui dise toute mon horreur ; je la rattraperai d'ailleurs plus tard que dans cette affaire relativement peu importante. » (Venez-y donc, chéri !) Telles furent quelques-unes des fleurs de son bouquet... De vérité, de bon sens, point question. Et il concluait au maximum qui est — lisez le code ! — la mort. Le tribunal m'appliqua le minimum.

Je ne puis ici ni ne pourrais nulle part jamais remercier ces messieurs de quoi que ce soit, non plus peut-être que les blâmer, puisque j'étais un innocent entortillé, il est vrai, des plus plausibles faux témoignages. Du moins dois-je reconnaître qu'ils y ont, comme on dit, mis du leur en ce cas. D'ailleurs, leur bonne volonté — et leurs Considérants — « Vu l'excellente attitude de l'accusé à l'audience », enfin le bénéfice des circonstances atténuantes accordé, tout cela m'amoindrit l'idée de la prison à refaire et je leur en garde une reconnaissance dont quittance.

La prison de V*** est toute petite : les barreaux sont de bois peint en noir. On jouait au bouchon avec le gardien-chef. On y reste peu, un mois juste avec un jour de plus, je crois, quand la peine doit se prolonger ailleurs. Il y avait de mon temps un corbeau familier, ennemi rauque des peu mélodieux chats de l'établissement, qui, par suite d'incongruités dans des baquets où coulaient des lessives, fut tué d'un coup de carabine par le « patron » et fit d'excellent bouillon. J'ai raconté le fait en détail dans mes *Mémoires d'un veuf*.

Dans cette prison si bonhomme j'étais chargé du ménage, épousseter, balayer. À ce propos le gardien-chef me dit un jour que j'avais mal « faite l'ouvrache », l'homme était du Nord, et il ajouta que j'étais plus fort sur l'écriture que sur la peinture.

(Il est bon de dire que j'avais dans le pays une réputation déjà « d'écrivain ».)

J'étais aussi prié tous les soirs de réciter au dortoir le *Pater Noster* et l'*Ave Maria*, — et il paraît que je m'en acquittais bien mieux que mon prédécesseur dans cet emploi. Parbleu ! Et sans trop de peine, vraiment.

Un aumônier venu de Falaise, un village voisin dont il est question dans la *Débâcle* d'Émile Zola, et qui avait été missionnaire en Chine, enterré vivant, nous disait la messe tous les dimanches. Son sermon hebdomadaire, plein d'anecdotes et très gentil, dans ce joli accent un peu anglais des Ardennes, se concluait par une poignée de main à travers les barreaux, de bois comme les autres, aux quelque trois ou quatre prisonniers que nous étions.

Cela dura donc un mois au bout duquel, mon amende (500 francs !) étant payée, je sortis en compagnie du gardien-chef avec qui je bus quelques bouteilles d'un certain petit vin de Voncq dont je ne vous dis que ça, dans un cabaret à côté qui s'appelait *Au bon coin* et méritait cette dénomination.

18

Or, de l'ancien *Chat noir*, aujourd'hui *Le Mirliton* — transitions ! — je sortais, quelque soir commençant, quittant les délices de Salis et de l'alors *persona grata* Léon Bloy, le tigre du bon Dieu, et le chat du bon diable, et de Marie Krysinska, et de tant d'aimables monstres, après quelques libations extrêmement prolongées ? non ! mais peut-être.

Je quittai donc ces délices-là, et me dirigeai, demeurant vers la Bastille, devers une station de fiacres non distante, pour rejoindre mon domicile encore filial...

Mais quel diable, aussi ? me poussant, je voulus réfrigérer, par une Seule et dernière absinthe, les autres !

Une erreur de compte, après absorptions, éclata, et je crus devoir réclamer — beaucoup et très haut ! — mon droit.

Et j'appelai un sergent de ville qui me mit immédiatement au poste— et pas trop doucement.

Moi reçu là, le sous-brigadier, ou son supérieur, me fit quitter ma cravate, ma pipe, — et mon porte-monnaie.

Je ne dormis pas, — compagnon d'un ivrogne qui faisait pipi et caca tout le temps dans le lieu interne pour ces besoins.

Mais le matin, à neuf heures, les « sergots » qui avaient passé la nuit à *nous* passer de l'eau dans un gobelet d'étain, le même, en nous disant :

— « Si vous n'aviez bu que de ça, vous ne seriez pas ici »,

nous libérèrent.

Et, dès neuf heures (environ douze heures d'insomnie et quelle !), je fus appelé par mon nom, précédé du mot Monsieur, chez monsieur le commissaire de police (dont le nom pourtant assez connu dans ces parts m'échappe) de la rue Bochard-de-Saron.

Ce « magistrat » ne me dit rien, — en outre de mon nom inscrit sur un registre et d'un reçu donné à l'agent qui m'avait arrêté la veille.

Enfin j'étais sorti de ces drôles de mains-là.

Pour jamais ?

19

CONCLUSION

En novembre dernier je prenais mon billet à la gare du Nord, pour la Hollande, dans le dessein de faire des conférences à La Haye, Leyde et Amsterdam, où m'avaient convoqué des groupes d'artistes, de littérateurs et d'étudiants. Le voyage se passa paisiblement d'autant plus que grâce à une richesse inespérée la veille j'avais pu me procurer un coupé à moi tout seul. Depuis que je suis aigrotant, j'adore mes aises bien qu'accoutumé à la dure, maintenant.

Je traversai cette région française du Nord si triste et si monotone, à part quelques paysages, charmants vers Chantilly, sombres dans les parages de Saint-Quentin et plus loin, qu'Alexandre Ier de Russie trouvait *laide* par excellence à combien juste titre ! Il me fut donné ensuite de revoir à vol d'oiseau, c'est presque le mot, la Belgique autrefois habitée, comme enfant, dans la zone autrefois française des Ardennes septentrionales, nommée aujourd'hui Luxembourg belge, comme homme, et beaucoup plus tard, partout et de différentes façons. Entre autres souvenirs matérialisés fut, à Mons, l'apparition du

« *... Château qui luis tout rouge et dors tout blanc* »

— je veux parler de la prison cellulaire, que je n'avais jamais si bien vue du dehors. Elle est située à l'extrémité de la ville, affectant la forme d'une roue encastrée dans quatre murs constituant un rectangle, le tout terminé par le dôme polygone de la chapelle. La porte d'entrée, accotée de pierre grise, a une tournure artistique et joue au gothique assez bien. La patine, peut-être, du temps écoulé et la distance me montrèrent alors, comme d'ailleurs le vers dont je viens de citer un fragment me les avait évoquées, rouge-sang, ces briques qui me paraissaient autrefois, de près et peu d'années après leur emploi, rose pâle presque.

D'ailleurs, tout à mes futures conférences et ruminant rythmes, métrique, rimes, et tout l'embarras de ces sortes de « causeries » sur la poésie française et franco-belge contemporaine, je passais sans trop d'émotion dans cet asile sévère où j'ai tant souffert et tant joui il y a neuf ans de cela.

J'arrive là-bas, je fais mon occasionnel métier d'orateur ou plutôt de lecteur tant bien que mal et obtiens auprès d'un public indulgent tout le succès que je puis espérer. Je savoure, pendant quelques jours trop brefs, la cordialité calme, la bonhomie fine et réfléchie de mes nouveaux amis, leurs applaudissements, leurs louanges après chaque séance, les jours suivants et dans les trois quarts des journaux littéraires et artistiques du pays, j'admire cette étrange contrée, toute verdure et toute eau, ces villes à l'architecture traditionnelle — et je reprends presque, hélas ! le train pour Paris. Je repasse à Mons et revois le

« ... *Château qui luit tout rouge et dort tout blanc.* »

Et cette fois je me reporte au passé :

Le chemin que je viens de faire en littéral principicule, en véritable baron de la finance, sur des coussins capitonnés, entouré de tout le confortable possible et l'objet de tous égards de la part des employés de tous grades, je l'ai subi jadis, en wagon cellulaire pour descendre d'un panier à salade, dans une cour de pénitencier entre des gardiens de prison et des gendarmes pour escorte.

Là, j'ai d'abord gémi, blasphémé, souffert de quels vils, de quels sots, de parfois quels odieux regrets, puis — je l'ai raconté quelques pages plus haut — sont venus la conversion et le bonheur pendant une persévérance de plusieurs années. Le relâchement peu à peu s'en est suivi, puis les chutes à nouveau...

Irrémédiables ?

Peut-être non, car Dieu est miséricordieux et m'a encore envoyé le malheur, la ruine dans les circonstances les plus navrantes vraiment, vraiment! déceptions, trahisons par le prochain *scandalisé*: dame? aussi? Peut-être non. Mais cette lâcheté, cette mollesse, cet entêtement derechef dans l'impénitence, entêtement instinctif, quasiment bestial...

Un faux accueil m'attendait à Paris: l'hypocrisie, le mensonge, finalement le vol, habile et cauteleux, comme plausible, de quelques billets de banque que je rapportais. Mon exaspération à ce sujet me valut dès le surlendemain un désagrément qui eût pu tourner pire, n'eût été ma modération devant la situation donnée. Une querelle très violente dans mon escalier fit venir le concierge qui appela les agents. Ceux-ci, prenant ma colère et sa véhémence pour les suites de stations trop prolongées aux lieux où l'on boit, me fourrèrent, ô pour une heure ou deux... au poste non sans inutile brutalité.

Vous décrirai-je encore ces scènes policières grotesques et, somme toute, abominables plus encore que bêtes ? Assez, n'est-ce pas, d'écœurements de ce genre. Je finis par ne plus en pouvoir à force d'évocations pénibles...

Moi le triomphateur de là-bas, l'acclamé, le choyé à l'étranger, le lendemain de mon retour, au poste ! et même pas gris !

Ô messieurs de la police française, quelle « gaffe », pour parler le langage qui vous sied et qui vous plaît ; courez donc sus aux malfaiteurs si vous l'osez, et laissez les poètes tranquilles. Ils ne vous regardent pas, dans les deux sens du verbe.

Mais c'est vrai que nul n'est prophète en son pays.

Mais aussi ! ô le catéchisme de Mgr Gaume, ô ne pouvoir le relire, ne vouloir, peut-être, le relire — et cette fois s'y tenir !

Dieu, néanmoins, est miséricordieux et l'espérance est une vertu théologale qu'il départ plus volontiers :

Seigneur, ayez pitié de nous.

DOSSIER

ÉLÉMENTS BIOGRAPHIQUES

N.B. De simples repères seront indiqués pour les périodes antérieures au 10 juillet 1873 («l'affaire de Bruxelles») et aux mois passés en prison jusqu'au 16 janvier 1875. Au contraire une chronologie détaillée s'efforcera de rendre compte de l'événement et de ses conséquences, indispensables pour une lecture de *Cellulairement*.

REPÈRES 1
De la naissance au mariage

1844. *30 mars*: naissance à Metz de Paul-Marie Verlaine, enfant unique du capitaine Nicolas Verlaine (originaire de Bertrix, dans le Luxembourg belge) et d'Élisa Dehée (née à Fampoux, près d'Arras). Le couple avait pris en charge une nièce orpheline, Élisa Moncomble, qui sera tendrement aimée de Paul.

1851. Le capitaine Verlaine, ayant démissionné de l'armée, s'installe avec sa famille près de Paris, à Batignolles (alors commune indépendante), 10, rue Saint-Louis.

1853. À la rentrée d'octobre, Paul est placé dans une pension privée, l'institution Landry, 32, rue Chaptal, tout en suivant les cours du collège. Mis au «cachot» pour une faute de conjugaison latine, il en sort «au bout de deux petites heures», mais il considérera cette punition comme une première expérience de la prison (voir *Mes Prisons*, 1).

1856. Il fait sa première communion, dans l'église en bas de la rue de Clichy.

1858. Alors qu'il est en quatrième, il envoie à Victor Hugo en exil des vers qu'il a composés sur « La Mort » (*OP*, 11).

10 novembre : mariage d'Élisa Moncomble avec un « sucrier », Auguste Dujardin, habitant Lécluse dans le Nord.

1860. *Octobre* : il entre en seconde au lycée Bonaparte (aujourd'hui lycée Condorcet). Il lit *Les Fleurs du Mal*, malgré son professeur, et se lie d'amitié avec son condisciple Edmond Lepelletier (1846-1913).

1861. Ses parents s'installent 45, rue Lemercier.

1862. Il obtient de justesse en août le grade de bachelier ès lettres. Par la suite, il ne fera que s'inscrire, une seule fois, comme étudiant en droit.

1863. Premier poème publié, « Monsieur Prudhomme » (*OP*, 77), sous la signature de « Pablo ».

1864. Son père l'oblige à entrer, en janvier, comme employé dans une compagnie d'assurances, puis à prendre des fonctions dans divers bureaux de la préfecture de la ville de Paris. Il y fera la connaissance de plusieurs fonctionnaires qui sont aussi des hommes de lettres (Mérat et Valade, en particulier).

1865. Il publie un article sur Baudelaire (*Pr.*, 599-612).

1866. *1er janvier* : obsèques de son père, décédé deux jours plus tôt. Paul va vivre avec sa mère dans leur nouvel appartement, 26, rue Lécluse, toujours aux Batignolles, dans ce qui est devenu le XVIIe arrondissement de Paris.

Plusieurs de ses poèmes paraissent dans la première série du *Parnasse contemporain* et c'est l'éditeur du *Parnasse*, Alphonse Lemerre, qui publie son premier recueil, *Poèmes saturniens*. La cousine Élisa en a assuré le financement.

1867. *16 février* : mort d'Élisa. Paul, en plein désarroi, noie son chagrin dans l'alcool.

31 août : mort de Baudelaire. Verlaine assiste à ses obsèques.

1868. *6 mai* : le tribunal de Lille ordonne la destruction du recueil *Les Amies, scène d'amour sapphique*, qu'il a signé Pablo de Herlagnez et publié à Bruxelles.

1869. *20 février*: publication des *Fêtes galantes*.
Juin: chez son ami le musicien Charles de Sivry, il fait la rencontre de la demi-sœur de celui-ci, Mathilde Mauté de Fleurville (née le 7 avril 1853). À la suite d'une correspondance passionnée et d'envois de poèmes, il va la demander en mariage.

1870. *12 juin*: achevé d'imprimer de *La Bonne Chanson*, le recueil du temps des fiançailles, dont Lemerre retarde la mise en vente en raison de la guerre prochaine.
19 juillet: déclaration de guerre à la Prusse.
11 août: retardé par les événements et par une épidémie de variole qui atteint Mathilde et sa mère, le mariage a lieu à l'église Notre-Dame de Clignancourt et à la mairie du XVIIIe arrondissement, alors place des Abbesses. Le jeune couple va s'installer 2, rue du Cardinal-Lemoine, dans le Ve, pas très loin de l'Hôtel de Ville, où Verlaine est toujours employé.

REPÈRES 2
Au temps des deux Sièges de Paris

1870. *4 septembre*: après la défaite de Sedan et l'abdication de Napoléon III, la République est proclamée, à la joie des époux Verlaine. Par la suite, Paul va être affecté au 160e bataillon de marche de la Garde Nationale, pendant le siège de Paris par les Prussiens, à la caserne de la Rapée-Bercy, tout en remplissant en alternance ses fonctions à l'Hôtel de Ville. Mais « le Bureau fini[ssant] par l'emporter sur le Rempart », il néglige quelque peu son service armé, ce qui lui vaut en décembre d'être conduit « à la prison du secteur pour deux jours et deux nuits » (*Mes Prisons*, 2). Entre-temps, il a perdu Lucien Viotti, tué le 29 novembre au combat de Hay : il lui vouait une amitié passionnée.

1871. Pendant les événements de la Commune (18 mars-28 mai), considérée par les partisans du gouvernement légal replié à Versailles comme le Second Siège de Paris, Verlaine continue de travailler à l'Hôtel de Ville, où il est affecté au bureau de la presse. « Communeux » plus que communard, il s'affole pendant la Semaine sanglante qui va provoquer l'incendie de l'Hôtel de Ville, le 22 mai, et s'achever sur le triomphe des Versaillais.

Juin: inquiet des délations possibles, il se réfugie avec Mathilde enceinte à Fampoux, chez l'oncle Julien Dehée, pendant que tant d'autres sont envoyés en prison (c'est le cas de Charles de Sivry), en déportation (comme Louise Michel) ou à la mort.

11 juillet: il est révoqué par arrêté du préfet de Seine. Il prolonge ses vacances, désormais forcées, à Lécluse, chez Auguste Dujardin.

Fin août-début septembre: Verlaine regagne Paris avec Mathilde. Ils vont être logés chez les beaux-parents, à Montmartre, au deuxième étage de leur maison de la rue Nicolet. C'est là que, vers la mi-septembre sans doute, Verlaine voit pour la première fois Arthur Rimbaud, « enfant de seize à dix-sept ans » (il est né le 20 octobre 1854), « déjà nanti de tout le bagage poétique qu'il faudrait que le vrai public connût » (*Pr.*, 644). L'adolescent lui avait écrit, de Charleville, deux lettres accompagnées de poèmes soigneusement recopiés par son camarade Ernest Delahaye (1853-1930). Verlaine avait répondu à son appel, avait payé le billet de train et l'avait attendu à la gare, où ils s'étaient manqués. Il le loge rue Nicolet, en l'absence du beau-père, puis s'emploie à lui trouver d'autres gîtes dans Paris. Il l'introduit dans des cercles de poètes, celui des « Vilains Bonshommes », où Rimbaud suscite l'admiration en lisant « Le Bateau ivre », et celui des Zutistes, fondé par Charles Cros et ses frères. Ils vont l'un et l'autre collaborer à l'*Album zutique* et écrire ensemble le « Sonnet du trou du cul ».

30 octobre: naissance rue Nicolet du petit Georges Verlaine.

Fin décembre: séjour de Verlaine dans le Luxembourg belge pour y recueillir l'héritage d'une tante paternelle. De loin, il demande des nouvelles de « Rimbal » resté à Paris, et, au retour, semble bien absent des fêtes familiales.

REPÈRES 3
Les chemins de la liberté

1872. *Janvier*: Verlaine installe Rimbaud rue Campagne-Première dans une mansarde qu'il partagera quelque temps avec le jeune dessinateur Louis Forain, surnommé « Gavroche ». L'« intimité » de Verlaine et de Rimbaud n'a cessé de devenir plus étroite et, après le déménagement de Forain, cette chambre sera probablement celle du « jeune ménage », évoqué tant par Rimbaud (AR, 219-220) que par Verlaine (*OP*, 374).

À la suite de nouvelles violences exercées par Verlaine sur sa femme et son enfant, M. Mauté intervient. Mathilde et Georges se réfugient à Périgueux.

2 mars: lors d'un dîner des Vilains Bonshommes, Rimbaud menace le photographe Carjat d'une canne-épée. Il sera désormais indésirable.

15 mars: retour de Mathilde et de son enfant rue Nicolet. Verlaine se voit contraint d'exiler Rimbaud à Charleville, où il va passer trois mois prétendument « martyriques ».

10 mai: au Salon (le premier depuis la guerre) est exposé le tableau d'Henri Fantin-Latour, *Coin de table*, où Verlaine et Rimbaud sont représentés assis côte à côte, mais où Mérat a exigé d'être remplacé par un vase de fleurs.

Au cours de ce mois, Rimbaud revient à Paris, avec l'assentiment et l'aide de Verlaine, qui a alors un emploi à la Lloyd et qui lui trouve des logements successifs, rue Monsieur-le-Prince, puis, en juin, à l'Hôtel de Cluny, rue Victor-Cousin. De cette époque date sans doute son sonnet (inversé), « Le Bon Disciple » (*OP*, 215), dont le sujet n'est autre que la relation des deux invertis. Cette relation ne va pas sans violences.

7 juillet: à la suite d'une rencontre fortuite dans une rue de Montmartre, Verlaine étant à la recherche d'un médicament pour Mathilde, Rimbaud l'entraîne dans ce qui va être un « vertigineux voyage ». Ils prennent le train pour Arras, mais leur conduite et leurs propos au buffet de la gare amènent la police à intervenir et à les conduire devant le chef du Parquet. Ils échappent à la détention, fût-elle provisoire, et sont reconduits à la gare avec ordre de regagner Paris (*Mes Prisons*, 3, « Une... manquée »).

8 juillet : ils repartent cette fois vers Charleville et, de là, passent discrètement en Belgique. Ils vont gagner Bruxelles et loger au Grand Hôtel Liégeois, 1, rue du Progrès.

22 juillet : Mathilde (avec laquelle Verlaine a correspondu) et sa mère arrivent en gare de Bruxelles au petit matin. Verlaine, prévenu, avait placé Rimbaud dans un autre hôtel, mais revient au Grand Hôtel Liégeois pour de tendres retrouvailles et d'amoureuses étreintes avec Mathilde. À cinq heures du soir, ils prennent le train pour Paris. Mais à la gare-frontière de Quiévrain, Verlaine plante là Mathilde et Mme Mauté, choisissant Rimbaud et rentrant avec lui à Bruxelles (car il était dans le même train).

7 septembre : ils gagnent Ostende et de là s'embarquent pour Douvres.

8 septembre : ils arrivent à Londres, y retrouvent d'anciens communards dont Vermersch qui, venant de se marier, leur cédera bientôt sa chambre, 34-35 Howland Street, Fitzroy Square.

10 septembre : ils rendent visite au dessinateur Félix Régamey dans son atelier de Soho, 16 Langham Street. Le nom de Soho apparaîtra dans un poème de *Cellulairement*.

Novembre : Verlaine écrit à Lepelletier en dressant la liste de ce qu'il a laissé rue Nicolet et qu'il voudrait récupérer, en particulier des textes de Rimbaud, dont *La Chasse spirituelle* (*Corr. I*, 268-270).

Décembre : Rimbaud a dû regagner Charleville. « Vide affreux ! », écrit Verlaine à Lepelletier, « le reste m'est égal » (*Corr. I*, 292).

1873. *Janvier* : à la suite d'appels désespérés de Verlaine, qui se dit malade, sa mère se rend à Londres, où elle précède de peu Rimbaud. Verlaine veut le considérer comme son sauveur (*Corr. I*, 296-297).

Février-mars : ils lisent beaucoup pour perfectionner leur anglais, et se procurent des cartes de lecteurs à la British Library.

4 avril : Verlaine prend seul le bateau pour Ostende et, *via* Bruxelles, gagne Jéhonville, dans le Luxembourg belge, où il séjourne chez sa tante, Julie Évrard.

11 avril : Rimbaud, qui a dû quitter Londres peu de temps après, retrouve sa famille dans la ferme maternelle de Roche, à quelque distance de Charleville.

25 mai : après un rendez-vous manqué le 18, Verlaine et Rimbaud se retrouvent avec Delahaye, dans un restaurant de Bouillon, à l'hôtel de la Poste.

26 au 27 mai : Verlaine et Rimbaud traversent la Belgique et prennent à Anvers le bateau pour Harwich.

28 mai : retour à Londres, où ils vont s'installer 8 Great College Street, dans le quartier de Camden Town.

Juin : ils font passer des annonces dans les journaux pour donner, entre autres, des leçons de français, et se présentent comme « deux *gentlemen* parisiens ». Le 26, un rapport de Londres est communiqué à la préfecture de police de Paris. Il fait état d'« une liaison d'une étrange nature » entre Verlaine et Rimbaud, lequel aurait « fait partie des francs-tireurs de Paris » pendant la Commune. Cela confirme les soupçons qu'avait Verlaine depuis son départ au mois d'avril précédent : ils étaient environnés de « mouchards », même parmi leurs proches, et parmi ces derniers certains étaient scandalisés par leur relation intime.

« L'AFFAIRE DE BRUXELLES »

1873. *3 juillet* : à la suite de ce que Verlaine a appelé « une histoire de ménage », Rimbaud se moquant de lui alors qu'il rentrait de faire des commissions, il claque la porte, traverse une bonne partie de la ville, parvient à Saint Katherine's Dock, près de la Tour de Londres et monte sur un bateau en partance pour Anvers. Rimbaud l'a suivi mais arrive trop tard à l'embarcadère. Malgré ses appels, Verlaine s'en va, mais adresse un message « en mer » à Rimbaud.

4 juillet : après avoir débarqué à Anvers, Verlaine prend le train pour Bruxelles et loge au Grand Hôtel Liégeois, où il veut espérer que sa femme le rejoindra. Mathilde prétendra, dans ses *Mémoires*, n'avoir reçu la lettre qu'il lui avait envoyée que cinq ans plus tard. Ce même jour, Rimbaud, se retrouvant sans un penny et reconnaissant que c'est lui qui a eu tort, envoie un message à Verlaine.

5 juillet : ayant reçu la lettre « en mer », Rimbaud écrit de nouveau, sur un tout autre ton. Si Verlaine, dont cette fois il énumère les torts, ne revient pas, il a l'intention d'aller à Paris. Le même jour, Mme Verlaine, inquiète des menaces suicidaires de son fils, le rejoint à Bruxelles.

6 juillet : Mme Rimbaud écrit une longue lettre à Verlaine, qui lui a fait part aussi de son intention de se tuer. Elle tente de l'en dissuader, et ne peut s'empêcher de le mettre en garde : « Monsieur, j'ignore quelles sont vos disgrâces avec Arthur, mais j'ai toujours prévu que le dénouement de votre liaison ne devait pas être heureux. »

7 juillet : Rimbaud, ayant appris de sa logeuse que Verlaine envisageait de revenir à Londres, lui écrit cette fois pour lui dire qu'il n'y a plus rien dans la chambre de Great College Street et qu'il a presque tout vendu. Cependant « tous [s]es livres et manuss [manuscrits] sont en sûreté... »

8 juillet : à 8 h 38 du matin, Verlaine adresse un télégramme à Rimbaud pour lui dire qu'il veut s'engager dans les rangs des carlistes (les troupes de don Carlos qui se battent en Espagne contre les républicains pour porter leur prince sur le trône), mais en lui demandant de venir avant cela le rejoindre à Bruxelles : « Volontaire Espagne viens ici hôtel Liégeois blanchisseuse manuscrits si possible. » Rimbaud reçoit le message à 10 h 16, prend sans tarder un bateau pour la Belgique et arrive à Bruxelles dans la nuit ou la matinée suivante.

9 juillet : craignant peut-être une apparition-surprise de Mathilde, comme dans le même Grand Hôtel Liégeois le 22 juillet 1872, Verlaine va loger, avec Rimbaud dans la même chambre que lui, et sa mère dans une autre chambre, à l'hôtel *À la ville de Courtrai*, 1, rue des Brasseurs, tout près de la Grand-Place. La journée se passe en discussions confuses et en projets contradictoires, d'où émerge une intention ferme de Rimbaud : repartir seul pour Paris. Le soir, Verlaine quitte l'hôtel pour aller se soûler « outre mesure » et rentre dormir d'un mauvais sommeil.

10 juillet : levé très tôt, Verlaine sort vers 6 heures du matin. Il passe la matinée dans les galeries royales Saint-Hubert, achète un revolver à six coups et une boîte de cartouches chez un armurier, puis passe dans divers débits de boisson. Il rentre ivre à midi, montre l'arme à Rimbaud en lui disant : « C'est pour vous, pour moi, pour tout le monde. » Il va en faire usage deux heures plus tard dans la chambre fermée à clef pour l'empêcher d'emprunter de l'argent à Mme Verlaine afin de prendre le train pour Paris. Après avoir bredouillé « Voilà pour toi puisque tu pars », il tire deux fois en direction de Rimbaud. L'une des balles l'atteint à l'articulation du poignet gauche.

Vers 5 heures du soir, Verlaine et sa mère accompagnent à l'hôpital Saint-Jean le blessé auquel ils ont donné les premiers soins. Refusant l'hospitalisation et désireux de partir pour Paris le soir même, Rimbaud repasse par l'hôtel et veut gagner la gare du Midi, toujours accompagné par Verlaine et sa mère. Alors qu'ils approchent de la place Rouppe, Rimbaud se croit de nouveau menacé, Verlaine ayant toujours le revolver chargé dans sa poche. Il court vers un agent de police, qui appréhende l'agresseur désigné et conduit le trio au commissariat, dans le bâtiment même de l'Hôtel de Ville. L'inspecteur Joseph Delhalle ordonne de fouiller l'accusé et procède à l'interrogatoire. Le procès-verbal de la déposition de Rimbaud est daté du 10 juillet 1873 vers 8 heures du soir. Après la déposition de Mme Verlaine et le compte rendu de l'interrogatoire auquel Verlaine a dû se soumettre, l'agresseur est « écroué au dépôt communal et mis à la disposition de monsieur le procureur du Roi ».

10 juillet-11 juillet : Verlaine passe sa première nuit de prisonnier (provisoire) au poste de police, dit « l'Amigo » par les Bruxellois, dans une rue proche de l'Hôtel de Ville, qui fait angle avec la rue des Brasseurs, où sa mère et Rimbaud ont regagné leurs chambres. Comme le prévenu a de l'argent sur lui, on le met d'office dans une cellule « à la pistole », en principe moins sordide, mais avec un autre ivrogne, et derrière un vasistas laissant passer tous les bruits venus de l'extérieur. Vers 7 heures du matin, on lui ouvre la porte, mais au lieu de la délivrance espérée, il est mis par le juge t'Serstevens en état d'arrestation et appelé vers « une voiture cellulaire », l'équivalent de ce qu'on appelle en France « panier à salade », puis conduit à travers Bruxelles jusqu'au boulevard de Waterloo à la prison des Petits-Carmes, l'équivalent du « dépôt » de Paris, où il est écroué pour tentative d'assassinat.

Ce même jour, Rimbaud est admis à l'hôpital Saint-Jean pour l'extraction de la balle logée dans son poignet, car il y a risque de tétanos. Mme Verlaine, qui l'a accompagné, s'installe dans une chambre meublée du faubourg d'Ixelles, 8, chaussée de Wavre, où elle restera jusqu'à la première semaine de septembre, pour pouvoir rendre visite à son fils.

12 juillet : début de l'enquête proprement dite, toujours sous la conduite du juge t'Serstevens qui, à l'hôtel, retrouve les traces matérielles de l'agression, fouille les papiers du prévenu et de sa victime, et recueille la deuxième déposition de Rimbaud alité à l'hôpital, où il évite d'accabler Verlaine. Le juge est frappé par le caractère « immoral » des relations entre les deux hommes. Il demande qu'un examen médical soit pratiqué sur le corps de Verlaine.

13 juillet : messe triste dans une triste chapelle de la prison des Petits-Carmes.

14 juillet : le docteur Semal examine Rimbaud et fait un rapport médical précis sur sa blessure.

16 juillet : à la prison des Petits-Carmes a lieu dans sa cellule l'examen corporel de Verlaine demandé par le juge. Le rapport des praticiens, précis, mais à beaucoup d'égards grotesque, a pu être considéré par Jean-Jacques Lefrère comme une version en prose du « Sonnet du trou du cul »[1].

17 juillet : extraction de la balle de Rimbaud, remise au juge de nouveaux documents par Mme Verlaine, déposition de

---

1. Jean-Jacques Lefrère, *Arthur Rimbaud*, Fayard, 2001, p. 617, et voir l'article de Françoise Lalande, « L'examen corporel d'un homme de lettres », dans le numéro 2 de *Parade sauvage*, avril 1985, ainsi que le livre d'Alain Buisine, *Verlaine. — Histoire d'un corps*, Tallandier, « Figures de proue », 1995.

son filleul, le peintre Auguste Mourot, qui avait rencontré Verlaine à Bruxelles le 5 juillet, recueilli ses confidences et ses projets, et conçu une vive antipathie pour Rimbaud.

18 juillet : à 16 heures, nouvel interrogatoire de Rimbaud à l'hôpital, puis de Verlaine aux Petits-Carmes.

19 juillet : Rimbaud retire sa plainte contre Verlaine. Le même jour, Verlaine écrit à Victor Hugo (*Corr. I*, 341-343).

20 juillet : Rimbaud quitte volontairement l'hôpital, mais est logé pendant quelques jours pour se reposer chez Mme Pincemaille, qui tient un bureau de tabac rue des Bouchers. C'est là que Jef Rosman, peut-être son voisin de palier, peint un tableau où il le représente alité et visiblement éprouvé.

22 juillet : la police belge demande à la préfecture de Paris des renseignements sur le passé de Verlaine.

24 juillet : le directeur de la prison, M. de Parc, lui remet un message de Victor Hugo.

26 juillet : Verlaine répond à Victor Hugo (*Corr. I*, 344-345).

28 juillet : ordonnance prononçant le renvoi du prévenu Verlaine devant la sixième chambre du tribunal correctionnel de première instance de Bruxelles. À l'inculpation de « tentative d'assassinat » est substituée celle de « blessures graves ayant entraîné une incapacité de travail personnel » de la victime.

8 août : le jugement de Verlaine a lieu au Palais de Justice de Bruxelles : il est condamné à deux ans de prison ferme et deux cents francs d'amende. Il décide de faire appel. Peut-être Rimbaud est-il ce même jour rentré dans les Ardennes, descendant à la gare d'Attigny pour gagner à pied la ferme de Roche. Selon le témoignage tardif de sa plus jeune sœur, Isabelle, « à peine entré, sans répondre aux paroles de bienvenue, il [s'est] effondr[é] sur une chaise. Une crise affreuse de sanglots le secoue. "Ô Verlaine ! Verlaine !", gémit-il seulement de temps à autre. » Il va travailler à la rédaction d'*Une saison en enfer*.

27 août : confirmation (datée du 21 août) par la cour d'appel de la condamnation de Verlaine. Entre-temps, les renseignements demandés à la préfecture de Paris sont arrivés, révélant le passé communard de l'accusé et « sa passion honteuse pour le nommé Rimbaud ».

30 août : une information est envoyée au préfet de police de Paris pour l'avertir de la condamnation de Verlaine.
Fin août-début septembre : Verlaine, qui confie à Lepelletier ses projets d'édition (le recueil des *Romances sans paroles* et *Londres. — Notes pittoresques*), charge sa femme ainsi que sa belle-famille et se considère comme le « quitté ».
28 septembre : des Petits-Carmes où, « condamné à vie », il occupe la « pistole n° 1 », Verlaine écrit à Lepelletier qu'il souffre de l'absence de sa mère, repartie pour Paris depuis trois semaines, et de l'absence de toute visite. « Mon ennui, surtout depuis une quinzaine, est atroce. — Et ma santé n'est pas fameuse : j'ai parfois des maux de tête épouvantables et je suis plus nerveux que jamais » (*Corr. I*, 350-351).
Vers le 20 octobre : il remercie Lepelletier d'être allé à Sens pour s'occuper de l'impression des *Romances sans paroles*. Il lui adresse « quelques vers faits ici récemment » (*Corr. I*, 351-352).
24 octobre : Rimbaud, venu à Bruxelles pour y retirer des exemplaires d'*Une saison en enfer*, quitte l'hôtel *À la ville de Courtrai* où il a de nouveau logé et où l'on note qu'il est « parti furtivement ». Il n'est pas sûr qu'il ait déposé un exemplaire de la plaquette aux Petits-Carmes à l'intention de Verlaine et il ne pouvait assurément pas lui rendre visite.
25 octobre : Verlaine est transféré par wagon cellulaire à la « Maison de Sûreté » de Mons, dans le Hainaut, où il est le « condamné correctionnel Paul Verlaine, pistole, cellule 252 ».
24 novembre : Verlaine reçoit les premières épreuves des *Romances sans paroles* que lui a envoyées Lepelletier. Il lui adresse de nouveaux poèmes et lui écrit, dans les jours qui suivent, au sujet de ses nouveaux projets. Il espère pouvoir obtenir grâce à sa mère et à un ami de la famille, M. Istace, grâce aussi à sa bonne conduite, une libération anticipée.

1874. *27 mars* : Verlaine a changé de cellule (pistole n° 112). De Lepelletier, il reçoit le premier exemplaire des *Romances sans paroles*. Il se plaint de sa santé physique et mentale, de trous de mémoire. Il lit beaucoup d'anglais, mais pour ce qui est des vers, « il y a beau temps que cela est *given up und over* » [qu'il y a renoncé pour de bon] (*Corr. I*, 364-366).

24 avril : le tribunal de Paris déclare les époux Verlaine séparés de corps et de biens. Verlaine ne l'apprendra que plus tard du directeur de la prison de Mons, bienveillant à son égard. Il fait venir l'aumônier, l'abbé Eugène Descamps, et lui demande un catéchisme, qui sera le *Catéchisme de persévérance* de Mgr Gaume (*Mes Prisons*, 12 et 13).

Juin : l'aumônier a attiré son attention sur la centaine de pages consacrées par Mgr Gaume à l'Eucharistie. D'autre part, depuis quelques jours, Verlaine a remarqué, au-dessus du petit crucifix qui se trouve dans sa nouvelle cellule, comme dans la précédente, une image du Sacré-Cœur, le cœur du Christ « qui rayonne et qui saigne ». Tout cela détermine en lui, « un certain petit matin de juin », « une extraordinaire révolution — vraiment ! ».

Août : « Le grand jour, tant attendu, si impatiemment souhaité, de la confession, arriva enfin... » (*Mes Prisons*, 14). Il reçoit la communion le 15 août, « en cet inoubliable jour de l'Assomption », et dit avoir éprouvé à partir de là, et jusqu'au jour de sa libération, un sentiment de bonheur.

1875. *6 janvier* : arrêt confirmant le jugement de séparation des époux Verlaine du 24 avril 1874.

15 janvier : on remet à Verlaine ses effets, son argent et une fiche de « comptabilité morale », concluant à un « amendement probable ».

16 janvier : après la levée d'écrou, Verlaine sort de la prison de Mons, accompagné de sa mère et de deux gendarmes, et prend le train pour la France, jusqu'à Douai (*Mes Prisons*, 16). De là, ils gagneront Fampoux.

REPÈRES 4

Vers un assagissement ?

1875. *Fin janvier* : Verlaine se rend à Paris, rend visite à Delahaye, essaie en vain de voir son fils.

Février : après avoir fait une courte retraite dans une chartreuse proche de Montreuil-sur-Mer, il s'enquiert de Rimbaud auprès de Delahaye, apprend qu'il est en Allemagne, à Stuttgart, et l'y rejoint après lui avoir écrit « Aimons-nous en Jésus ». Ils ne passent ensemble que trois jours très agités. Rimbaud congédie le « Loyola », mais lui remet le manuscrit des *Illuminations* pour qu'il l'expédie, à ses frais, à Germain Nouveau, alors à Bruxelles.

31 mars : après être passé par Londres, Verlaine gagne Stickney, un village de 800 habitants, près de Boston, dans le Lincolnshire à l'est de Londres. Il y enseigne dans une *grammar school*.

Septembre : après un séjour chez sa mère à Arras, et le refus des poèmes qu'il avait remis pour le troisième *Parnasse contemporain*, il fait la rentrée des classes à Stickney.

12 décembre : dernière lettre écrite de Londres à Rimbaud.

1876. Verlaine continue à enseigner en Angleterre, de nouveau à Stickney, puis, à la rentrée de septembre, au collège Saint-Aloysius de Bournemouth, dans le Sud. Il va tous les dimanches à la messe dans la petite église catholique du Sacré-Cœur.

1877. Projet de retour en France, qui ne devient effectif qu'à la fin mars. À Paris, il se réconcilie avec Charles de Sivry, sans parvenir à un rapprochement avec Mathilde et sans retrouver le petit Georges. Delahaye lui donne des nouvelles du « voyageur toqué » — Rimbaud —, et il va lui succéder dans le poste qu'il occupait à l'institution Notre-Dame à Rethel.

1878. Année apparemment sage, le plus souvent à Rethel, malgré les soirées au café.

30 septembre : il remet à Charles de Sivry le manuscrit des *Illuminations* de Rimbaud, que Nouveau lui a rendu, sans doute avec le projet d'une partition musicale dont son ancien beau-frère serait l'auteur.

Octobre : il parvient à revoir le petit Georges, grâce à Mme Mauté, mais ne peut faire fléchir Mathilde.

Rethel devient de plus en plus pour lui « Notre-Dame des p'tits cafés », selon l'expression railleuse de Delahaye.

1879. Les tendres sentiments qu'il voue à l'un de ses élèves, Lucien Létinois, inquiètent de plus en plus le directeur de l'institution Notre-Dame de Rethel, qui ne renouvelle pas son contrat pour l'année scolaire 1879-1880.

Août : Verlaine se rend en Angleterre, accompagné de son protégé. Ils rentrent en France à la fin de décembre. Leur relation parfois difficile est voilée d'une « brume » où Verlaine voudra pourtant reconnaître encore l'œuvre de « la Grâce ».

1880. En mars, Verlaine achète à Juniville, au sud de Rethel, une ferme où il s'installe avec Lucien Létinois et les parents de celui-ci. Sa propre mère y séjournera au cours de l'été.

Le poète a mis au point le manuscrit d'un recueil auquel il a pensé tout au long de cette période, *Sagesse*. Il présente le manuscrit à Victor Palmé, directeur à Paris de la Société générale de Librairie catholique, qui accepte de publier le recueil à compte d'auteur. L'achevé d'imprimer est de décembre 1880.

1881. *Sagesse* paraît en janvier, et un critique, Jules Claretie, dans un article du journal *Le Temps*, insiste sur la gravité du poète et la profondeur de sa foi catholique.

Depuis l'automne précédent, Verlaine a accepté un poste de surveillant général dans un collège de Reims, ville où Lucien Létinois fait un service militaire d'un an. Ils reviennent ensemble à Juniville à l'automne 1881.

1882. Après avoir liquidé la ferme, Verlaine revient à Paris. Il y trouve pour Lucien Létinois un emploi temporaire de surveillant, dans une institution de Boulogne, où il lui arrive de le remplacer. Lui-même sollicite en août sa réintégration à la préfecture de la Seine. Mais malgré plusieurs lettres de recommandation (dont celle de Lepelletier), il est desservi par son dossier de Bruxelles. En novembre, la publication de l'« Art poétique » dans la revue *Paris-Moderne* fait sortir de l'ombre le nom de Verlaine comme écrivain. Le même mois, il s'installe avec sa mère 17, rue de la Roquette.

1883. Le 7 avril, Lucien Létinois meurt de la typhoïde à l'hôpital de la Pitié et est enterré à Ivry, où étaient venus s'installer ses parents. Verlaine lui consacrera plus tard une série de 25 poèmes, un « lamento » commençant par le vers « Mon fils est mort. J'adore, ô mon Dieu, votre loi » (« Lucien Létinois », dans *Amour*, 1888, *OP*, 443-463). Peut-être par fidélité à sa mémoire, Verlaine fait acheter par sa mère la ferme des Létinois à Coulommes, dans les Ardennes ; il vient y vivre avec elle de septembre 1883 à mars 1885.

REPÈRES 5
Pauvre Lélian, le dernier des « Poètes maudits » ?

1884. *Avril* : Léon Vanier, qui devient l'éditeur de Verlaine, publie *Les Poètes maudits*, plaquette réunissant trois présentations en prose parues précédemment, d'août à décembre 1883, dans la revue *Lutèce*. Elles sont, dans l'ordre, consacrées à Tristan Corbière, Arthur Rimbaud et Stéphane Mallarmé.
Novembre : publication d'un nouveau recueil, mêlé, *Jadis et Naguère*.

1885. Éprouvé par le jugement en divorce, Verlaine tente d'étrangler sa mère, réfugiée chez des voisins de Coulommes, les Dave, qui le dénoncent. Il sera condamné à un mois de prison par le tribunal de Vouziers (voir *Mes Prisons*, 17). Après la vente de la ferme, Verlaine et sa mère reviendront vivre à Paris, à la fin de l'été, 6, cour Saint-François, rue Moreau, près de la Bastille (c'est le « domicile encore filial », le dernier, dont il est question dans *Mes Prisons*, 18).

1886. *21 janvier* : mort de Mme Verlaine.
Juin : « Pauvre Lélian » paraît dans le numéro 7 du 14 juin d'une nouvelle revue, *La Vogue*, qui révèle, en partie grâce à Verlaine, des textes essentiels de Rimbaud (« Les Premières Communions », *Les Illuminations*, ainsi qu'*Une saison en enfer* dont la première publication à Bruxelles en octobre 1873 était passée inaperçue). Pauvre Lélian est l'anagramme de Paul Verlaine pour une « Nouvelle série » de « Poètes maudits ».
30 octobre : Mathilde se remarie avec un entrepreneur, M. Delporte. Des problèmes de santé, qui iront en se multipliant et en s'aggravant, conduisent Verlaine à l'hôpital Tenon, puis à l'hôpital Broussais.

1887. Nombreux séjours dans les hôpitaux parisiens. Il les évoquera ainsi que les suivants dans *Mes Hôpitaux* (1891), avec des suppléments. Son amitié amoureuse pour le jeune peintre Cazals (qui se dérobe à toute relation intime) l'aide à surmonter la tentation du désespoir.

1888. Nouvelle édition des *Poètes maudits*, augmentée d'une

seconde série (Marceline Desbordes-Valmore, Villiers de l'Isle-Adam et Pauvre Lélian, donc Verlaine lui-même). Entre divers séjours à l'hôpital, Verlaine vient vivre au quartier Latin, où il passe pour le chef de l'école décadente.
26 mars : publication d'*Amour* chez Vanier.
1er novembre : dans un article publié par la *Revue des Deux Mondes*, Ferdinand Brunetière le considère comme « un fils de Baudelaire, ce mystificateur doublé d'un maniaque obscène ».

1889. Quand il n'est pas dans une chambre de l'hôtel de Lisbonne, rue de Vaugirard, Verlaine est à l'hôpital. Du 20 août au 14 septembre, il fait une cure à Aix-les-Bains. Il se brouille temporairement avec Vanier, se rapproche d'un autre éditeur, Savine, et entretient des projets de collaboration avec Cazals. C'est l'année de la publication de *Parallèlement* et de la deuxième édition de *Sagesse.*

1890. En février, il sort de l'hôpital Broussais, où il a passé 152 jours d'affilée et il va loger bientôt dans un hôtel du boulevard Saint-Michel. Dès le mois de juin, il rentrera à l'hôpital Cochin, à un moment difficile dans ses relations avec Cazals, et après s'être partagé entre diverses relations homosexuelles ou hétérosexuelles, en particulier avec une ancienne prostituée, Philomène Boudin. Publication, à Bruxelles — sous le manteau — de *Femmes*.

1891. Réconciliation avec Cazals, et aussi avec Vanier, qui publie *Bonheur*, puis *Chansons pour elle* tandis qu'un *Choix de poésies* paraît dans la Bibliothèque Charpentier. C'est l'année de la rencontre avec Eugénie Krantz, autre femme galante, et il va s'installer chez elle, 272, rue Saint-Jacques. C'est aussi l'année de la mort de Rimbaud à Marseille, le 10 novembre. Verlaine, qui l'a déjà plusieurs fois cru mort, apprend la nouvelle avec un peu de retard.

1892. Quand il n'est pas à l'hôpital, Verlaine vit avec Eugénie Krantz, bientôt au 15, de la rue Descartes. Mais il écrit un article sur Rimbaud et se propose de publier un recueil homosexuel, *Hombres*, dont il remet une copie à Vanier, et qui ne paraîtra qu'en 1904. Ses *Liturgies intimes* paraissent dans une revue catholique.
Novembre : il fait une tournée de conférences en Hollande.

1893. *30 janvier* : sonnet qui célèbre Rimbaud, « Mortel, ange ET démon » (*OP*, 601).
Février-mars : il fait des conférences en Belgique, principalement à Bruxelles, ce qui ravive en lui des souvenirs.
Juin : publication de *Mes Prisons*.
Novembre-décembre : il donne des conférences en Lorraine, puis en Angleterre.
1894. Échec de sa candidature à l'Académie française (0 voix), mais en août il est élu Prince des poètes à la mort de Leconte de Lisle. Son état de santé s'aggrave. Publication d'*Épigrammes*.
1895. Publication des *Confessions* et d'une préface pour l'édition Vanier des *Poésies complètes* d'Arthur Rimbaud. Cette année-là, il donne d'autres articles sur le compagnon d'autrefois.
Fin septembre : il s'installe « en ménage » avec Eugénie Krantz, au 39, de la rue Descartes.
1896. Mort, le 8 janvier, et obsèques, le 10. *La Plume* lui consacre en février un numéro spécial, qui contient le recueil *Chair*. À la fin de l'année, Vanier publie *Invectives*, sans que Verlaine ait pu mettre à ce recueil la dernière main.

HISTOIRE DU RECUEIL

Verlaine a soigneusement daté les poèmes sur le manuscrit principal de *Cellulairement*. Mais ces dates ne correspondent pas nécessairement au jour ou même au mois de leur composition.

En cela, il a procédé comme l'avait fait Victor Hugo dans *Les Contemplations*. Il a tenu à tisser le fil, non seulement d'une chronologie de son temps cellulaire, mais de son évolution intérieure. Ainsi date-t-il de juillet 1873 le poème liminaire « Au Lecteur », qui est plus tardif, et corrige-t-il sur le manuscrit même l'indication concernant le « Final », raturant août 1874 (le mois de l'Assomption), pour lui substituer 16 janvier 1875, le jour où s'ouvrirent enfin devant lui les portes de la prison de Mons.

Rien n'est plus éclairant que la confrontation du manuscrit de *Cellulairement* et de la correspondance de Verlaine, un peu avant l'affaire de Bruxelles, pendant la période de l'incarcération et au-delà même de la libération.

LE PROJET DE JÉHONVILLE,
OU D'UN « SYSTÈME » À L'AUTRE

Une première hypothèse doit être posée, et c'est peut-être une première hypothèque qui doit être levée. Elle concerne ce qu'on pourrait appeler le projet de Jéhonville.

Au printemps de 1873, Verlaine et Rimbaud avaient quitté Londres, séparément — peut-être pour des raisons de prudence, peut-être déjà à la suite de quelques différends. Évitant Paris et la

France, que Verlaine juge « dangereux » pour lui (il croit en avoir eu la confirmation en cours de voyage), il a fait la traversée de Douvres à Ostende seul, sur le *Comtesse-de-Flandre*, le 4 avril (c'est la date indiquée à la suite de « Beams », le dernier poème des *Romances sans paroles*, qui évoque cette traversée). Il est donc passé par la Belgique pour gagner Jéhonville, près de Paliseul, dans le Luxembourg belge. Il revient à ses origines paternelles et il est accueilli chez sa tante Julie Évrard. Rimbaud, parti de Londres après lui, a rejoint sa famille dans la ferme maternelle de Roche, près d'Attigny, dans les Ardennes françaises, le 11 avril, comme nous l'apprend le journal de sa sœur Vitalie.

Le dialogue entre eux n'est pas brisé pour autant. Ernest Delahaye sert d'intermédiaire. Mais, alors que Rimbaud souffre de se retrouver dans la campagne française, parmi des paysans, sans un cabaret proche, Verlaine se dit enchanté de son séjour à Jéhonville et revigoré. Il l'écrit à Félix Régamey, qui les avait accueillis à Londres, dans une lettre que Michael Pakenham date, sans autre précision possible, de la mi-avril 1873 :

> *Me voici en pleine campagne ardennaise. 20 maisons. Un cabaret, — et d'admirables promenades à pied. Je fais des vers en masse, et j'ai des projets par flottes. Peu à peu ma tête se calme et j'espère sortir de ces méchantes et viles gens sain, sauf, — et indemne.*
>
> (Corr. I, 304)

Nous sommes apparemment loin de *Cellulairement*, et dans l'espace et dans le temps. Et ce séjour à Jéhonville est une bouffée d'air libérateur, avant l'épreuve de la prison. Mais, après avoir souffert de la présence de mouchards à Londres, et surtout après avoir entendu sur le bateau, alors qu'il s'apprêtait à s'embarquer à Newhaven pour Dieppe, « une conversation *en anglais de cuisine* [...] tenue par des hommes à redingues [en redingotes] et en moustaches blanches (!!) », comme il le racontait à Lepelletier dans une lettre du 15 avril, il se félicite « de ne point gémir actuellement, dedans la belle France, dessus la paille non moins humide que préventive des cachots de la République que nous avons [en marge : *Et pourquoi, grand Dieurje ?*] » (*Corr. I*, 302). Les « méchantes et viles gens » de Londres sont encore les « mouchards sur le bateau » dont il parle à Régamey dans la lettre citée (*Corr. I*, 304). Il a le sentiment d'avoir évité de peu, grâce à un « hasard providentiel » (302), les désagréments de la prison, fût-elle préventive. La floraison de vers et de projets poétiques, dans la campagne de Jéhonville, est la grâce d'un printemps de liberté et même d'il ne sait quelle providence (on n'ose encore écrire Providence).

Reste-t-il quelque chose de l'inquiétude née de la traversée et de l'incident qui l'a précédée (la première tentative avortée) dans le poème de *Cellulairement* intitulé « Sur les eaux » ? C'est un contre-« Beams », en quelque sorte :

> *Je ne sais pourquoi*
> *Mon esprit amer*
> *D'une aile inquiète et folle vole sur la mer.*

Est-ce un cri de reconnaissance envers le printemps libérateur, à la pensée de la menace de prison conjurée, que « Voici l'Avril ! » dans le premier des quatre sonnets de l'« Almanach pour l'année passée » ? Ce n'est sans doute pas un hasard si le poème est intitulé « PRINTEMPS » dans la lettre adressée plus tard, il est vrai, et de la prison des Petits-Carmes, à Lepelletier vers le 20 octobre 1873, et si vingt ans après, sur l'exemplaire de *Sagesse* offert au comte Kessler, Verlaine a de sa main inscrit en marge de ce poème qui y est inséré « Jéhonville, Mai 73 à travers champs ».

Verlaine a bel et bien repris ces vers une première fois, à Bruxelles, en octobre 1873 et en pensant déjà peut-être, au moins obscurément, au recueil qui s'intitulerait *Cellulairement*. Mais, à cette date, il a perdu la liberté, il pense avec nostalgie au souffle qui l'avait alors inspiré, sans le « système dont je te parlais de Jéhonville », écrit-il à Lepelletier à la suite de l'envoi des quatre sonnets de l'« Almanach ». Ce système, d'ailleurs, ne serait illustré que par les « 3 derniers sonnets », alors intitulés « ÉTÉ », « Automne » et « Hiver » (*Corr. I*, 352).

À la faveur de ce commentaire, un pas en avant est franchi, d'une inspiration spontanée (« Voici l'Avril ! ») à un « système ». Ce système n'est pas exposé dans la lettre à Lepelletier d'avril 1873, où Verlaine est beaucoup plus soucieux de la publication des *Romances sans paroles,* son dernier recueil achevé (*Corr. I*, 303).

Mais dans la lettre qu'il adresse au même correspondant le 16 mai, c'est peut-être ce système qui s'esquisse quand il le met dans la confidence :

> *Je caresse l'idée de faire, — dès que ma tête sera bien reconquise, — un livre de poëmes (dans le sens suivi du mot, poëmes didactiques si tu veux) d'où l'homme sera complèt[emen]t banni. Des paysages, des choses, malice des choses, bonté, etc., etc., des choses. [...] Les vers seront d'après un système auquel je vais arriver. [...] Ne ris pas avant de connaître mon système : c'est peut-être une idée chouette que j'ai là.*
>
> (Corr. I, 313-314)

Puis, il revient aux *Romances*, dont il va lui adresser le manuscrit complet, et ajoute dans le post-scriptum « des beaux verses » *[sic]*, un sonnet intitulé « Invocation », qui n'est pas pour les *Romances sans paroles*. Il faudra évidemment passer par-dessus *Sagesse* pour trouver en 1884 dans *Jadis et Naguère*, sous le titre « Luxures » (*OP*, 330-331), cette invocation à l'Amour-chair, aux plaisirs dont il se trouve privé en ce temps de chasteté forcée à Jéhonville. S'il prévoit d'abord un tel thème dans une « préface », comme il l'ajoute dans les lignes qui suivent, ce n'est pas une préface au nouveau « livre de poëmes » associé au « système » auquel il veut arriver, mais à un autre recueil dont il a le projet et dont il a entretenu Lepelletier un peu plus haut dans la même lettre : « Une série de *Sonnets* dont *Les Amies* [plaquette déjà publiée en 1867] font partie et dont je t'envoie le prologue, — entortillé et assez explicatif de l'œuvre, je crois » (*Corr. I*, 313). Ce prologue, c'est précisément « Invocation », qu'on ne trouvera pas non plus dans *Cellulairement*, car il relève d'un autre projet, et d'un projet antérieur. On n'y trouvera pas davantage ce qu'il annonce, « La Vie du Grenier », « Sous l'Eau », « L'Île », même si Verlaine y a inclus certains longs poèmes (mais d'une centaine de vers seulement).

Du « système » il est encore question (après le « voluminet », c'est-à-dire après les *Romances sans paroles*) dans la lettre adressée à Lepelletier de Jéhonville le 23 mai 1873. Il permettra de distinguer le recueil en projet du recueil achevé qu'il lui a envoyé pour l'impression :

> *À vrai dire je n'en suis pas mécontent, bien que ça soit encore bien en deçà de ce que je veux faire. Je ne veux plus que l'effort se fasse sentir et en arriver avec de tout autres procédés, — une fois mon système bien établi dans ma tête —, à la facilité de Glatigny,*

sans — naturellement — sa banalité. Je suis las des « crottes », des vers chiés comme en pleurant, autant que des tartines à la Lamartine (qui, cependant, a des choses inouïes de beauté).
(Corr. I, *321*)

Pourrait-on considérer comme « des vers chiés comme en pleurant » le dernier quatrain du poème écrit, semble-t-il, aux Petits-Carmes que Verlaine n'inclura pas dans *Cellulairement* mais réservera pour *Sagesse*, un acte de contrition dont on pourrait presque penser que Rimbaud l'a parodié dans sa « Chanson de la plus haute tour » (mais ce serait remonter à mai 1872 ou aller jusqu'à la reprise différente qui en sera faite dans « Alchimie du verbe » pendant l'été 1873) :

> *— Qu'as-tu fait, ô toi que voilà*
> *Pleurant sans cesse,*
> *Dis, qu'as-tu fait, toi que voilà,*
> *De ta jeunesse ?*
> (OP, *280*)

En revanche, la référence à Lamartine est loin d'être indifférente, non tant à cause de ce qu'il a appelé ailleurs à son propos les « jérémiades » que pour les beautés inouïes qu'il sauve de ses poèmes longs, en particulier de *La Chute d'un ange*. Cette forme le tente, indiscutablement, en ce printemps de Jéhonville, et on ne peut s'empêcher de penser que le passage se fait des poèmes longs de Lamartine, ou même de Musset, non seulement aux *Vaincus* (qui occupent son esprit à la même époque) et aux cinq poèmes longs (moins longs tout de même) qu'on trouvera dans *Cellulairement* avant qu'ils ne soient regroupés sous le titre « Naguère » dans le recueil de 1884. D'abord « Crimen amoris » qui, d'une autre manière, raconte bien la chute d'un ange, mais celle du « plus beau [...] [d]es mauvais anges », — Rimbaud si l'on veut, Rimbaud sans doute qui, « s'embêt[ant] tout seul [à Londres] » est très vite « rentr[é] dans son pays où il paysanne aussi, en attendant mieux » (lettre à Régamey citée, *Corr. I*, 304). Ils vont se retrouver à Bouillon non pas le 18 mai, où ils se sont manqués, mais le 25 mai, avant de repartir ensemble pour Londres. Il est question, en ce printemps de 1873, d'un échange entre eux, de « fraguemants en prose », de l'un et de l'autre[1]. Verlaine a hâte, à défaut de les lui écrire, de lui parler de tous les projets qu'il a, « littéraires et autres ».

Les plus longs poèmes ont-ils été, du moins dans une première version, écrits au cours des six semaines à Jéhonville, comme on l'a parfois supposé, repris et retravaillés à Londres (ce qui expliquerait que Rimbaud ait copié trois d'entre eux, « Crimen amoris », « Don Juan pipé » et « L'impénitence finale ») ou dans les prisons belges (ce qui serait la première justification de leur présence sur le manuscrit de *Cellulairement*) ?

Verlaine n'y fait pas allusion dans ses projets de Jéhonville. En revanche, mais tardivement, dans le chapitre 6 de *Mes Prisons,* il prétend les avoir écrits, et tous les cinq, avec des moyens de fortune, sans être encore « à la pistole », quand, « aussitôt sorti du "dépôt" des Petits-Carmes », il fut « mis, dans la même prison, en cellule », avec quand même une table et un tabouret :

> *Avec un peu d'encre soigneusement économisé d'après un encrier prêté par l'administration pour de stricts usages épistolaires, et conservé, au frais, dans un interstice de carrelage, j'écrivis, durant les huit jours environ qu'eut lieu cette peu douce prévention, à l'aide d'un petit morceau de bois, les quelques récits diaboliques qui parurent dans mon livre* Jadis et Naguère, — *« Crimen amoris », qui commence par :*
>
> Dans un palais, soie et or, dans Ecbatane
>
> *et quatre autres, dont « Don Juan pipé » que mon ami Ernest Raynaud, l'excellent poète, a en manuscrit primitif, sur du papier ayant servi à envelopper quoi déjà de la cantine, manuscrit mis au monde grâce au barbare procédé ci-dessus.*

De ce manuscrit primitif, s'il a vraiment existé, nulle trace. Le problème des copies par Rimbaud reste entier. Ce qui est certain, et

---

1. Voir la lettre adressée de Roche (Laïtou) par Rimbaud à Delahaye, en mai 1873, AR, 370-371. Sur le possible passage de ces « fraguemants en prose » aux *Illuminations*, voir l'ouvrage d'André Guyaux, *Poétique du fragment. Essai sur les* Illuminations *de Rimbaud*, Neuchâtel, À la Baconnière, 1985. On y trouvera pp. 34-35 une étude graphologique à partir du manuscrit de « Bottom » et de « Scènes », dans les *Illuminations* et de la copie de « Crimen amoris » de la main de Rimbaud.

c'est encore une lettre à Lepelletier qui nous l'assure, la lettre écrite entre le 24 et le 28 novembre 1873 (donc dans la prison de Mons), c'est qu'à cette date, pensant au « volume en vers » dont il a adressé à son homme de confiance « quelques spécimens », avec « quelques fantaisies comme l'"Almanach" et ce qui va suivre » — « Promenades au Préau (Prévenus) » qui deviendra « Autre » (c'est-à-dire la deuxième des « Impressions fausses ») et « Le Pouacre », première version d'« Un pouacre », envoyé avec l'« Almanach » vers le 20 octobre (*Corr. I*, 353) ainsi que les premiers vers, sous le titre « Le bon alchimiste » (*Corr. I*, 358) des futures « Images d'un sou » et en entier « Rengaines prisonnières » (*Corr. I*, 359), première version de « Réversibilités », il y prévoit l'insertion de ses poèmes plus longs, même s'il range « L'impénitence finale » parmi les « 5 ou 6 petits poèmes » que son correspondant a déjà : « Rimbaud les a », ajoute-t-il. « Ma mère en a une copie. C'est des récits plus ou moins diaboliques. Titre : "La Grâce", "Don Juan pipé", "Crimen amoris", 150 vers, 140 vers, 100 vers. — Le volume aura à peu près 1 200 vers » (*Corr. I*, 357). Seul est absent de ce qui deviendra une manière de série, tant dans *Cellulairement* que dans *Naguère*, « Amoureuse du diable », envoyé à Lepelletier le 8 septembre 1874 en post-scriptum d'une lettre où, dès le début, il lui donne le « Final » maintenu en tant que tel, après les poèmes diaboliques, dans *Cellulairement* (*Corr. I*, 373-382).

Si l'on ajoute les « Vieux coppées » adressés à Lepelletier entretemps, le 22 août 1874 (*Corr. I*, 367-371), et le poème liminaire prévu et annoncé tel quel, « Au Lecteur », donné dans la même lettre (*Corr. I*, 371-372), on découvre que le projet a pris forme, que la liste des poèmes retenus est longue déjà, que le « système » de Jéhonville est dépassé (Verlaine le dit lui-même dans la lettre du 20 octobre 1873, quand il passe de l'« Almanach » à « Promenades au préau » et au « Pouacre » — *Corr. I*, 353). Une évolution poétique s'est produite, dont il est lui-même conscient ; une ligne aussi s'est dessinée pour l'ensemble du « bouquin » puisque le poème qui l'« ouvre », « Au Lecteur », dont, le 22 août 1874, il précise qu'il « dat[e] d'un an », ne pouvait laisser prévoir « la conclusion » (le « Final ») qui « en est bien différente », — et, ajoute-t-il, « je crois qu'elle est bien » (*Corr. I*, 371).

Cette différence tient à ce que, dans le post-scriptum de cette lettre où il donne la fin, puis le début de ce qui ne s'appelle pas encore *Cellulairement*, il a évolué vers ce qu'il appelle ses « nouvelles idées » (*Corr. I*, 372), dont il ne veut parler à ce moment-là qu'à demi-mot et pour lesquelles il demande la discrétion, un « vrai courage » qui est bien mieux que du stoïcisme, une dévotion sans austérité, une règle qui est toute douceur envers les autres, toute soumission à l'*Autre*, c'est-à-dire à Jésus (*Corr. I*, 373).

DES « VERSES » AU PROJET DE RECUEIL

Entre celui que j'ai appelé dans un livre antérieur[1] *Le premier Verlaine* et celui de *Sagesse*, qui évoque dans une préface datée du 30 juillet 1880 cet ouvrage comme son premier acte de foi public depuis un long silence littéraire, il y a eu ce que Jean-Luc Steinmetz a appelé le « chaînon manquant » : tel est le titre qu'il avait choisi pour présenter la première édition de *Cellulairement*, en 1992, presque cent ans après la mort de Verlaine.

Ce silence n'était pas dû seulement au séjour imposé dans les prisons belges, à Bruxelles puis à Mons, du 10 juillet 1873 au soir au 16 janvier 1875 au matin. En effet, la correspondance avec Edmond Lepelletier prouve que très vite, non seulement il lui redemande de « faire imprimer les *Romances sans paroles* » (*Corr. I*, 346), mais il pense à « un volume de vers » (*Corr. I*, 357) dont il lui a déjà envoyé et dont il va continuer à lui faire parvenir « quelques spécimens ».

Ce projet, qui prend place, et parfois non sans quelque confusion, parmi d'autres, ne trouve une forme apparemment définitive qu'après sa libération quand il se retrouve en Angleterre en mars 1875 et enseigne dans une école de Stickney, un village du Lincolnshire. À Ernest Delahaye, qui reste encore l'intermédiaire majeur entre Verlaine et un Rimbaud évanescent, — « Chose » avant de devenir « l'homme aux semelles de vent », il promet, dans une lettre datée du 7 mai 1875, d'envoyer peu à peu, et à partir de ce jour même, « par ordre de classement, et cent vers par cent vers ou à peu près, les 1 800 vers d'un volume intitulé

---

1. *Le Premier Verlaine : des* Poèmes saturniens *aux* Romances sans paroles, Klincksieck, 2007.

> *Cellulairement*
> Par
> *Paul Verlaine*
> Bruxelles – Mons 1873-1875. »
> (*Corr. I*, 398)

Comme Lepelletier a été chargé de la publication des *Romances sans paroles,* Delahaye pourrait lui rendre le même service pour *Cellulairement*, et dans la même lettre, Verlaine ajoute, après l'effet d'annonce :

> *Si, par des hasards épatants tu voyais voie à faire imprimer gratis, avise-moi. — En attendant garde précieusement ces innocents « fruits de ma veine ». Ci-joints cejourd'hui les 120 premiers verses* [sic].

« Tu fus un imprudent en me demandant des verses », disait-il plus haut. Or voici un ensemble, pourvu d'un titre, d'une épigraphe (ou plutôt dans le langage de leurs échanges entre eux et avec Rimbaud, « en épigromphe ») empruntée à Joseph de Maistre et renvoyant au passé récent « Dans les fers ! Voyez un peu le poëte ! », d'une première tranche (dont il est impossible de préciser l'étendue). D'autres envois suivront, venant de Stickney (une soixantaine de vers, accompagnant la lettre du 27 mai — *Corr. I*, 403) ou d'Arras (22 août ; les pages ou les pièces « 27 et 28 de Celle à Ulairement » *[sic], Corr. I*, 420).

« Pas de vers », le 24 août : la priorité est encore une lettre jointe, dont le destinataire est Rimbaud, avec un nouveau « Vieux coppée », « Ultissima Verba » où la parole est donnée au fils de la « daromphe », Rimbaud assurément (*Corr. I*, 424-425). Le 2 septembre, à Arras, tout semble sur le point de s'arrêter :

> *En attendant (sans fièvre) s'il y aura lieu de n'envoyer plus qu'une feuille de* Cellulairement *désormais nonobstant jusqu'à nouvel ordre, voici 30 et 31 du vol[ume].*
>
> (Corr. I, *427*)

Il pense à des corrections à apporter aux *Romances sans paroles* (au dernier vers de « Beams », dans cette même lettre) ou, quelques jours plus tard, le 20, revenu à Stickney (et cette fois dans une lettre à Émile Blémont), à pas moins de « 3 volumes » (*Corr. I*, 433-434) avec, intégralement, un « Sonnet », « Beauté des femmes », qui sera le cinquième poème de *Sagesse* (*OP*, 247). Ce sonnet devait-il primitivement faire partie de *Cellulairement*, comme peut le laisser supposer la lettre à Delahaye du 26 octobre 1875, où il propose une nouvelle version, à peine corrigée, pour le dernier tercet (*Corr. I*, 443, et voir la note dans *OP*, 1119-1120) ? Rien ne permet de l'affirmer, et ce sonnet est absent du manuscrit sur lequel se fonde la présente édition. Il est vrai que ce n'est pas celui qui aurait été envoyé par tranches successives à Delahaye, le « volumphe » [le volume] qu'il déclare fini, dans cette même lettre, annonçant pour la prochaine « des vers nouveaux », peut-être pour un autre recueil, *Sagesse*, dont le projet l'occupe beaucoup et où seront replacés, avec des variantes, des poèmes prévus pour *Cellulairement*.

Le mardi 26 octobre 1875, ce projet de titre tient toujours. « Procure-toi une feuille de papier pliée en 2 » demande-t-il à Delahaye, « sur la première page colle le titre *Cellulairement 1873-1874.* — (sans nom d'auteur) et dresse toi-même table des maquières *[sic]* à la 1re page de la seconde feuille, fourre le volume entre les deux feuilles et serre "précieusement". » Et la demande devient : « Si parfois voyais jour à une occasion d'imprimer (gratis), fais savoir » (*Corr. I*, 443).

Le projet d'édition n'aboutit pas, et Delahaye ne trouva pas (et peut-être ne chercha pas) à Rethel ou à Charleville une solution analogue à celle que Lepelletier avait trouvée à Sens pour les *Romances sans paroles,* en attendant mieux. Ce mieux serait *Sagesse*, le recueil au « titre bien ambitieux » qu'il annonce à Mme Mauté (la mère de Mathilde), d'Arras, le 24 juillet 1876 pour l'année suivante (*Corr. I*, 519) et dont la première édition paraîtra chez Victor Palmé, à la Société générale de Librairie catholique, 76, rue des Saints-Pères, à Paris, en décembre 1880 (avec la date de 1881).

Sagesse va être publié à compte d'auteur. *Cellulairement*, selon le vœu exprimé par Verlaine dans sa lettre à Delahaye du 26 octobre 1875, devait paraître « sans nom d'auteur ». Il fallait effacer le souvenir de la prison et, pour être plus précis, sa marque (comme une marque d'infamie), même si sept poèmes sont intégrés au recueil nouveau, le septième étant la série de dix sonnets « JÉSUS m'a dit » (le « Final » de *Cellulairement*), devenue « Mon Dieu m'a dit » (*OP*, 268-272).

DES VELLÉITÉS DE PUBLICATION
AU DÉMEMBREMENT DE *CELLULAIREMENT*

Les poèmes diaboliques ont longtemps tourmenté Verlaine, et cela peut expliquer en partie tant l'abandon de *Cellulairement* que leur exclusion de *Sagesse* et leur report sur *Jadis et Naguère*. Après la première publication de *Sagesse*, Verlaine écrivait, le 28 janvier 1881, à Charles de Sivry qui lui avait proposé de publier des vers de lui dans *Le Progrès artistique* :

> *Tous ceux qui forment* Amour, *je n'en puis guère disposer, désirant — vu leur teneur — les faire paraître dans seuls journaux catholiques (j'ai déjà mon coin retenu) mais il me semble que les quatre récits qui terminent* Cellul[airement], *je veux dire,* « La Grâce », « Don Juan pipé », « L'impénitence finale » *et* « Amoureuse du diable », *paraissant en feuilleton (fût-ce coupés par tranches) feraient assez l'affaire. Tu as, je crois, le manuscrit. Arrange ça comme tu voudras. — Mais ne fais surtout pas insérer les 2 autres,* « Crimen Amoris » *et* « Bouquet à Marie » *qui [sont] tout à fait mauvais et mal chrétiens.*
>
> (Corr. I, *689*)

Cette lettre est intéressante à plus d'un titre, non tant pour la genèse d'*Amour* (Verlaine joint à cette lettre un poème destiné à paraître dans le futur recueil « catholique », « There », qu'on y trouvera en effet — *OP, 415*), que pour le souci de « faire passer » dans *Le Progrès artistique* « pas mal de *Cellulairement* », — ce qui sera réalisé en 1884 dans *Jadis et Naguère*.

Elle semble confirmer que — dans le souvenir du moins de Verlaine — son ex-beau-frère demeuré un ami a eu, entièrement ou partiellement, le manuscrit de *Cellulairement*, en tout cas des poèmes diaboliques. Il établit une différence entre « Crimen amoris » et les quatre autres, « les 4 petites machines », qu'il est prêt à lui renvoyer, lui semblant curieusement meilleurs (mais en quel sens ?) que « Crimen amoris » et que « Bouquet à Marie ». Ce dernier poème, absent du manuscrit publié dans le présent volume, mais intégré à *Cellulairement* dans les deux éditions d'Olivier Bivort (2002, 2010, pp. 271-273), sera inclus dans *Amour*, le recueil bien-pensant, alors qu'il est considéré ici comme « mauvais » et « mal chrétien ». Verlaine descend au plus bas de la confession de ses erreurs et de ses péchés, qui l'ont conduit en prison, mais veut d'autant plus « mettre [s]on cœur avec [s]on âme/Dans un beau cantique à la Sainte Vierge Marie » (v. 3-4). Le poème aura pour titre « Un conte » dans *Amour*, après avoir été publié sous celui d'« Ex-voto » dans la revue *Le Symboliste* (15-22 octobre 1886), mais dans les deux cas la date inscrite sur le premier manuscrit connu provenant de la vente Heilbrun en 1948 et acquis par la Bibliothèque Jacques Doucet, « Mons. X^{bre} 1874 » (donc vers la fin de la détention) a été supprimée.

Le 3 février 1881, Verlaine adressait un nouveau message à Charles de Sivry où il confirmait son souhait de voir publier dans *Le Progrès artistique* « L'impénitence finale », « Don Juan pipé », « Amoureuse du diable », « La Grâce », en ajoutant « et d'autres ». Il s'opposait à l'impression de « La cour se fleurit » (« Autre » dans le manuscrit de *Cellulairement*), une évocation qu'il jugeait sans doute trop cellulaire et rappelant un passé qu'il voulait plutôt faire oublier à ce moment-là (ce n'est pas le cas de « L'Art poëtique » qu'on pourrait insérer dans le journal). Le titre, *Cellulairement*, il convient, précise-t-il, de le supprimer car précisément il « rappellerait la prison » et le mot serait « absolument inutile et *shoking [sic]* au premier chef ».

Entre les récits (les quatre poèmes diaboliques), Sivry pourrait, comme le lui suggère Verlaine, insérer d'autres poèmes, « Ah, vraiment c'est triste, ah, vraiment ça finit trop mal » (le quatrième sonnet de l'« Almanach », qui finalement ne sera jamais repris), « Kaléidoscope » et deux autres dont l'*incipit* est illisible. Mais il met à part les « pièces prisonnières propre[ment] dites » et se propose à lui-même de « voir à leur donner prologue et épilogue pour paraître plus tard toutes ensembles *[sic]*, sous forme de captivité supposée » (*Corr. I*, 691). La restriction en dit long sur l'intention de ne pas laisser deviner (ou rappeler) que c'était une captivité réelle.

Il va de soi que Verlaine avait lui-même un manuscrit de *Cellulairement*. La preuve en est donnée par sa lettre à Charles de Sivry du 3 février 1881, où il écrit à son beau-frère :

> *Ne m'envoie pas la copie en question de* Cellulairemard. *J'ai un manuscrit ici. Ne te l'avais-je pas dit ? Fâché d'avoir donné ce mal à toi ou Emma, de recopier.*
>
> (Corr. I, 691)

Plus qu'un manuscrit Sivry il y eut donc plutôt une copie du manuscrit de Verlaine par Charles et son épouse, à un moment où l'auteur n'aurait pas été fâché de voir tel ou tel poème du recueil publié dans *Le Progrès artistique,* mais sous son contrôle et avec un choix prudent. Du recueil entier, lié à une période de sa vie qui eut des aspects de cauchemar, il s'est détaché. Il en a assez, il en a marre (autre justification de la déformation du titre, qui est bien dans sa manière, surtout quand il écrit à des proches ou à des amis).

Il y a aussi des raisons d'opportunité, en particulier un rapprochement avec François Coppée. On peut donc, explique-t-il à Sivry, conserver de *Cellulairement* pour une publication en revue « quelques "coppées" mais pas sous ce titre (fichtre !) ».

Trois jours plus tard, le 6 février 1881, toujours dans une lettre à Sivry, sa prudence est plus grande que jamais :

> *Réfléchi que p[our] publier les choses en question, — comme elles ne sont pas très en rapport avec ce que je fais maintenant —, il serait correct de bien établir que ce sont d'anciens « péchés ».*
>
> (Corr. I, 693)

Il lui envoie à cette fin un « Prologue » (est-ce « Au Lecteur » ?) qui, « s'il devait être publié au courant de la publication, prendrait alors le titre de "Commentaire" à ces vers ». Et se précise le passage, non plus vers *Sagesse* (qui à cette date est derrière lui), mais vers ce qui sera *Jadis et Naguère.* « Ne jamais oublier, recommande-t-il à Charles, en tête de la publication [dans *Le Progrès artistique*], chaque fois le titre *Poèmes de Jadis et de Naguère,* ni de dater chaque pièce de 1873 [où il n'a été en prison qu'à partir du 10 juillet au soir]. Bien entendu, supprimer la mention du manuscrit, "Mons", "Bruxelles", etc. Et numéroter chaque pièce autant que possible. »

Il indiquait plusieurs corrections à apporter à « Don Juan pipé », demandait, à part ce poème, que « les sous-titres : mystère, chronique, etc. » fussent supprimés (c'est la seule mention du sous-titre « chronique » pour un état de ce poème) et que le quatrième dizain soit complété par un dixième vers manquant :

> *Et ce désir de volupté lui-même.*

Malgré cette prudence et ces indications minutieuses, le directeur du *Progrès artistique*, Bertol-Graivil, fut hostile à la publication de ces poèmes, et Verlaine allait le considérer comme un ennemi (lettre du 8 janvier 1890 à Lepelletier citée, *Corr. I*, 693, n. 1). Il sera l'objet d'une des *Invectives* qui s'achève sur ces vers :

> *Ce monsieur crut plaisant de me couper en deux :*
> *Le poète, très chic, l'homme, une sale bête.*
> *Voyez-vous ce monsieur qui me coupait en deux ?*
>
> *Rentre, imbécile, ton « estime » pour mes livres.*
> *Mais ton mépris pour moi m'indiffère, étant vil.*
> *Garde, imbécile, ton « estime » pour mes livres,*
>
> *Dernier des reporters, et premier des Graivil.*
>
> (OP, 914)

On trouvera dans ce recueil posthume, publié par Léon Vanier en décembre 1896 sans que Verlaine y ait mis la dernière main, un autre « Art poétique », « L'Art poétique ad hoc » (*OP*, 900-901), suivi d'une nouvelle dévaluation de ce qu'on dit être « Littérature » (c'est le titre du poème, qui avait paru dès novembre 1891 sous celui de « Déception » dans *La Revue blanche*) ; une attaque contre « un magistrat de boue », celui qui l'envoya en prison à Vouziers en 1885 (*OP*, 916-917), un nommé Grivel dont le nom s'embrouille à celui de Grévil, variante de Graivil, maintenu comme mot final (*OP*, 914), des sarcasmes à l'égard des Belges (« Hou ! Hou ! » — *OP*, 923-924) ; un dizain contre les « Opportunistes », titre suivi de la date 1874 (*OP*, 929) et deux « Souvenirs de prison », l'un daté de mars 1874, l'autre de 1874 (*OP*, 932-933), — en tout trois retombées tardives, et ultimes, de *Cellulairement*.

Verlaine était depuis le vendredi 10 janvier 1895 dans un tombeau du cimetière des Batignolles. Trois poèmes s'échappaient encore de son recueil de prison, démembré, mais non pas enterré, et dans l'attente d'une résurrection qui attendit un siècle et davantage.

ÉTABLISSEMENT DU TEXTE
ET PRINCIPES DE CETTE ÉDITION

On a longtemps parlé au singulier *du* manuscrit de *Cellulairement*. Ainsi Jacques Robichez, dans son livre de 1982 *Verlaine entre Rimbaud et Dieu* (p. 97), quand il rappelait que « le manuscrit de *Cellulairement* a été décrit et étudié par Ernest Dupuy, en 1913, dans la *Revue d'Histoire Littéraire de la France* (pp. 489-516) ». La table des poèmes qu'il donne ensuite correspond exactement à celle du manuscrit publié dans le présent volume, celui qui est conservé au musée des Lettres et des Manuscrits.

Trois questions se posent alors :

1. Qu'est-ce que ce manuscrit ?

Selon Jean-Luc Steinmetz (éd. cit, pp. 117-118), il avait été acheté à Paterne Berrichon (*alias* Pierre Dufour, le futur époux d'Isabelle Rimbaud) et Édouard Rist par le peintre Félix Bouchor (1853-1937), frère du poète Maurice Bouchor (1855-1929). Olivier Bivort précise que Berrichon et Rist ont seulement servi d'intermédiaires, et que c'est par leur entremise que Verlaine lui-même a vendu ledit manuscrit à Félix Bouchor, comme en témoigne la lettre qu'il lui adressait le 4 juin 1890[1]. Quelques jours avant, pressé

---

1. Olivier Bivort, « Éditer *Cellulairement* », dans la *Revue Verlaine*, n° 7-8, 2001, pp. 31-32. Ernest Dupuy, *Poètes et critiques*, Hachette, 1913, p. 201.

par la nécessité, il avait tiré quelque argent de la vente du manuscrit de *Cellulairement* — le sien. C'est une preuve supplémentaire qu'il s'était éloigné de cette œuvre ancienne, dont il avait détaché presque tous les poèmes pour les publier avec des variantes dans d'autres recueils et qu'en raison même de son titre il préférait faire oublier.

Ernest Dupuy, lui-même poète à ses heures, était un ami de Maurice Bouchor, auquel il a consacré une présentation, ainsi qu'à Verlaine, dans son livre de 1913, *Poètes et critiques*. Il connaissait donc bien son frère Félix Bouchor, et c'est lui qui acheta à son tour le manuscrit de *Cellulairement*, avant de le revendre plus tard au futur ministre et grand collectionneur Louis Barthou. Il était donc à même d'en donner une description précise et complète dans un premier article, publié le 1er décembre 1912 dans la *Revue des Deux Mondes* (pp. 595-632), article repris avec de légères modifications dans *Poètes et critiques*, pp. 199-286. Cet article, intitulé « L'évolution poétique de Verlaine. À propos d'un manuscrit du poète », fut suivi d'un second, celui de la *RHLF* (juillet-septembre 1913, pp. 489-516), l'« étude critique sur le texte d'un manuscrit de P. Verlaine » dont est parti Jacques Robichez. Ni Jacques Robichez en 1982, ni Jean-Luc Steinmetz en 1992, ni Olivier Bivort en 2001-2002 n'avaient pu prendre directement connaissance de ce document essentiel. En effet, après l'assassinat de Louis Barthou en 1935, sa bibliothèque et ses collections avaient été dispersées. De la librairie d'expertise Blaizot, Jean-Luc Steinmetz put apprendre en mars 1992 (l'année même où il publiait la première édition de *Cellulairement*) que ce manuscrit « avait été acheté, en 1935, par M. Gaillandre pour une somme de 45 000 francs » (éd. cit., p. 118).

On ne le vit réapparaître qu'à l'occasion d'une vente à Paris, le 15 décembre 2004 (*Books and Manuscripts*, Sotheby's, catalogue numéro 54). Il fut acquis par l'État français pour la somme de 299 200 €, classé « trésor national » et interdit d'exportation (arrêté du 20 janvier 2005, paru dans le *Journal officiel* du 2 février 2005).

Il est conservé au musée des Lettres et des Manuscrits, 222, boulevard Saint-Germain, dans le VIIe arrondissement de Paris où, grâce à M. Jean-Pierre Guéno et à M. Lionel Guillain qui m'a introduit auprès de lui, j'ai pu le consulter. Olivier Bivort a eu accès à ce manuscrit et il a pu l'étudier au musée des Lettres et Manuscrits quand il a dû revoir son édition de 2002 (*Romances sans paroles* suivi de *Cellulairement*, « Les Classiques de Poche », Le Livre de poche n° 16075) et il a tenu compte de ce qu'il considère désormais comme « le manuscrit principal » pour remanier cette édition de 2010 (il le désigne p. 70 et dans la suite du volume par la lettre A).

Avec un soin méticuleux et dans une mise en page d'une parfaite clarté, il a présenté une édition critique, et, dès la première version de 2002, il avait pris soin de faire, pour chaque poème, un relevé des variantes se fondant sur les versions des poèmes publiés par Verlaine lui-même (à l'exception d'un seul, le dernier de la série des « Vieux coppées ») et dispersés dans différents recueils (voir le tableau ci-joint), mais aussi sur des manuscrits épars, soit de possibles restes de *Cellulairement*, soit sur des manuscrits appartenant aux dossiers des recueils ultérieurs.

2. *Existe-t-il d'autres manuscrits ?*

Abordant cette question, je laisserai de côté les versions des poèmes de *Cellulairement* dont la présence est attestée dans les lettres qu'il a écrites en prison, en particulier dans ses lettres à Edmond Lepelletier[1]. Elles ont nourri l'annotation des poèmes et la réflexion sur la genèse du recueil dans le présent volume. Il en va de même pour le feuillet que Verlaine avait joint à sa lettre à Mme Mauté, son ex-belle-mère, en juillet 1876[2].

Est-ce à Ernest Delahaye que Verlaine a envoyé par la poste la copie manuscrite des sonnets dialogués sur lesquels devait s'achever le recueil de prison ? Michel Décaudin a donné le fac-similé de la première page dans son édition de 1980 (Verlaine, *Poésies*

---

1. Aujourd'hui conservées à la Bibliothèque littéraire Jacques Doucet, elles font partie de l'excellente édition de la *Correspondance générale*, tome I, établie et annotée par Michael Pakenham et publiées chez Fayard en 2005.

2. Ce document, détaché de la lettre qui l'accompagnait (et donc absent de l'édition de Pakenham de la correspondance), est passé en vente à l'hôtel Drouot le 25 mai 2004. Voir le catalogue Tajan n° 78, *Autographes et manuscrits*, et la seconde édition d'Olivier Bivort p. 68. Ce feuillet contenait « La Chanson de Gaspard Hauser », « Sur la mer » (autre titre pour « Sur les eaux »), « Fin d'été » (titre pour « L'espoir luit »), et trois « Impressions fausses » — la troisième est « Réversibilités ».

1866-1880, Imprimerie Nationale, p. 358), et le fac-similé complet avait été reproduit dans *Le Manuscrit autographe*, numéro 7, janvier-février 1927, pp. 34-37. Comme le fait observer Olivier Bivort (éd. cit., 2010, pp. 69-70), « une main, qui n'est peut-être pas celle de Verlaine, a porté en tête de ces textes la mention : "final d'un livre intitulé *Cellulairement*" ». Est-ce pour autant le dernier envoi de Verlaine à Delahaye, accompagnant la lettre du 26 octobre 1875 (*Corr. I*, 443-444) ? Olivier Bivort lui-même ne fait que poser la question et se garde bien d'y répondre.

Ces dix sonnets sont suivis d'un poème, « Bouquet à Marie », qu'Olivier Bivort a introduit dans l'une et l'autre de ses éditions de *Cellulairement*. Il m'a semblé plus prudent de l'écarter. Le placer avant le « Final » n'est pas conforme à cette copie. Le placer après serait en contradiction avec ce titre choisi pour la fin. De toute façon, ce poème est absent du manuscrit principal. Voici pourtant une autre lettre, plus tardive (Charleville le 16 juin 1877), de Delahaye lui-même, qui semble attester l'existence d'un « manuscrit Delahaye » et en même temps sème le doute sur ce qu'il pouvait contenir et surtout sur sa conservation par Delahaye lui-même. « Cher ami, écrit-il alors à Verlaine, je n'ai retrouvé que 3 sonnets ; les deux autres ne doivent pas être perdus ; je rechercherai dans mes paperasses. D'ailleurs j'ai conservé avec un soin jaloux *Cellulairement* [...] » (*Corr. I*, 568). Quels sont-ils ? Appartenaient-ils à *Cellulairement* ? Se rattachent-ils d'une manière ou d'une autre à une série ? La lettre ne le dit pas. Ce pourrait être des pièces nouvelles, comme celles que Delahaye, dans le post-scriptum, demande à Verlaine de lui envoyer.

De toute façon, à cette date, c'est à *Sagesse* que travaille Verlaine, et même avec ardeur, « à mort », comme il l'écrit à Delahaye de Fampoux le 18 juillet 1877, avec la volonté de finir en septembre (*Corr. I*, 571). C'est vraisemblablement pour *Sagesse* qu'il avait demandé à son ami négligent des sonnets, qu'ils aient appartenu ou non à *Cellulairement*. Ce 18 juillet, il lui envoie 60 vers nouveaux et, procédant avec Delahaye pour *Sagesse* comme il l'avait fait pour *Cellulairement* abandonné, il lui transmet des tranches de vers pour le projet en cours comme pour le précédent : « Tu auras autant et pour la prochaine et chaque prochaine jusqu'à fin naturelle du volume. C'est brave, ça ! »

Il procède à peu près de même avec Lepelletier à qui il adresse d'Arras, le 2 août 1877, ce qu'il présente bien comme « deux fragments de [s]on livre *Sagesse* » (il en prévoit cette fois la fin pour octobre) : « Paysage en Lincolnshire », où l'on reconnaît le poème sans titre « *L'échelonnement des haies...* » (III, 13), et « La mer de Bournemouth », sans titre également dans *Sagesse* (III, 15 : « La mer est plus belle/Que les cathédrales »). C'est d'ailleurs à Lepelletier qu'il demande, le 7 septembre 1877, de lui trouver un éditeur pour le « volume [qui va] être achevé » (*Corr. I*, 579). Ni l'un ni l'autre de ces deux poèmes ne peuvent provenir de *Cellulairement* puisqu'ils se rattachent à une période de sa vie postérieure à la sortie de la prison de Mons. Mais pendant les mois de prison à Bruxelles et à Mons il avait adressé à Lepelletier maint poème du futur *Cellulairement*, sans avoir encore fixé ce titre. Pour ces premières versions, la consultation du tome I de la *Correspondance générale* est indispensable.

A-t-il existé un manuscrit « Nouveau » ? Verlaine et Germain Nouveau se sont en effet rencontrés à Londres en mars 1875 et se sont retrouvés par la suite. L'existence d'un tel manuscrit se fonderait sur la lettre que Germain Nouveau adressait à Verlaine de Paris, le 4 août 1876, et sur cette courte phrase qu'elle contient :

> *Merci de la suite de* Cellulairement. *Attends le final.*
>
> (Corr. I, 526)

Mais on n'en sait guère plus sinon que dans la lettre également adressée à Verlaine de Paris, un an et demi plus tôt, en octobre 1875 (le 27 est biffé), Nouveau avait un mot de félicitations dont l'objet reste bien vague (« À propos de vers, les vôtres superbes, une adorable chose... »). Il semblait ne pas comprendre « de QUELLES IDÉES » Verlaine voulait parler (sans doute les « nouvelles idées », ou le « nouveau système » dont il était question dans les lettres à Lepelletier écrites en prison) et manifestait quelque impatience :

> *Ne pourriez-vous envoyer enfin — le « Don Juan pipé » (Si c'était possible tout le volume que j'ai négligé de lire). Si vous voulez.*
>
> (Corr. I, 448)

À juste titre Michael Pakenham fait observer (*Corr. I*, p. 451, n. 5) :

> *Remarque surprenante : À quel moment Nouveau a-t-il pu avoir* Cellulairement *entre les mains et pour si peu de temps ?*

Et passant de Germain Nouveau au demi-frère de Mathilde, qui comme Nouveau fréquentait le salon de Nina de Villard où les « vers superbes » communiqués par Verlaine avaient été appréciés, l'éditeur de la *Correspondance générale* de Verlaine ajoute :

> *On présume que Charles de Sivry était toujours un habitué chez Nina, mais nous n'avons aucun indice que Verlaine correspondait avec lui à cette époque. Toutefois l'hypothèse qu'une copie de* Cellulairement *se trouvait assez tôt entre les mains de son beau-frère est assez séduisante — n'aurait-elle pu servir, comme plus tard le manuscrit de* Sagesse, *à démontrer sa souffrance, sa contrition et la foi retrouvée, dans l'espoir d'adoucir Mathilde ?*

Mais elle reste hypothétique, cette existence d'un cahier ayant appartenu à Charles de Sivry : Olivier Bivort, qui en fait état, semble en trouver des fragments dans l'ensemble de six feuillets contenant onze poèmes qui furent vendus en 1948 par la Librairie Georges Heilbrun et sont aujourd'hui inaccessibles[1]. Si l'on tient compte de la notice du catalogue, il conviendrait d'ajouter à *Cellulairement* le poème « À qui de droit », absent du manuscrit conservé au musée des Lettres et des Manuscrits. Mieux vaut le laisser à *Jadis et Naguère* (*OP*, 372-374), où il a le titre de « Conseil falot ».

Charles de Sivry, en revanche, a bien eu en main le manuscrit de *Sagesse*, comme le donne à penser la lettre que Verlaine lui adresse le 14 septembre 1878. Celui-ci lui redemande ce « manusse », qu'il avait en fait envoyé à Mathilde. Il dit vouloir y faire quelques retouches, et ajoute à l'intention de son beau-frère : « te le prêterai pour un jour ; après quoi le rendrai à quelle de droit », — c'est-à-dire toujours à Mathilde (*Corr. I*, 620). C'est encore à elle qu'il pense quand il envoie à Sivry, comme en ricanant, le « prélude à

---

1. Voir Olivier Bivort, éd. cit., 2010, pp. 68-69, et la référence qu'il donne à la notice d'Albert Kies, collectionneur belge, dans « *Varia, Cellulairement,* et autres manuscrits de Verlaine », *Le Livre et l'Estampe*, n° 136, 1991, pp. 337-339.

Sago[1] », trois quatrains d'« *Écoutez la chanson bien douce...* » (qui deviendra, en fait, la pièce 16 de la première partie de *Sagesse*). Et la version qu'il donne du dernier quatrain modifié est lourde de rancune, malgré l'espoir de rapprochement :

> *Ah ! Croyez la douleur bien sage*
> *Qui prédit la mort éternelle*
> *À la Haine sem-pi-ter-nelle...*
> *Là ! chantez la chanson bien sage !*
>
> (Corr. I, 632)

3. Quelles sont les lacunes du manuscrit principal et comment les expliquer ?

Le présent volume n'a d'autre ambition que de reproduire aussi exactement que possible le manuscrit conservé au musée des Lettres et des Manuscrits. Il était impossible d'introduire un poème sans manuscrit connu, comme « À ma femme en lui envoyant une pensée ».

Il est vrai que le cahier de 75 pages présente des lacunes, réelles ou apparentes. Jean-Luc Steinmetz les a signalées dans son édition (p. 117), comme l'avait déjà fait Ernest Dupuy, qu'il suit. On en trouvera le détail dans la nouvelle édition d'Olivier Bivort, ainsi que les solutions qu'il a proposées (pp. 71-73). L'absence des feuillets numérotés 43 et 44 n'est pas gênante, puisque Verlaine a de sa main indiqué que la page 45 faisait suite à la page 42.

À la suite de « L'Art poëtique » le feuillet 31 a été découpé (par qui ?), et manquent les feuillets 32, 33, 34. Il ne m'appartenait pas plus qu'à mes prédécesseurs d'essayer de combler cette lacune, Verlaine ayant fort bien pu retrancher tel ou tel texte, avec un souci de cohérence, ou de pudeur, ou de mise en réserve pour un autre sujet.

---

1. Un diminutif dont il use à plusieurs reprises pour désigner plaisamment *Sagesse*.

LE RECUEIL DÉMEMBRÉ ET DISPERSÉ

CELLULAIREMENT 1873-1874	SAGESSE 1881	JADIS ET NAGUÈRE 1884
Au Lecteur		
Impression fausse		
Autre		
Sur les eaux	Sans titre (III, 7)	
Berceuse	Sans titre (III, 5)	
La Chanson de Gaspard Hauser	*Gaspard Hauser chante* (III, 4)	
Un pouacre	Un pouacre (À la manière de plusieurs, 8)	
Almanach pour l'année passée		
1. « La brise se rue »	Sans titre (III, 11)	
2. « L'esprit luit »	Sans titre (III, 3)	
3. « Les choses qui chantent »		Vendanges (Sonnets et autres vers, 19)
4. « Ah, vraiment c'est triste... »		Sonnet boiteux (Sonnets et autres vers, 7)
Kaléidoscope		Kaléidoscope (Sonnets et autres vers, 3)
Réversibilités		
Images d'un sou		Images d'un sou (Sonnets et autres vers, 20)

PARALLÈLEMENT 1889	DÉDICACES 1890	INVECTIVES 1896
Impression fausse (Révérence parler, 2) Autre (Révérence parler, 3) Réversibilités (Révérence parler, 4)		

CELLULAIREMENT 1873-1874	SAGESSE 1881	JADIS ET NAGUÈRE 1884
Vieux coppées		
1. « Pour charmer tes ennuis »		
2. « Les passages Choiseul »		
3. « Vers Saint-Denis c'est sale »		Paysage (À la manière de plusieurs, 4)
4. « Assez de Gambettards !... »		
5. « Las ! Je suis à l'Index... »		
6. « Je suis né romantique »		Dizain mil huit cent trente (Sonnets et autres vers, 5)
7. « L'aile où je suis »		
8. « Ô Belgique, qui m'as valu »		
9. « Depuis un an et plus »		
10. « Endiguons les vaisseaux »	*Non recueilli en volume*	*Non recueilli en volume*
L'Art poëtique		Art poétique (Sonnets et autres vers, 12)
Via dolorosa	Sans titre (III, 2)	
Crimen amoris		Crimen amoris (Naguère, 2)
La Grâce		La Grâce (Naguère, 3)
Don Juan pipé		Don Juan pipé (Naguère, 5)
L'impénitence finale		L'impénitence finale (Naguère, 4)
Amoureuse du diable		Amoureuse du diable (Naguère, 6)
Final	Sans titre (II, 4)	

PARALLÈLEMENT 1889	DÉDICACES 1890	INVECTIVES 1896
Premier vers repris et modifié dans « LUNES I »		Version modifiée
	Premier vers repris pour « À François Coppée »	
		« Opportunistes »
Invraisemblable mais vrai (Révérence parler, 6)		
Tantalized (Révérence parler, 5)		
Le dernier dizain (Révérence parler, 7)		
		« Souvenirs de prison »
Non recueilli en volume	*Non recueilli en volume*	*Non recueilli en volume*

ÉLÉMENTS DE BIBLIOGRAPHIE

SUR VERLAINE

Livres de témoins

Charles MORICE, *Paul Verlaine*, Vanier, 1888.
Charles DONOS, *Verlaine intime*, Vanier, 1898.
Edmond LEPELLETIER, *Paul Verlaine Sa Vie Son Œuvre*, Société du Mercure de France, 1907 (édition originale citée ; une nouvelle édition a paru chez le même éditeur en 1923).
Ernest DELAHAYE, *Verlaine*, Albert Messein, 1919 (édition originale citée).
— *Souvenirs familiers à propos de Rimbaud, Verlaine et Germain Nouveau*, Messein, 1925.
F.-A. CAZALS et Gustave LE ROUGE, *Les derniers jours de Paul Verlaine*, Mercure de France, 1911 ; 2ᵉ éd., 1923 ; rééd. Arléa, 2011.
EX-MADAME PAUL VERLAINE, *Mémoires de ma vie*, éd. de François Porché, Flammarion, 1935, nouvelle éd. par Michael Pakenham, Seyssel, Champ Vallon, coll. « Dix-neuvième », 1992 (édition citée).

Biographies

François PORCHE, *Verlaine tel qu'il fut*, Flammarion, 1933.
Francis CARCO, *Verlaine poète maudit*, Albin Michel, 1948 ; nouvelle éd., 1996.

Joanna RICHARDSON, *Verlaine*, Londres, Weidenfeld and Nicolson, 1971 (en anglais).
André VIAL, *Verlaine et les siens, heures retrouvées*, Nizet, 1975.
Pierre PETITFILS, *Verlaine*, Julliard, 1981 ; nouvelle éd., 1995.
— *Album Verlaine* (avec une riche iconographie), Gallimard, « Bibliothèque de la Pléiade », 1981.
Henri TROYAT, *Verlaine*, Flammarion, « Grandes biographies », 1993.
Alain BUISINE, *Verlaine, histoire d'un corps*, Tallandier, « Figures de proue », 1995.
Jean-Baptiste BARONIAN, *Verlaine*, Gallimard, « Folio Biographies », 2008.

La relation entre Verlaine et Rimbaud

Marcel COULON, *Au cœur de Verlaine et de Rimbaud*, Le Livre, 1925.
André FONTAINAS, *Verlaine-Rimbaud : ce qu'on présume de leurs relations, ce qu'on en sait*, Librairie de France, 1931.
Rimbaud raconté par Paul Verlaine, introduction et notes de Jules Mouquet, Mercure de France, 1934.
Vernon Philip UNDERWOOD, *Verlaine et l'Angleterre*, Nizet, 1956.
— *Rimbaud et l'Angleterre*, Nizet, 1976.
Henri PEYRE, *Rimbaud vu par Verlaine*, Nizet, 1975.
Jacques ROBICHEZ, *Verlaine entre Rimbaud et Dieu*, SEDES/CDU, 1982.
Françoise D'EAUBONNE, *Verlaine et Rimbaud, ou la fausse évasion*, Albin Michel, 1960.
Robert GOFFIN, *Rimbaud et Verlaine vivants*, L'Écran du monde, Bruxelles, s.d.
Steve MURPHY, « Rimbaud copiste de Verlaine », dans *Parade sauvage* n° 9, 1994, pp. 59-68.
Indispensables sont évidemment la grande biographie de *Rimbaud* par Jean-Jacques LEFRÈRE, Fayard, 2001, et le livre de Bernard TEYSSÈDRE, *Arthur Rimbaud et le foutoir Zutique*, Léo Scheer, 2011.

*L'affaire de Bruxelles (10 juillet 1873)
et le séjour en prison (11 juillet 1873 - 16 janvier 1875)*

Maurice DULLAERT, « L'affaire Verlaine », dans *Nord*, 4ᵉ cahier, novembre 1930, pp. 303-355 ; rééd. Messein, 1930 ; rééd. en facsimilé dans *Le Disque vert*, Bruxelles, Jacques Antoine, tome III, 1971.

D. A. DE GRAAF, « Autour du dossier de Bruxelles », dans le *Mercure de France*, 1ᵉʳ août 1956.

Alfred SAFFREY et Henry de BOUILLANE DE LACOSTE, « Verlaine en prison », dans le *Mercure de France*, 1ᵉʳ août 1956.

Pol POSTAL, « À propos du dossier de Bruxelles », dans *Parade sauvage* n° 6, 1989, pp. 114-124.

Jean-Jacques LEFRÈRE, « Une version peu connue de l'affaire de Bruxelles », dans *Parade sauvage* n° 6, 1989, pp. 125-126.

Bernard BOUSMANNE, « *Reviens, reviens, cher ami* », *Rimbaud-Verlaine — l'affaire de Bruxelles*, Calmann-Lévy, 2006.

Sur l'évolution religieuse de Verlaine

Louis MORICE, *Verlaine, le drame religieux*, Beauchesne, 1946.
Spiritualité verlainienne, ouvrage collectif sous la direction de Jacques DUFETEL, Klincksieck, 1997.

Présentations d'ensemble

Pierre MARTINO, *Verlaine*, Boivin, 1924 ; nouvelle éd., 1951.
Jean RICHER, *Paul Verlaine*, Seghers, « Poètes d'aujourd'hui », 1953 (plusieurs rééditions, la dernière étant de 1975).
Antoine ADAM, *Paul Verlaine, l'homme et l'œuvre*, Hatier-Boivin, « Connaissance des Lettres », 1953 ; nouvelle éd., *Verlaine*, Hatier, 1965 (édition citée).
Claude CUÉNOT, *Le Style de Paul Verlaine*, CD, 1963.
Jacques-Henry BORNECQUE, *Verlaine par lui-même*, éd. du Seuil, « Écrivains de toujours », 1966.
Eléonor M. ZIMMERMANN, *Magies de Verlaine*, José Corti, 1967 (reprint Slatkine, 1981).

Georges ZAYED, *La Formation littéraire de Verlaine*, Nizet, 1970.
Jean MOUROT, *Verlaine*, Presses universitaires de Nancy, 1988.
Gilles VANNIER, *Paul Verlaine ou l'enfance de l'art*, Seyssel, Champ Vallon, 1993.
Martine BERCOT (dir.), *Verlaine 1896-1996*, Klincksieck, 1998.
Arnaud BERNADET, *L'Exil et l'Utopie. — Politiques de Verlaine*, Publications de l'Université de Saint-Étienne, 2007.

SUR L'ŒUVRE DE VERLAINE

Éditions

Œuvres poétiques complètes (OP), texte établi par Yves-Gérard Le Dantec, édition revue, complétée et présentée par Jacques Borel, Gallimard, 1962, tirage de 2002.
Œuvres en prose complètes (Pr.), texte établi, présenté et annoté par Jacques Borel, Gallimard, 1972, tirage de 2002.
On utilisera pour mémoire et exceptionnellement la première édition des *Œuvres poétiques complètes* dans la « Bibliothèque de la Pléiade » par le seul Yves-Gérard Le Dantec (1938) et l'édition en deux volumes des *Œuvres complètes de Paul Verlaine* au Club du meilleur livre, 1959-1960, introduction d'Octave Nadal, texte établi par Henry de Bouillane de Lacoste et Jacques Borel, études et notes de Jacques Borel.
Cellulairement en tant que tel n'est publié dans aucune de ces éditions, pas plus que dans celles des *Œuvres complètes de Paul Verlaine*, Léon Vanier, 1899 ; il est absent des *Œuvres oubliées*, recueillies par Maurice Monda, Boudenière, 1926 pour le tome I, Messein, 1929 pour le tome II et des *Œuvres posthumes*, deux premiers tomes, Messein, 1903, tome III, 1929.
On ne trouvera pas non plus ce recueil dans les éditions plus récentes de Jacques Robichez, *Œuvres poétiques* (Garnier, 1969, éd. revue et mise à jour, 1995), de Michel Décaudin, *Poésies (1866-1880)*, éd. de l'Imprimerie Nationale, Lettres françaises, 1980, et d'Yves-Alain Favre, *Œuvres poétiques complètes*, Robert Laffont, « Bouquins », 1992.
Dans la collection « Poésie/Gallimard » ont paru précédemment :

Fêtes galantes, Romances sans paroles, précédé de *Poèmes saturniens*, éd. de Jacques Borel, 1973 ; *La Bonne Chanson, Jadis et Naguère, Parallèlement*, éd. de Louis Forestier, 1979 ; *Sagesse, Amour, Bonheur*, éd. de Jacques-Henry Bornecque, 1975.

Dans la même collection, voir *Les Poètes du Chat Noir*, présentation et choix d'André Velter, où se trouvent réunis (pp. 290 à 307) les poèmes de Verlaine publiés dans ce journal lié au célèbre cabaret de Montmartre, fondé par Rodolphe Salis (1852-1897) et ouvert en décembre 1881.

Lettres

Correspondance de Paul Verlaine, éd. Adolphe Van Bever, trois volumes, Messein, 1922, 1923 et 1929.

Lettres publiées en ordre chronologique dans l'édition citée des *Œuvres complètes* au Club du meilleur livre, 1959-1960, tome I, 1857-1888 ; tome II, 1889-1896.

Correspondance générale I. 1857-1885, éd. de Michael Pakenham, Fayard, 2005 (réf. *Corr. I*). Le volume II n'est pas encore publié.

Du premier au second Verlaine

Steve MURPHY, *Marges du premier Verlaine*, Honoré Champion, 2003.

Pierre BRUNEL, *Le Premier Verlaine, — Des* Poèmes saturniens *aux* Romances sans paroles, Klincksieck, « Jalons critiques », 2007.

Solenn DUPAS, *Poétique du second Verlaine — Un art de déconcertement entre continuité et renouvellement*, Garnier, 2010.

Essais sur Verlaine

Jean-Pierre RICHARD, « Fadeur de Verlaine », dans *Poésie et profondeur*, éd. du Seuil, « Pierres vives », 1955.

Octave NADAL, *Paul Verlaine*, Mercure de France, 1961.

Guy GOFFETTE, *Verlaine d'ardoise et de pluie*, Gallimard, 1996, « Folio n° 3055 », 1998.

— *L'autre Verlaine*, Gallimard, 2008, « Folio n° 4925 », 2009.

Yann FRÉMY, *Verlaine, La parole ou l'oubli*, Louvain-la-Neuve, Academia-L'Harmattan, coll. « Sefar », 2012.

Revues

L'École des Lettres, numéro consacré à *Verlaine* et dirigé par Steve Murphy, 1996.

Europe, numéro spécial *Verlaine*, dir. S. Murphy, 2007.

Revue des Sciences Humaines, numéro dirigé par Yann Frémy, *Forces de Verlaine*, 2007

Revue Verlaine, fondée en 1993 à Charleville-Mézières, continuée aux éditions Garnier à partir de 2013.

CELLULAIREMENT

Sur les manuscrits et la genèse de Cellulairement

Ernest DUPUY, « L'évolution poétique de Paul Verlaine. À propos d'un manuscrit du poète », dans la *Revue des Deux Mondes*, 1er décembre 1912, pp. 595-632, repris dans *Poètes et critiques*, Hachette, 1913, pp. 197-280.

— « Étude critique sur le texte d'un manuscrit de P. Verlaine », *Revue d'Histoire Littéraire de la France*, juillet-septembre 2013, pp. 489-516.

Antoine FONGARO, « Notes sur la genèse de *Cellulairement* », dans la *Revue des Sciences Humaines*, avril-juin 1957.

Olivier BIVORT, « Éditer *Cellulairement* », dans la *Revue Verlaine*, n° 7 et 8, 2002, pp. 31-53.

Éditions de Cellulairement

Paul VERLAINE, *Cellulairement*, édition présentée par Jean-Luc Steinmetz, Le Castor astral, coll. « Les inattendus », 1992.

VERLAINE, *Romances sans paroles*, suivi de *Cellulairement*, édition critique établie, annotée et présentée par Olivier Bivort, Librairie Générale Française, « Le Livre de poche Classiques n° 16075 », première éd., 2002 ; deuxième éd. revue, 2010.

Études sur Cellulairement

Vernon Philip UNDERWOOD, « Le *Cellulairement* de Paul Verlaine », dans la *Revue d'Histoire Littéraire de la France*, juillet-septembre 1938, pp. 372-378.

Henry de BOUILLANE DE LACOSTE et Alfred SAFFREY, « Verlaine en prison », dans le *Mercure de France*, 1er août 1956.

Eléonor ZIMMERMANN, « Notes sur la structure des *Romances sans paroles* et de *Cellulairement* », dans la *Revue des Sciences Humaines*, avril-juin 1965, pp. 269-281.

Jacques ROBICHEZ, chapitre IV, « *Cellulairement* », dans *Verlaine entre Rimbaud et Dieu*, SEDES/CDU, 1982.

Arnaud BERNADET, « Tragédie à huis-clos : *Cellulairement* (1873-1875) et la philosophie du criminel », dans la *Revue Verlaine*, numéro 11, 2013.

Note liminaire	9
D'une cellule l'autre, par Pierre Brunel	11

CELLULAIREMENT

FAC-SIMILÉS DU MANUSCRIT	49
CELLULAIREMENT	121
Au Lecteur	123
Impression fausse	125
Autre	127
Sur les eaux	129
Berceuse	131
La Chanson de Gaspard Hauser	132
Un pouacre	133
Almanach pour l'année passée	135
Kaléidoscope	139
Réversibilités	141
Images d'un sou	143

Vieux coppées	146
L'Art poëtique	152
Via dolorosa	154
Crimen amoris	160
La Grâce	165
Don Juan pipé	171
L'impénitence finale	177
Amoureuse du diable	184
Final	191

NOTICES   199

MES PRISONS

Introduction	263
MES PRISONS	269

DOSSIER

Éléments biographiques	335
Histoire du recueil	353
Établissement du texte et principes de cette édition	367
Le recueil démembré et dispersé	374
Éléments de bibliographie	378

DU MÊME AUTEUR
Dans la même collection

FÊTES GALANTES. ROMANCES SANS PAROLES *précédé de* POÈMES SATURNIENS. *Édition présentée et établie par Jacques Borel.*

SAGESSE. AMOUR. BONHEUR. *Édition présentée et établie par Jacques-Henry Bornecque.*

LA BONNE CHANSON. JADIS ET NAGUÈRE. PARALLÈLEMENT. *Édition présentée et établie par Louis Forestier.*

DERNIÈRES PARUTIONS

422. ***	*Les Poètes du Tango.*
423. Michel Deguy	*Donnant Donnant* (Poèmes 1960-1980).
424. Ludovic Janvier	*La mer à boire.*
425. Kenneth White	*Un monde ouvert.*
426. Anna Akhmatova	*Requiem, Poème sans héros* et autres poèmes.
427. Tahar Ben Jelloun	*Le Discours du chameau* suivi de *Jénine* et autres poèmes.
428. ***	*L'horizon est en feu.* Cinq poètes russes du XXe siècle.
429. André Velter	*L'amour extrême* et autres poèmes pour Chantal Mauduit.
430. René Char & Georges Braque & Jean Arp	*Lettera amorosa.*
431. Guy Goffette	*Le pêcheur d'eau.*
432. Guillevic	*Possibles futurs.*
433. ***	*Anthologie de l'épigramme.*
434. Hans Magnus Enzensberger	*Mausolée* précédé de *Défense des loups* et autres poésies.
435. Emily Dickinson	*Car l'adieu, c'est la nuit.*
436. Samuel Taylor Coleridge	*La Ballade du Vieux Marin* et autres textes.

437. William Shakespeare — *Les Sonnets* précédés de *Vénus et Adonis* et du *Viol de Lucrèce*.
438. *** — *Haiku du XXe siècle*. Le poème court japonais d'aujourd'hui.
439. Christian Bobin — *La Présence pure* et autres textes.
440. Jean Ristat — *Ode pour hâter la venue du printemps* et autres poèmes.
441. Álvaro Mutis — *Et comme disait Maqroll el Gaviero*.
442. Louis-René des Forêts — *Les Mégères de la mer* suivi de *Poèmes de Samuel Wood*.
443. *** — *Le Dîwân de la poésie arabe classique*.
444. Aragon — *Elsa*.
445. Paul Éluard & Man Ray — *Les Mains libres*.
446. Jean Tardieu — *Margeries*.
447. Paul Éluard — *J'ai un visage pour être aimé*. Choix de poèmes 1914-1951.
448. *** — *Anthologie de l'OuLiPo*.
449. Tomás Segovia — *Cahier du nomade*. Choix de poèmes 1946-1997.
450. Mohammed Khaïr-Eddine — *Soleil arachnide*.
451. Jacques Dupin — *Ballast*.
452. Henri Pichette — *Odes à chacun* suivi de *Tombeau de Gérard Philipe*.
453. Philippe Delaveau — *Le Veilleur amoureux* précédé d'*Eucharis*.
454. André Pieyre de Mandiargues — *Écriture ineffable* précédé de *Ruisseau des solitudes* de *L'Ivre Œil* et suivi de *Gris de perle*.
455. André Pieyre de Mandiargues — *L'Âge de craie* suivi de *Dans les années sordides*, *Astyanax* et *Le Point où j'en suis*.
456. Pascal Quignard — *Lycophron et Zétès*.
457. Kiki Dimoula — *Le Peu du monde* suivi de *Je te salue Jamais*.
458. Marina Tsvétaïéva — *Insomnie* et autres poèmes.

459. Franck Venaille	*La Descente de l'Escaut* suivi de *Tragique*.
460. Bernard Manciet	*L'Enterrement à Sabres*.
461. ***	*Quelqu'un plus tard se souviendra de nous.*
462. Herberto Helder	*Le poème continu.*
463. Francisco de Quevedo	*Les Furies et les Peines.* 102 sonnets.
464. ***	*Les Poètes de la Méditerranée.*
465. René Char & Zao Wou-Ki	*Effilage du sac de jute.*
466. ***	*Poètes en partance.*
467. Sylvia Plath	*Ariel.*
468. André du Bouchet	*Ici en deux.*
469. L.G Damas	*Black-Label* et autres poèmes.
470. Philippe Jaccottet	*L'encre serait de l'ombre.*
471. ***	*Mon beau navire ô ma mémoire* Un siècle de poésie française. Gallimard 1911-2011.
472. ***	*Éros émerveillé.* Anthologie de la poésie érotique française.
473. William Cliff	*America* suivi de *En Orient*.
474. Rafael Alberti	*Marin à terre* suivi de *L'Amante* et de *L'Aube de la giroflée*.
475. ***	*Il pleut des étoiles dans notre lit.* Cinq poètes du Grand Nord
476. Pier Paolo Pasolini	*Sonnets.*
477. Thomas Hardy	*Poèmes du Wessex* et autres poèmes.
478. Michel Deguy	*Comme si Comme ça.* Poèmes 1980-2007.
479. Kabîr	*La Flûte de l'Infini.*
480. Dante Alighieri	*La Comédie.* Enfer – Purgatoire – Paradis.
481. William Blake	*Le Mariage du Ciel et de l'Enfer* et autres poèmes.

Ce volume,
le quatre cent quatre-vingt-deuxième de la collection Poésie,
composé par Ütibi
a été achevé d'imprimer sur les presses
de l'imprimerie Normandie Roto Impression s.a.s.,
le 15 mars 2013.
Dépôt légal : mars 2013
Numéro d'imprimeur : 131108

ISBN 978-2-07-045135-7/. Imprimé en France.

249138